切韵音系

李榮 著

黄笑山 校訂

商務印書館

创于1897　The Commercial Press

圖書在版編目（CIP）數據

切韵音系 / 李榮著 . —北京：商務印書館，2020（2024.3
重印）
ISBN 978-7-100-18368-0

I.①切…　II.①李…　III.①切韵—研究　IV.① H113.1

中國版本圖書館 CIP 數據核字（2020）第 069967 號

QIÈYÙN YĪNXÌ
切韵音系

李 榮 著

黄笑山　校訂

商 務 印 書 館 出 版
（北京王府井大街 36 號　郵政編碼 100710）
商 務 印 書 館 發 行
北京虎彩文化傳播有限公司印刷
ISBN 978 - 7 - 100 - 18368 - 0

2020 年 7 月第 1 版　　開本 787×1092　1/16
2024 年 3 月北京第 2 次印刷　印張 15　插頁 2
定價：68.00 圓

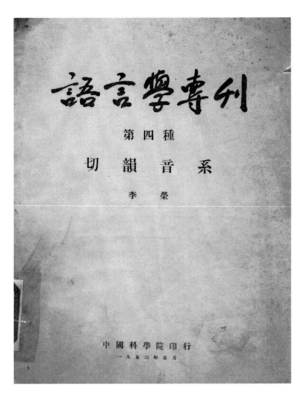

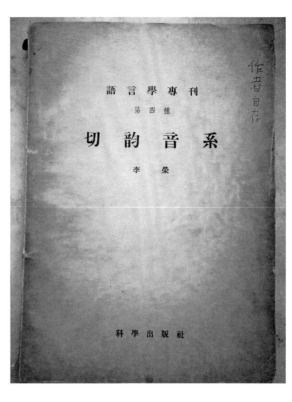

《切韵音系》1952 年版　　　　《切韵音系》1956 年版

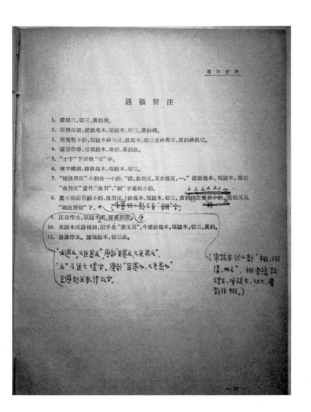

《切韵音系》作者手批　　　　《切韵音系》作者手批

内 容 提 要

　　本書主要內容有三部分：（一）說明切韵所代表的中古音韵系統，並且對中古音值提出一些假設。（二）全面分析反切上下字的作用。（三）對若干等韵名詞作歷史的解釋。可以供研究及教學漢語音韵、漢語歷史的參考。

出 版 說 明

　　李榮先生的《切韵音系》是學術界公認的音韵學經典著作（1952年中國科學院出版，1956年科學出版社再版），是學習、研究音韵學的學者及有關專業的研究生的必讀書。但六十多年來未重印，一直處於"一書難求"的狀態，幾乎所有年輕的使用者都只能是借閱或複印這本書。前些年有人把它掃描成PDF文檔掛在網上，下載率很高，但使用卻不甚方便，何況還違背了知識產權保護原則。長期以來，學界希望重新出版這本書的呼聲很高。機緣湊巧，我們得到了作者生前自用的《切韵音系》，書上有相當多的手寫眉批旁注。均係作者親爲，彌足珍貴。於是我們決定出版含有這些批校內容的《切韵音系》，以饗讀者。

　　爲此，我們延請南京大學魯國堯教授作學術指導、浙江大學黃笑山教授擔當校訂並撰寫導讀。兩位先生都是當代音韵學領域富有成就的專家學者，他們豐厚的學識和嚴謹的態度爲本書出版提供了有力的學術保障。謹此深表敬意和感謝。

　　李榮先生在書上所做的眉批旁注，少則一字，多則數行不等。這些批注涉及文字規範、語體風格、訛誤校正、補充說明、小韵統計等。除去統計小韵的數字外，其餘近70處批注，黃笑山教授逐一進行了甄別、分類、核查、考證，並給予明確的處理意見和建議。

　　對此我們在書中作如下處理，字詞音標等直接照改，重要的批注用"*"號標示，並以"補注"方式加入原書各韵攝的附注，必要時加"編者按"隨文腳注予以說明。也有個別批注，未予採用，比如"臻攝單字音表（二）"並母，原列"頻符鄰"爲眞開A，"貧符巾"爲眞開B，作者在此處批有互乙符號（第28頁）。經查檢，《韵鏡》"頻"列四等，"貧"列三等；《七音略》"貧"也列三等（四等無字）。另外，從反切看，原書兩個小韵的地位也無誤，故我們維持原狀，未作互乙，而是在當頁腳注予以說明。所有的手批內容以及校訂者的處理意見和建議，書前《再讀李榮先生〈切韵音系〉（自存手批本）》一文以及書後附表有詳細説明。

　　至於書中有些用字，比如，"插葉"（目錄第 3 頁）、"分岐"（第 3 頁）、"鈔脱""補鈔"（第 31 頁）、"葉 144"（第 32 頁）、"顎音"（第 108 頁）、"傜歌""傜人"（第 124 頁）、"利害"（第 136 頁）、"僮語"（第 152 頁）、"對掉"（第 163 頁）、"甚麼"（第 173 頁）等，從字的歷史源流角度説，應該是不錯的，但與今日的語言文字規範有所衝突。考慮到本書的讀者多是語言學專業人員，我們還是儘量保留原書用字面貌，以供讀者了解作者其時的語言風格和用字主張。另外，原書中的《廣韵》《切韵》《通志七音略》《康熙字典》等古籍也都沒有用書名號，這次新版也保持原貌。

商務印書館編輯部

2020 年 1 月 18 日

目　錄

再讀李榮先生《切韵音系》（自存手批本）

黃笑山

李榮先生的研究工作涉及漢語的語音、文字、詞彙、語法等方面，他單篇的學術論文大多結集出版了，其中音韵學論文多集在他的《音韵存稿》（1982 年）中。《音韵存稿》主要討論陸法言和《切韵》、《切韵》時代的詩文用韵、《切韵》系韵書的反切和又音、現代方音對應規律和例外以及語音演變規律等。此外，還有結合方言的音韵學文章收在他的《語文論衡》（1985 年）和《方言存稿》（2012 年）中①。而他的音韵學專著《切韵音系》自中國科學院 1952 年出版、科學出版社 1956 年再版之後，沒有再版過。

大約是 2007 年，商務印書館方面談起《切韵音系》需要再版，想讓我們做點校對工作。2013 年出版社將李榮先生批寫有"作者自存"字樣的《切韵音系》複印件寄來，我們想仿照李先生論文集"後記"的體例寫篇類似的文字②，後因有其他事情放置了。現在出版社敦促我們完成此事，就有了這篇讀書筆記式的"導讀"。

其實，李榮先生《切韵音系》的"序"和"緒論"已經對該書的背景和思路做了清晰簡明的介紹，祗是有些基礎性的知識李榮先生善易不論，要言不煩，我們就在校對李先生手批的基礎上，對各章節的内容做了一點梳理，嘗試談談我們是怎麽閱讀這本書的，有的會涉及李先生之後的一些研究進展，不一定都符合李先生的原意，希望不會誤導讀者。

壹　關於《切韵音系》

《切韵》自問世以來就"時俗共重，以爲典範"，在漢語現代音韵學研究中《切

---

①　《音韵存稿》《語文論衡》《方言存稿》均爲商務印書館出版。
②　李榮先生爲自編的《音韵存稿》《語文論衡》兩個論文集寫有概括性的"後記"，而他的方言學論文集《方言存稿》也有編者寫的"後記"（在《方言》雜誌發表時改爲"編輯手記"）。

韵》也是最重要的一部韵書，它所記錄的音系反映了中古漢語讀書音系統的基本面貌，也可作爲我們了解上古漢語乃至現代方言音類及源流的重要坐標。切韵音系的音類分析，至清代陳澧《切韵考》等已經大體完成，而在傳統音類分析基礎上進行語音構擬，則是西方歷史語言學傳入之後的事。自瑞典高本漢（Bernhard Karlgren）以來，趙元任、羅常培、李方桂、葛毅卿、陸志韋、王靜如、納盖勒（Paul Nagel）、有坂秀世、董同龢、周法高等許多學者對音類分析和音系構擬中尚未解決的問題和疏漏提出修改，語音大框架也清楚了。但是高本漢構擬中古音所運用的反切材料不是直接從《切韵》系統韵書中獲取的，而要貼近《切韵》所反映的歷史語音面貌，顯然應該加强對《切韵》系韵書的分析研究。

李榮先生的《切韵音系》是利用《切韵》系韵書研究中古音的經典性著作，影響非常大。其初稿是 1945 年寫定的，以三分之一的內容作爲北京大學研究院的畢業論文，題爲《切韵音系中的幾個問題》，1946 年通過答辯，導師是羅常培、唐蘭、袁家驊三位先生；1948 年改寫第二稿，單字音表據《廣韵》；1951 年改定稿改以最接近《切韵》原貌的完本韵書宋跋本《王仁昫刊謬補缺切韵》（以下簡稱"《王三》"）爲據重寫，全書從單字音表入手，對《切韵》系統從整體框架到反切上下字及其作用、等韵術語以及聲、韵、等、呼等音類問題做出考察，再對中古音系的音值構擬及相關問題展開討論。

《切韵音系》分九章，下面大致按照其章節順序來談。

一　單字音表

第一章"單字音表"目的是直觀展現《切韵》音系框架和內部拼合關係，篇幅佔全書的 1/3 以上，在《切韵》分析和中古音研究中具有重要的價值。

單字表中列出了《王三》全部 3617 個"小韵"（聲母韵母皆同的同音字組）首字及其反切，表格排列橫同聲、縱同韵，聲分八組列三十六紐，韵分六類依攝分開合、按等第排列王韵的 195 韵，全面展現了《切韵》音系中所有聲韵調配合關係，以及音類間的對立、互補、重出等情況。全表以敦煌本、項跋本、其他《切韵》版本以及《廣韵》參校，在各攝表格之後用附注方式說明小韵地位、反切用字、版本校勘等問題。傳統音韵學的許多觀念、切語上下字的作用以及韵書中存在的文獻校勘等問題都在其中得到反映和解決，我們在閱讀其他各章節時都經常要回到這個表來查對。

表格的聲紐分八組，即幫組、端組、知組、精組、莊組、章組、日組、見組。聲紐分組有利於觀察與各類韻母配合時的不同表現，例如在"通攝單字音表（一）"裏，我們不僅可以看到各韻類所拼聲紐的區別，例如有的韻類不拼知、莊、章、日四組，有的不拼端組裏的端透定紐（例如"東一"跟"東丑"）等，還可以看到相同聲紐也會因韻類不同而有不同的發展（例如並紐下的"蓬薄紅"和"馮扶隆"）。表中的三十六個聲紐是繫聯和分析反切上字的結果，跟傳統"三十六字母"有所不同：反切不分幫滂並明和非敷奉微，字表就祇有幫組而無非組，重脣包括了輕脣；反切泥孃無對立，字表的泥母就包括了孃母；照穿牀審禪按反切分莊、章兩組，莊組中俟母自相繫聯，就獨立俟母；反切分云（＝喻三）、羊（＝喻四）兩類，就獨立喻四爲羊母，喻三跟匣母互補，就併入匣母。另外，"來"歸端組；"日"獨立爲"日組"也是爲了便於看出聲韻配合關係和後來的演變。這些分合及其語言學闡釋在相關的章節都有討論。

表格把韻分爲六類，即一等韻、二等韻、四等韻、子類韻、丑類韻、寅類韻六類，這是按聲韻配合及等第佔位所作的分類，也與傳統韻圖的等列開合有所不同，例如丑類韻、寅類韻不僅包括韻圖列在三等的字，也還包括列在二、四等的一些字；又如表中祇對開合韻分別標注"開""合"，獨韻則不標注"開""合"，開合分韻脣音列在合口，其他脣音一律以開口論，跟傳統韻圖也有異同，這些在相關章節中也有詳細討論。

聲韻相交處列小韻及其反切，例如"蓬薄紅""東德紅"等，分別代表了與之同音的字。單字音表的"小韻"安排雖然參考了韻圖，但主要還是根據《切韻》反切而定的，如果祇站在韻圖的立場來看，有的地位可能會不易理解。舉個例子，"𪘅卓皆"，其反切下字"皆"屬二等韻，其反切上字"卓"依例是放在韻圖知母二等地位的，可是在"蟹攝單字音表（四）"（第23頁第6行）裏這個小韻卻放在端母的位置上。這是因爲"卓"在《王三》裏是"丁角反"，反切與"丁"（端母字）繫聯爲一類，所以在第32節"二等韻的反切上字表"裏"卓（二等1）"也列在端組位置，參考第36節"反切上字繫聯情形"中端母繫聯（第89頁）以及"附論端透定和知徹澄的關係"（第90頁）可以知道，"𪘅卓皆"這個小韻就計算在端透定拼二等韻的15個小韻之中。這類細節反映了《切韻》反切系統的原貌，而不全是韻圖式的排列[①]。

----

① 韻圖列出了韻書的所有韻和聲韻配合，一般認爲韻圖是根據韻書編的。我們認爲，韻圖的框架是根據時音編製的，等第開合攝轉之類概念都是對時音的分類，不過韻圖的列韻列字參考了前代的韻書，其間的參差正反映了時代的差異。

二　韵母的分類

　　"韵"是韵書時代就有的最明確的韵母分類，一個韵用一個韵目統攝一個至幾個可以押韵的韵母。韵書按聲調分卷，因此若不同聲調就不同韵，就用不同的韵目表示。不過，《王三》和後來韵書的分韵有所不同，所以第 21 節從韵目和韵數入手討論《切韵》韵母的分類，先按四聲相承關係把具有相同、相應韵母的韵對應起來，列出《王韵》的 195 韵韵目，在注脚中注明《王三》韵目跟正文的順序、用字的不同，並闡述了《切韵》系韵書的韵數更革：《切韵》原本 193 韵，《王韵》195 韵增"广、嚴"兩個韵目（《王三》正文裏卻没有去聲"嚴"韵），後來，《廣韵》把《王韵》中 11 個韵各分爲開合兩韵，成了 206 韵。

　　韵書二百來個韵的排列順序以及各韵中小韵的數量異同，反映了《切韵》韵母的另一些類別差異，等韵學用"開合""等""攝"以及"内外轉"等概念爲韵母的差異做了更加明確的分類，人們習慣用這些等韵學的概念來稱說韵書的韵母類別。不過，韵書和韵圖雖有承繼關係但系統並不完全相同。所以李榮先生在第 22 節從聲韵配合關係和韵圖等第的角度給《切韵》韵母分類，先列了兩個表（第 76 頁），比較了據反切上字所歸納出的《切韵》三十六聲紐跟韵圖三十六字母的異同：幫非兩組、泥孃兩母、喻三和匣在《切韵》裏尚未分開，照組在《切韵》裏還分作莊、章兩組，莊組還有俟母。

　　第 22 節的圖表都按韵圖排成六列四行，六列代表聲母的"七音"分組：脣音、舌音、牙音、齒音、喉音、半舌音和半齒音；四行代表韵圖的四個等第，這樣可以清楚地顯示各類韵能拼的聲母種類、數量以及它們跟"等"的關係。可以看出，各類韵都可以有相同的脣牙喉聲母（如"幫滂並明、見溪疑、影曉匣"等），但卻可能有不同的舌齒音聲母（如"端組、知組""精組、莊組、章組"以及"邪母、俟母、群母"等），有些聲母祗列在韵圖某個固定的等裏，如莊組祗列在二等裏，章組和日母祗列在三等裏，端組、精組祗列在一等、四等裏，等等。

　　韵書的韵類也借用"等"來稱呼，例如把全韵列在韵圖一等、二等或四等裏的韵稱作"一等（韵）"、"二等（韵）"或"四等（韵）"。但韵圖列"等"並不都是以韵書的韵爲條件，《切韵》有的韵被分別列在韵圖二、三、四等位置上，這類韵的莊組字列在二等，精組和以母字列在四等，其他聲母則列三等，被稱作"二三四等混合韵"①，高本漢把這類韵叫作"α類"，而把整韵全列在三等裏的那種韵叫"β類"。李榮先生則管他的"β類"叫作子類，把"α類"又分爲丑類、寅類。由於子、丑、寅類韵的大多數字都列在三等裏，因此統稱"三等韵"。爲區別於韵圖的列"等"，韵書的韵類就常稱作"某等韵"②。

　　一、二、四、子、丑、寅這六類韵都可拼"幫滂並明、見溪疑、影曉匣"這十個脣牙喉聲母，但各類韵所拼的舌齒音聲母不同，脣牙喉聲紐數量也不全一樣，李榮先生給這六類韵編製了圖表，從中可以看出其聲韵配合及其在韵圖上分佈的區別：一等韵、二等韵和四等韵能拼的聲母都是十九紐，一等韵、四等韵的舌齒音是"端透定泥來、精清從心"九紐（圖一、圖六），二等韵的舌齒音換成了"知徹澄泥（＝孃）來、莊初崇生"九紐（圖二）；三等韵裏，子類韵不拼舌齒音，脣牙喉十紐外還拼"群"紐，計十一紐（圖三）；丑類韵能拼所有舌齒音，其中"知徹澄泥（＝孃）來、章昌船書常、日"列韵圖三等，"莊初崇生俟"列韵圖二等，"精清從心邪"列韵圖四等，其牙喉音又比子類多了一個"羊（＝喻四＝以）"紐，總計三十三紐（圖四）；與丑類韵相比，寅類韵舌齒音少了"俟"紐，而多出一套脣牙喉音，即"幫滂並明、見溪群疑、影曉"十紐重出，形成"重紐"，韵圖把重紐分別置於三等、四等位置，習慣稱"重紐三等"和"重紐四等"，所以寅類韵共計能拼四十二紐（圖五上）；李榮先生把寅類韵裏"重紐三等"跟"匣（＝云＝喻三）"母歸爲寅B類，其聲紐位置和數量相當於子類韵；把"重紐四等"跟其餘所有聲母都看作寅A類，其聲紐數量相當於丑類少了"匣、俟"（圖五下）。

---

① "二三四等混合韵"包括了一些不同的情況。一種情況是缺少某種聲母，如清韵裏沒有莊組聲母（韵圖莊組列在二等），所以清韵衹列在三四等圖裏；另一種情況是一個韵包含了兩個韵類，如東韵有除了列在二三四等裏的"混合三等韵"，還有列在一等圖裏的一等韵，所以東韵是一三等韵同韵；類似地，歌（戈）韵是一三等韵同韵，其一等韵列在韵圖一等，而三等韵不能拼列在二四等的聲母，韵圖又失落了它的本該列四等的以母字，所以衹分列在一三等圖裏；庚韵是二三等同韵，其三等韵不能拼列在四等裏舌齒音的聲母，所以韵圖衹列在二三等圖裏。

② 實際上，音韵學常稱"某等韵"爲"某等"，丁聲樹、李榮《漢語音韵講義》中的"《廣韵》韵母表的說明"說："等按韵母分，不按聲母分，和韵圖稍有出入。比如在韵圖裏，凡是三等韵母的莊（照二）組都列在二等，三等韵母的精組字和以（喻四）母都列在四等，這是按聲母分的，現在一律認爲三等，以便稱述。"（《方言》1981年第4期）

　　韵在與聲母相拼的關係上以及在韵圖位置上所呈現出的類別，在後來有不同的演變，例如三等韵裏，子類和丑類韵的脣音後來變成了"輕脣音"，而寅類韵的脣音則不變輕脣音；寅 B 類韵後來跟子類、丑類韵發生合併，而寅 A 類韵後來跟四等韵發生合併等，都說明了韵的分類在揭示韵母語音差異、闡釋歷史語音面貌及其發展方面的意義。

　　學界至今仍採用這樣的分類觀念，但是對某些韵的具體歸類問題，尤其是某些三等韵歸類以及寅類韵裏重出脣牙喉跟舌齒音的關係問題等，則有不同的看法。例如李榮先生把寅類韵中舌齒音跟重四歸爲寅 A 類、重三和匣（＝云）自爲寅 B 類，跟董同龢《廣韵重紐試釋》的分法相同①，而陸志韋則認爲重三跟"知徹澄孃來""莊初崇生"爲一類，其餘爲一類；邵榮芬則認爲重四自爲一類，其餘所有聲母爲另一類。又如清、幽、歌三、麻三、齊三、海三這幾個韵系，李榮先生因爲它們有舌齒音聲紐或羊母（＝以母＝喻四）、沒有重紐，一律歸入了丑類韵，而對庚韵系則認爲它沒有舌齒音，所以歸入了子類韵；此外尤韵系、蒸韵系的性質和歸類等，學界也都有不同的意見②。除了從聲韵搭配關係來審視之外，韵類劃分還考慮了音系內部結構和語音源流發展等因素。

　　第 23 節"韵類表"是反映《王三》韵母情況的總表，按攝列出《王三》各韵四聲相承關係、開口合口獨韵的情形，以及在一、二、四、子、丑、寅六類韵中的分佈，除了沒有分列寅類韵的 AB 兩類，每個韵母都列出來了。《切韵》一個韵裏有的包含了不同的韵母類別，表中就分別列出，例如蟹攝，泰韵分開合口，就在表中開口、合口兩處列出，在第一章"單字音表"裏就分別列"泰開""泰合"；又例如海韵（哈韵的上聲）包括了一等韵和三等韵，表中也分列在一等韵、三等韵下，單字音表裏標明"海一""海丑"；其他可以類推。這張表反映的是《王三》韵類的總體面貌，其中細節需要結合"單字音表"來看，例如查單字音表就可以知道，"海丑"

---

① 董同龢《廣韵重紐試釋》油印本 1944 年，又見《歷史語言研究所集刊》1948 年第 13 冊。
② 周法高《廣韵重紐的研究》（《歷史語言研究所集刊》1948 年第 13 冊）曾將三等韵劃分爲甲乙丙丁戊己庚辛八類，甲乙兩類是重紐韵（支脂祭眞仙宵清庚侵鹽）；丙類即高本漢的β類，又叫純三等韵（微廢欣文元嚴凡）；丁類是東二鍾虞陽尤韵系；戊類祇有幽韵系，己類祇有蒸韵系，庚類是之魚麻三韵系，辛類戈三韵系。黄笑山《切韵三等韵的分類問題》（《鄭州大學學報》1996 年第 4 期）引用並討論了部分不同看法。

韵衹有一個小韵。

第 24 節 "韵和韵母" 專門強調，《切韵》到《廣韵》韵目或韵的數目增加了，韵母的數量不一定增加，並舉《廣韵》分寒韵爲寒桓、分眞韵爲眞諄爲例，通過内部小韵的考察，指出《廣韵》桓韵包括《切韵》的寒韵全部合口和脣音，而諄韵相當於《切韵》"眞合 A"，進而說明音系分析要深入到音韵系統内部去考察，不能衹憑表面的現象做結論："要是不和韵裏頭所收的字的反切聯繫起來，單純靠韵部的分合，在音韵系統的考訂方面，是得不出什麼確定的結論的。"①

三　反切上字

了解《切韵》聲、韵類别的傳統的做法，是繫聯韵書的反切上字、下字。這一章也在第 36 節說明反切繫聯的情況，不同的是另用五小節分别列出各類韵的反切上字表（丑類和寅類韵列在同一張表裏）。李榮先生在緒論中用對立互補觀念歸併云、匣的例子，強調了反切上下字表的作用——《王三》反切上字匣（云）繫聯爲 "何、云、蓮、洧" 四組，"云、蓮、洧"（云母）三組衹切三等韵（它們跟子丑寅三類韵的配合關係是參差的，出現機會互補），"何" 組（匣母）主要切非三等韵，與前三組互補；而利用反切上字表，可以觀察到 "何" 類的 "下" 字可作三等韵（寅類）的反切上字（礦下珍），故四組並成一類，即 "喻三歸匣"。但是如果没有反切上字表，單純注重反切的繫聯，"下" 字衹能繫聯在 "何" 組，它能作寅類韵上字的事實就容易被忽略，云、匣互補歸併也缺少了一個有利的論證環節②。

利用反切上字表所充分展示的上字在各韵類的使用情況和細節，可以對音韵學中

---

① 李榮先生在其他地方說道："從《切韵》到《廣韵》，'大韵'的數目增加了，'小韵'的數目也增加了，字數（'韵'）和解釋（'訓'）也都增加了，可是就全本王韵和《廣韵》說，所代表的音韵系統卻是一致的。其他的殘卷不能考訂音韵系統，不過拿來和全本王韵、《廣韵》比較，看不出系統上的不同。當然這些韵書中間，反切用字不全相同，個别的字歸哪一個韵，也有出入之處。不過這些出入並不妨害系統的一致。"（《陸法言的〈切韵〉》《音韵存稿》p.35）
② 云歸入匣母會遇到云母濁上不歸去的問題，李榮先生在緒論中說："解釋的方法是匣一二四、匣三分開比上聲變去聲早。"關於匣云互補以及 "礦下珍" 是否可以作爲云匣合併的依據，可參見黄笑山《切韵于母獨立試析》（《古漢語研究》1997 年第 3 期）。

聲母的許多問題獲得較爲直觀的理解。

例如類隔問題：我們知道，一等韵舌齒音是"端透定泥來、精清從心"九紐，二等韵舌齒音是"知徹澄泥來、莊初崇生"九紐，可是在第 31 節"一等韵的反切上字表"中，可以看到一等韵有 1 例以"崇"母爲上字的情況[①]，查單字音表，可知是厚韵的"鲰士垢"，而厚韵另無從母小韵[②]；在第 32 節"二等韵的反切上字表"中，也可以看到二等韵有以"精、從、心"爲上字的情況，查單字音表可知，分別是鑑韵"覽子鑑"（鑑韵另無莊母小韵），山韵"虥昨閑"（山韵另無崇母小韵），馬韵合口"褁蘇寡"（馬韵合口另無生母小韵）；這些細節都是精莊組類隔的反映。同樣地，利用這些反切上字表，也可以考察其他聲母的情況，例如第 32 節的"二等韵的反切上字表"中，有"德丁、他、徒大"等端透定的反切上字，還有上文談到的知母反切上字"卓（二等）"列在端母，則反映了端知組類隔的細節問題；同類現象也出現在三等韵裏，"眕丁私""踵他用""地徒四"在單字音表裏分別列端、透、定母的位置，在第 34 節"三等韵的反切上字表"裏"眕、他、徒"也分列在端、透、定母位置，這類情況都是反切繫聯的結果，不依韵圖排列（詳第 36 節"反切上字繫聯情形"附論中的闡述）。

又如通過反切上字表中的數字，可以驗證人們常說的《切韵》反切上字"一二四/三等韵分組趨勢"：例如第 31 節表中，一等韵唇音幫組祇有少數用"方、匹匹芳、扶父、武無忘"等三等韵反切上字的情況（13.3%=17/127），而一等韵牙喉音見組幾乎不用三等韵的反切上字（僅 2.5%=8/324）[③]；綜合第 31 到第 35 節的表更可看到，其實一二四等韵可以用三等韵作反切上字，三等丑寅類韵各組聲母也都有用一二四等韵作反切上字的[④]，所謂分組趨勢，祇是三等韵較少用一二四等韵作反切上字，真正能明顯表現這種趨勢的，是在牙喉音方面：一二四等韵牙喉音 697 次，其中用三等韵上字

---

① 《王三》箇韵"挫"小韵切語殘損不清，依唐蘭先生所抄爲"挫側臥"，敦煌本、項跋本同，則此當爲一等韵用莊組上字另增 1 例，祇是李榮先生根據《唐韵》《廣韵》改成"挫則臥"了。參見果攝附注 6。

② "鲰"又音士溝反，與侯韵的從母"鲰祖鉤"小韵中"鲰"字互見，"祖鉤"是從母音和切、"士溝"則是從崇類隔。又侯韵"鲰"下注曰："又子溝、士垢二反"，"士垢"顯然也是類隔切，《韵鏡》《七音略》均列厚韵"鲰"於從母地位。

③ 李榮先生在一等韵、二等韵和四等韵的表中注明："'於'又讀一等"，若"於"取一等又音，則見組一等用三等韵上字的則僅 1.2%。不過，反切用字若是多音字，通常取"如字"常用音，所以上字"於"更可能是用三等韵讀法。

④ 子類韵字幾乎不作一二四等韵的反切上字（祇有"明"1 次例外），作三等韵的反切上字次數也很有限。

的衹有 54 次（7.7%）[①]；三等韵牙喉音更是幾乎不用一二四等韵的反切上字，659 次中衹有 2 次例外，若不計音韵地位有問題的"佪火季"（疑與"瞞許鼻"同音），則衹有"礦下珍" 1 次特殊。

第 36 節的"反切上字繫聯情形"裏有三個附論，分別討論端知兩組、精莊兩組以及俟母繫聯問題。

"附論端透定和知徹澄的關係"指出端透定、知徹澄大體互補，個別對立："觰都下／縬竹下""打德冷／盯張梗""躽他用／蠢丑用""地徒四／緻直利"，其中透、徹兩母的對立可能有問題（見通攝附注 9），爲了跟端定、知澄的對立一致，透徹也分立開來。這個附論沒有涉及泥孃不分的問題，但在第 72 節"日母"後，李榮先生附帶論及，《切韵》系統裏和方言裏，"孃母都是沒有地位的"，應該併入泥母。這種觀點影響很大，20 世紀 30 年代趙元任先生編製《方言調查字表》就沒有孃母，沿用至今。不過此說似仍有斟酌餘地，羅常培先生（1931）從音理上指出，端知組既分，泥孃也該分。

"附論精清從心和莊初崇生的關係"指出在一二等韵裏精莊兩組互補，一等韵是精組，二等韵是莊組，前面提到的幾個類隔切"挫側臥""鰄士垢"以及"戲昨閑""莈蘇寡""覽子鑑"都沒有與之對立的小韵。這個附論沒有提及三四等韵的情形，二等韵沒有精組，四等韵沒有莊組，精莊兩組也互補，這是大家都知道的；而在三等韵裏精組、莊組形成對立，反切上字互不相同，這些在前面的反切上字表中都表現得很清楚。

"附論從崇船和邪俟常的關係"主張俟母獨立。董同龢曾指出《廣韵》"俟牀史"雖與牀母繫聯，但與"茬士之""士鋤里"對立，故"俟"未必是牀二（＝崇母）；而《切三》《王韵》"漦俟之""俟漦史"兩小韵的反切上字自相繫聯爲一類，《韵鏡》《七音略》《切韵指掌圖》《四聲等子》都置兩小韵於禪二地位（《韵鏡》無"漦"），俟母問題由此提出[②]。這個附論則指出：一，俟與邪、常平行，"俟"不能跟"莊初崇生"同樣地拼二等韵和寅類韵，這雖不平行於"常"能跟"章昌船書"拼同樣的韵類，但與"邪"不能跟"精清從心"同樣地拼一四等韵還是平行的；二，不能依《廣韵》反切，否則勢必俟母、牀二重出，俟母只能據韵圖定爲禪二；三，《廣韵》反切俟母跟崇母

① 其中一等韵 324 次中用三等韵上字的衹有 8 次（2.5%），在二等韵 253 次中衹有 29 次（11.5%），在四等韵 120 次中佔 17 次（25.6%）。以上"於"皆按三等韵上字算，若取一等又音，則一二四等韵用三等韵上字衹 33 次（4.7%）。
② 董同龢《廣韵重紐試釋》（《歷史語言研究所集刊》1948 年第 13 冊）。

參差的現象，也出現在邪母跟從母、常母跟船母裏；在第 73 節裏明確指出，俟跟"莊初崇生"同部位，跟邪、常同方法，精莊章三組完全平行。王力先生（1985）認爲從音系勻整的角度看，俟母獨立是可信的[①]。

第 37 小節列出"反切上字裏的合口字"。從小節末的統計及前面各小節的情形看，有三點值得注意：一是合口字極少作反切上字（用合口字作反切上字的小韵只佔全部非脣音小韵的 2% 强），爲了不忽略合口反切上字的重要作用，這小節還對全部 36 個合口上字的 72 個小韵出現在合口、獨韵、開口中的數量和比例做了統計；二是合口上字主要出現在牙喉音裏（62/72=86% 强），聲母衆多的舌齒音則很少用合口上字（10/72=14% 弱），這可能跟許多合口韵沒有舌齒音有關係；三是合口反切上字用於開口的祇有"火"字 2 例，都在蟹攝二等韵[②]。

四　反切下字

傳統反切下字研究主要是通過繫聯分清韵類，前面第二章對韵母做了系統的分類，第一章單字音表依此分列一二四子丑寅韵類，開合韵再分"開""合"，這就對韵母的各種情況都做了歸類和劃分，過去需要從反切下字繫聯得到的信息可以直接從單字音表中獲得，所以第四章"反切下字"就重點討論反切下字在脣、開、合、等第方面跟被切字的同異關係，李榮先生希望通過列舉的方法來幫助了解反切下字的作用，具體涉及脣音字的反切下字開合、脣音字作反切下字的開合、反切下字和被切字等第開合不同等問題。

脣音被切字的反切下字可以是脣音字、開口字或合口字。第 41 節"開合韵脣音字的反切下字分類統計表"的數據顯示，大致脣音被切字用開口下字最多（46.8%），其次是脣音下字（39.3%），合口下字最少（13.9%）；滂母用脣音下字最多（50%），

---

① 歐陽國泰《〈切韵〉"俟"母質疑》（《廈門大學學報：哲學社會科學版》1987 年第 4 期）根據"漦"和"矣"聲符的"騃"字有端、知、章組又音的情形，認爲《王三》自相繫聯的兩個"俟"母小韵字應該來自舌音，當屬船母而反切偶然失聯，不能獨立。
② 參見下面"反切下字"一節裏關於脣音字作反切下字相當集中地出現在二等韵裏的討論和腳註。

其實也跟其他聲母一樣沒有特別明顯的傾向；反切下字的這種分佈說明了脣音字的獨韵性質，後面的第 81 節有專門討論，單字音表把開合同韵的脣音一律放在開口裏，也可從這個數據得到支持。

第 42 節和第 43 節分別列出脣音字在開口韵、合口韵裏作反切下字的 150 個反切，其中"脣音字作開口韵的反切下字總表"計 56 個（佔 37.3%），"脣音字作合口韵的反切下字總表"計 94 個（佔 62.7%），脣音字作合口韵下字的多些。有一個突出的現象，就是脣音字作反切下字相當集中地出現在二等韵裏（63/150=42%），尤其是二等開口韵裏（40/56=71.4%）。如果除去這分佈在二等韵裏的 63 例，再來看其他的 87 例，就可以更明顯看出脣音字主要作合口韵的反切下字（71/87=81.6%），這可能是脣音跟合口有著天然的共性吧（都是脣特徵）。而如果把二等韵用脣音下字最多這一現象跟二等韵的其他表現放在一起，可能對揭示二等韵的特點有幫助[1]。

第 44 節"反切下字和被切字等不同總表"，列出了切一韵三歸一等韵和切三韵一、切三韵二、切三韵四歸三等韵幾類反切[2]，說明被切字的等有時可能由反切上字來定。這些大都是出現在一三等同韵、二三等同韵的情況下，幾個不同韵的在單字音表的附注中已作說明，本小節多祇簡明提及，相對討論較細的是庚韵系莊組字的歸等問題。

庚韵系二三等韵同韵，其莊組反切下字分二、三等兩組，二等的是"庚更陌"，三等的是"京景敬戟"，出現機會互補，李榮先生認爲應該是一類，并根據另一個二三等韵同韵的麻韵系莊組反切下字全用二等韵字的情況，參照耕韵系，認爲"庚韵莊組字全跟'庚、梗、更、格'同韵母"，庚韵系中"生，所京反"雖用三等韵下字，

---

① 脣音字作反切下字相當集中地出現在二等韵裏，而用脣音下字時二等牙喉音小韵常有開合混淆的現象，像《王三》開口的"芥"和合口的"夬"都是古邁反，開口的"黠胡八"和合口的"滑戶八"上字同類、下字相同，等等；韵書還有脣音字開合重出的現象，如《王三》卦韵末"罉，方賣反，陇。一"（"庍，方拜反，到別。一"（《廣韵》同），早期韵書祇有二等韵如此；韵圖裏也有脣音字開合重出的現象，如《韵鏡》"拜""罉（庍）""八拔儊"等脣音字開合重出，也都是出現在二等韵。這與上一小節提到的合口反切上字用於開口的情形（"火"字 2 例），都發生在二等韵裏，應該不是偶然的巧合，可能跟二等韵的介音所造成的類似合口的語音色彩及其干擾有關。參見黃笑山《中古二等韵介音和〈切韵〉元音數量》（《浙江大學學報》人文社會科學版，2002 年第 1 期）。

② 用"上字爲切，下字爲韵"之說，"切一韵三歸一等韵"是指反切上字一等韵、反切下字三等韵，拼出的被切字讀一等韵，其他"切三韵一、切三韵二、切三韵四歸三等韵""切開韵合歸開口""切獨韵開歸合口"等依此類推。

也應該跟用二等韵下字的"生，所更反"一樣是二等韵，構成單純的平去又音①。既然其莊組字都歸庚二，庚三就沒有舌齒音了，所以李榮先生把庚韵系歸入子類韵。

不過，庚韵系陽聲韵用二等韵下字和三等韵下字的莊組字上古來源不同，前者都來自古陽部，後者都來自古耕部。此外在庚三韵系跟清韵系混而不分的反切系統裏，包括了《切韵》用三等韵下字的莊組字，既用"生"這類莊組字作庚三、清韵的反切下字，也用庚三、清韵字作莊組的反切下字。這說明用二等韵下字和三等韵下字的莊組字還是有區別的。另外，庚三跟子類韵明顯不同，它的脣音後來沒有像其他子類韵那樣發生輕脣化②。

第45節"反切下字和被切字開合不同總表"列出反切下字定開合的例外，共三組。
a組切開韵合歸開口，祇有1個小韵："騂息營"③。b組切合韵開歸合口，祇有7個小韵，其中羊母1："役營隻"，疑母1："傌危賜"，匣（云）母5："爲薳支、位洧冀、會黃帶、縣黃練、往王兩"，除了"王"，這幾個反切上字都祇出現了一兩次，被切字都

---

① 李榮先生在後面第73節裏說，知莊組聲母後的i介音不十分顯著。

② 關於庚三莊組字的性質和庚三韵的歸類，邵榮芬《切韵研究》（中國社會科學出版社1982年）有專節討論，黃笑山《切韵三等韵的分類問題》（《鄭州大學學報》哲學社會科學版1996年第4期）也對庚麻等三等韵的歸類問題做了討論，可參閱。

③ "騂息營"是下字合口歸開口的孤例，《經典釋文》引《字林》及沈作許營反、火營反，徐呼營反，計8次，《集韵》存"許營切"（𤡯營切），《韵鏡》把這個小韵的字分在開合兩處，"騂"開、"䜌"合。陸志韋謂此字從來只有合口切。《釋文》首音息營反（《尚書音義》息管反，"管"當爲"營"之訛）外，又《周禮音義》雖營反、《莊子音義》恤營反，各1次，也是合口音，無引音。另外《毛詩音義》有"火全反"一音："騂騂，息營反，調利也。沈又許營反，《說文》作'弲'，音火全反。"《說文》："弲，角弓也。洛陽名弩曰弲。從弓𢿝聲。"段注："'角弓'，謂弓之傅角者也。《詩》曰：'騂騂角弓'，相角居角之法，詳於《弓人》。按，今《詩》'騂騂角弓'，《釋文》曰：'騂，《說文》作弲。音火全反。'此陸氏之偶誤。蓋角部稱'騂騂角弓'，陸當云《說文》作騂，而誤云作弲也。弲自謂角弓，不謂弓調利；'雒陽名弩曰弲'，此弲之別一義。"今按，"火全反"雖是弲字音，然《說文》"自營爲厶"引韓非，今《五蠹》則作"自環者謂之私"，管之與環亦猶騂之與弲，要皆合口。"辛"聲之字皆眞臻韵系開口，何此字早期皆切合口？意者"騂"小韵"騂埓觪牷"4字（《集韵》增"烓"，異體亦烪），原皆非辛聲。"埓"，《說文》作"墂"，赤剛土也，從土觪省聲。而《說文》"觪"下引《詩》"觪觪角弓"（今本作"騂騂角弓"），謂从羊牛角，段玉裁認爲羊、祥也、善也，會牛角馴善之意；徐灝以爲辛聲，實際"觪"的右旁即是聲符。《說文》無"騂"字，《新附》作"騂"。按，甲金文有𤘓字上羊下牛，會牲畜、牲赤色意，多供牲饋之祭，當其本字，後加馬、牛繁化作"騂""犉"，本字聲符訛簡爲"辛"，乃作"騂""埓"。又，曉母變成心母後，應仍爲合口（《廣韵》清韵仍有兩個合口的舌齒小韵"𦫼之役、𢞫七役"），後受舌齒音在-ŋ/k尾中無合口的限制，轉讀爲開口小韵。這個過程邊田鋼認爲是：*hʷɰɕ > swieŋ > sieŋ（學術交流）。

是合口①。總之，這 a、b 兩組的開合都是由上字決定的。

　　c 組切獨韵開歸合口，衹有 10 個小韵，其中 9 個反切上字是模韵字（姑古苦呼胡戶烏），1 個是魚韵字（虛）。李先生强調這些反切上字不能認爲是合口的，因爲《切韵》用遇攝字作反切上字的開口字很多。比較這幾個小韵對立的開口切語，就容易理解李榮先生爲什麽說它是"反切之疏"了（"荒呼浪、夐虛政、鋻烏定"沒有相應的開口小韵）：

　　合口：曠苦浪　洞古鼎　潢胡浪　肩戶鼎　榮胡丁　熒胡定　媧姑柴　荒呼浪　夐虛政　鋻烏定

　　開口：抗苦浪　到古挺　吭下浪　婷下娗　形戶經　脛戶定　佳古膎

這幾個合口小韵的切語上下字都不表示合口，開合都同樣用"古、苦"或者交替用"戶、胡"，是沒有理由把這種上字定成合口的。

　　值得注意的是，除了 a 組那 1 例，b、c 兩組不依下字定開合的 17 個例子都衹出現在牙喉音裏②。

五　高本漢構擬的切韵音

　　從第五章開始討論音值構擬問題，這一章分兩節列出高本漢的聲韵構擬，爲下文深入討論做參照。

　　在高本漢的兩個擬音表之後，有對音標及附加符號等的說明，這個說明可以避免音標使用中的誤會，高本漢使用的音標相當複雜，有瑞典方言字母、國際音標、威妥瑪氏音標等，從那時到《切韵音系》出版，再從《切韵音系》發表到現在，音標的寫法和意義都有些差異和變化，例如當時元音 ɛ 表示的是國際音標的 æ，國際音標的 ɛ 是用 ä 表示的；又如當時輔音的送氣符號是"右單引號"［'］（如 k'、g'），此後有一段時間曾經用"左單引號"［ʻ］表示（如 kʻ、gʻ），而現在的標準則是用［ʰ］或［ʱ］表示送氣（如 kʰ、gʱ），當初那個"右單引號"現在表示噴音（ejectives）：kʰ 送氣音、kʻ 弱送氣音、k' 噴音（外擠氣）。另外，高本漢構擬中古音採用的是音素構擬，

---

① 《切韵》反切上字"營""危""薳洧"各出現 1 次，"黄"出現 2 次，"王"出現 9 次（"往王兩"之外，另 8 次是：幃王非、筠王䰷、雲王分、颮王勿、越王伐、員王權、瑗王眷、籰王縛），被切字都是合口。

② 參見前兩頁關於聲母脣化色彩的注脚。

所以在行文中都加方括號"[ ]"（列表中不加）。

第 51 節 "高本漢構擬的切韵聲母表" 中，最醒目的是高本漢爲有些聲類構擬了兩套聲母，如 "幫" 有單純的 p 和 [j] 化的 pj 兩個音。表中這種成對的音出現在幫滂並明、見溪疑、影曉、喻（＝云＋羊）、來 11 紐裏，另外群祇有 [j] 化音①。高本漢同意商克（S.H.Schaank）在《古代漢語語音學》（1900）提出的 [j] 化說（見本書 61 節所引），他認爲知徹澄孃、章昌船書原也是 [j] 化的，祇是已經由 [j] 化音進一步變化成另一種舌面前音了。關於 [j] 化有一點需要注意，高本漢爲了印刷的方便，拼寫字音的時候會省去 [i̯] 介音前面的 [j]，祇保留出現在 [i] 元音三等韵前面的 [j]。

第 52 節 "高本漢構擬的切韵韵母表" 按高本漢一等韵、二等韵、三等 α 韵、三等 β 韵和四等 γ 韵的韵母分類列出全部韵母及擬音。分類上，李榮先生的子類和丑寅類大致與 α 和 β 類相當。

六 [j] 化問題，前腭介音，四等主要元音

第六章 "[j] 化問題，前腭介音，四等主要元音" 是針對高本漢系統的一些問題提出的討論，並做出了新的構擬。

第 61 節 "[j] 化問題"，"[j] 化" 曾經譯作 "喻化"，早期也被稱爲 "軟化"，指一種又稱軟音、濕音的腭化音，高本漢認爲《切韵》三等韵都有 [i̯] 介音，這個介音使它前面的聲母產生輕微變異，導致三等韵選用的反切上字不同於一二四等韵，形成反切分組趨勢；三等韵聲母的輕微變異後來都有發展成腭化的塞擦音和擦音的表現，所以高本漢接受了商克的 [j] 化說，假設拼三等韵的聲母都是 [j] 化的。② 李榮先生不同意 [j] 化說，提出如下反對意見：

---

① 1956 年版的書中 "影" 祇寫了 ʔ，這次出版補出了遺漏的 ʔj。

② 商克《古代漢語語音學》最早提出 [j] 化聲母說，高本漢所說跟他有所不同。商克認爲韵圖一二三四等的聲母都相同，一四等是單純聲母，而二三等聲母是 [j] 化的，知照兩組是端精兩組的軟化音。（S.H.Schaank.1900. Ancient Chinese Phonetics, *T'oungPao*）。

高本漢所謂的 [j] 化聲母在方言裏並不都腭化，例如其 [j] 化的見組字在廣州話裏仍然讀硬音。現代方言腭化是以現代方言的條件爲依據的，因此北京話祇要符合在 i、y 前面的條件，二等韵、四等韵前的見組同樣也有腭化的表現；不符合這些條件，合口三等韵的見組也不腭化。高本漢的弱 [i̯] 前面的聲母 [j] 化，强 [i] 介音前面的聲母反倒不 [j] 化，也難自圓其說。反切上字確實有三等韵和非三等韵分組的趨勢，但是根據同樣的反切趨勢，曾運乾分《廣韵》上字爲五十一類，而高本漢祇分四十七類①，他爲遷就自己的學說，沒有爲精組分出 [j] 化一組（因腭化的 tsj 與章組 tɕ 音太接近），這種不一致說明 [j] 化不是必需的。李榮先生還引用趙元任先生 1941 年的文章（Distinctions Within Ancient Chinese, *Havard Journal of Asiatic Studies*, 5（3/4）：203—233）說明反切上字分組是爲求介音和諧，而高本漢所構擬的 [j] 化聲母和單純聲母、云母 [j] 和匣母 [ɣ] 的分佈是互補的，是不辨字的，所以把 [j] 化聲母併入單純聲母，云母 [j] 也併入匣母 ɣ。

第 62 節"前腭介音"討論三四等韵 i 類介音的問題。按高本漢的說法，大多數漢語方言三四等韵都是細音，因此中古三四等韵應該都有 i 類介音；但在山咸兩攝牙喉音裏，朝鮮漢字音四等韵 ɣ 類像其他聲母一樣保留著 i 介音，而三等韵 α 類和 β 類則不像其他聲母那樣顯示其 i 類介音；高本漢認爲這反映出四等韵介音强於三等韵，因此假設四等韵有元音性的 [i] 介音，而三等韵則是較短的或輔音性的 [i̯] 介音。

李榮先生指出，高本漢把有的三等韵 α 類字跟四等韵 ɣ 類混起來了②，還試圖把這類三等韵字解釋成《切韵》之後丟掉了 [j] 而變入四等的（例如"因" [ʔiěn ＜ ʔji̯ěn] ），從他的這個解釋看，三等韵弱 [i̯] 介音似乎跟四等韵的强 [i] 介音也沒有什麼不同。而且實際上咸山攝影云以母有不少的三等韵字在朝鮮漢字音裏是有 i 介音的，加上高本漢認爲是例外的"遣 kiən、絹 kiən、鉗 kiəm"，朝鮮漢字音就不能確定三四等韵的介音性質。

李榮先生取消了四等韵 [i] 介音，不僅不影響解釋方言音變（高本漢四等韵的 [i] 介音後總是 [e] 元音，因此 [ie] 能解釋的，[e] 也能解釋），還能更好地解

---

① 原來第 51 節所列高本漢定的聲母 46 個，漏了影母的 [j] 化音，這次出版補正了。

② 此前陸志韋先生（1939）也指出過高本漢未能分清純四等韵和重紐四等韵的區別。

釋一二四等韵／三等韵的反切上字分組趨勢，能更好地解釋四等韵同於一等韵而異於
三等韵的聲韵配合。既然四等韵取消強 i 介音，三等韵就不必寫作"弱"［i̯］了。

　　第 63 節"四等主要元音"，高本漢指出方言和譯音材料裏三四等韵元音相同，但
是既然它們的介音有強［i］、弱［i̯］的區别，那麼四等韵就該有個比三等韵強的元
音，所以他四等韵的［ie-］跟三等韵［i̯ä-］就有了元音高低（閉開）的不同。李榮先
生取消了四等韵的 i 介音，但仍保持三四等韵元音的不同，他用從法顯到地婆訶羅梵
文字母 -e- 的對音例證，證明四等韵不需要改變主元音 e 的構擬。

　　四等韵究竟有無 i 介音的問題，學界至今仍有爭議。不少學者堅持認爲四等韵有 i
介音，近年劉廣和[①]、尉遲治平[②]分别從梵漢對音、詩文押韵和六朝五家韵書方面提供四
等韵是有 i 介音的證據。也有一批學者支持《切韵》四等韵沒有 i 介音的觀點，除了陸志韋、
李榮的證據之外，還提供了梵漢對音、域外漢語、漢語方言和歷史演變的證據[③]。

七　聲母的討論

　　第七章"聲母的討論"集中在全濁聲母送氣、日母音值和知莊組音值三個有爭議
的問題上。

　　第 71 節"並定澄群從崇船七母送氣問題"不同意高本漢全濁聲母送氣的觀點，提
供了梵漢對音等證據，主張中古漢語全濁聲母不送氣。第 711 小節對高本漢等主張的
全濁聲母送氣說的理由逐一做了述評：

　　（1）高本漢認爲不送氣不利於解釋某些方言或某些條件下全濁聲母變送氣音，
李榮先生用古印歐語 d（梵文 dva、拉丁文 duo）在日耳曼語言裏變成送氣的 t（英文
two）的事實來說明不送氣濁音變送氣清音的可能性。在附錄三裏，李榮先生又根據漢

---

① 劉廣和《介音問題的梵漢對音研究》（《古漢語研究》2002 年第 2 期）。

② 尉遲治平《論中古的四等韵》（《語言研究》2002 年第 4 期，又載中國人民大學《語言文字學報刊複印資料》
2003 年第 4 期）。

③ 黄笑山《從泰漢關係詞看中古漢語三四等韵的差異》（《南開語言學刊》2006 年第 2 期，總第 8 期，商務印書
館 2007 年）介紹了諸家的看法，提供了泰漢關係詞的證據，並重新審視了與三、四等韵介音和元音相關的押韵、
分韵問題。

語方言全濁清化的不同類型以及邵雍《皇極經世》的材料，提出全濁聲母可能有送氣和不送氣兩個條件變體，當濁音清化時送氣就可能成爲區別性的。

（2）高本漢認爲不送氣不利於說明《廣韵》全濁字有送氣清音的又音，李榮先生指出漢語方言以及韓國人學日語，不送氣的全濁可以有送氣或不送氣清音的自由變體，因此不送氣全濁跟送氣清音有又音是可能的，並指出高本漢忽略了《廣韵》里全濁字有不送氣清音的又音這一部分事實。

（3）高本漢認爲元代蒙古譯音文獻用清音對漢語濁音、濁音對漢語清音的現象只能用全濁送氣才能解釋，李榮先生指出元代蒙漢對音時漢語已經沒有全濁聲母，衹有送氣和不送氣的清音。並引 Marian Lewicki《華夷譯語研究》的觀點說：漢語清塞音相當於蒙語濁音，漢語送氣塞音相當於蒙語清音①。

（4）高本漢認爲漢語吳方言的濁聲母那樣的濁送氣正是古全濁聲母的遺跡，李榮先生列出古濁聲母在現代方言中的九種類型，認爲在吳方言的送氣濁音、湘方言的不送氣濁音之間選擇，或者在湖北蒲圻等方言的透定跟端對立、通山等方言的端定跟透對立之間選擇，很難證明古濁音一定是送氣的。

（5）高本漢討論日本漢字音和韓國漢字音對漢語濁音字的處理問題，李榮先生認爲，日、韓將見溪群都對譯成 k，只能幫助認識發音部位，無法解決濁音是否送氣問題。在這地方李榮先生用腳注討論了韓國有五種脣塞音可以歸納爲三個音位的報道，我們把這五個音（不爆發的 p 我們寫成 p¹）按出現條件列成下表：

	ph 強送氣	p' 弱送氣	b 濁音	p 不送氣	p¹ 不爆發
字首	+	+	−	+	+
字中	+	−	+	+	−
字尾及輔音前	−	−	−	−	+

① 不過，李榮先生所引用的這一觀點仍不足以解開蒙漢對音清濁"錯配"的謎團，因爲無論怎樣看待當時漢語的語音實質，"清""濁"兩個傳統的類在八思巴正字法中都是清楚地分開的。在近代漢語和中古蒙語研究中，人們對此有過廣泛的討論，也仍有爭議，但其中一個事實值得重視：蒙古的八思巴字母源於藏文字母，主要是爲拼寫蒙古語創製的，其次才用於拼寫漢語等其他語言，而中古蒙古語的塞音和塞擦音衹有强弱（fortis/lenis）雙項對立。假設八思巴用藏文字母 b、d、g 表示蒙古語不送氣弱輔音，用藏文字母 ph、th、kh 表示蒙古語送氣的强輔音，再遇到漢語傳統的"濁"聲母時，八思巴轉寫就衹好採用藏文清輔音字母 p、t、k 了。

根據互補相近，可以把不送氣跟不爆發歸併成一個音位，弱送氣和濁音歸併成一個音位，強送氣一個音位。李榮先生指出，這情形的朝鮮音如何處理漢字音的清濁和送氣與否還是個值得深入的問題，言下之意，高本漢用朝鮮漢字音無法證明漢語濁音送氣。不過這幾個音以氣流的強弱分成強送氣、弱送氣、不送氣三個音位，倒可以讓我們聯想到近代八思巴字用強音對漢語送氣音，用弱音對漢語不送氣，最後用不送氣對漢語傳統音韵學的"濁"聲母的可能性是存在的。

　　第712小節用梵漢對音材料討論中古漢語濁音是否送氣問題。梵文塞音是四項對立的，清濁都有送氣和不送氣之分，在對音中漢語濁音可以對梵文送氣音，也可以對不送氣音，例如梵文 g、gh 都對群母字。但是西晉到隋對譯梵文字母時，凡是梵文不送氣濁音都直接選用漢語開尾濁音字對應，而對梵文送氣濁音的漢字都用加喉擦音字"二合"、加"重音"字樣、選陽聲韵字、造加口字旁的專用字等各種方式表示，都顯示出從漢語角度看梵語送氣濁音是很特殊的音，也間接說明漢語的濁音是不送氣的。

　　唐朝善無畏開始發生了改變，梵文不送氣濁音用陰聲韵鼻音字表示，梵文鼻音聲母用陽聲韵鼻音字表示，梵文送氣濁音用濁音字表示。李榮先生對此做了三種假設（如下表，">"表示變化）：一個假設是梵語方言發生了變化（下表左）：濁塞音變成鼻音因而漢語用鼻音來對、鼻音後的元音發生鼻化因而漢語用陽聲韵的鼻音聲母來對；另兩個假設是漢語方言發生了變化（下表右）：a. 漢語鼻音陰聲韵字變成濁口塞音因而對梵文不送氣濁音，原來的濁口塞音變成送氣濁音因而對梵文送氣濁音；或者 b. 漢語鼻音變成帶鼻音的口塞音所以可對梵文不送氣濁音，濁口塞音就對梵文的送氣濁音。

梵語	ba > ma	bha	ma > mã		
漢語	摩 ma	婆 ba	莽 maŋ		

	ba	bha	ma
a.	摩 ma > ba	婆 ba > bha	莽 maŋ
b.	摩 ma > mba	婆 ba	莽 maŋ > mbaŋ

　　祇有在漢語 a 變化中有必要假設漢語濁聲母是送氣的，但是唐代對送氣濁音字都加注"去"或"取去聲"、"重"或"重音"、造類似二合的反切（如"婆賀反"）並造加口的字（啓），可見漢語濁音沒有變成送氣濁音。相關的對音材料可查檢後面的附錄一、附錄二。

　　第713小節用李方桂《龍州土語》所記壯語的漢語借字材料，指出其中並定群等濁聲母都讀不送氣清音，表現出端定跟透對立之類的現象。第714小節用趙元任的《廣西瑤歌記音》中廣西瑤族人唱的漢語歌詞音證明漢語全濁字不送氣，這份材料也反映出端定跟透對立、幫並跟滂對立之類的現象，進一步證明全濁聲母是不送氣的。

李榮先生把梵漢對音分爲隋以前、唐兩個時代分別進行考察，這是一個值得重視的且很有意義的界限，其間中古音發生了階段性的語音變化或語音標準的轉移。近年研究的許多證據都顯示出，隋代以前全濁音是不送氣的，唐代文獻則表現出全濁送氣，而這種送氣濁音、鼻冠色彩的不送氣濁音等顯示出當時大西北語音的地域特徵①。現代方言中全濁全部清化爲送氣音的主要是贛客方言，也出現在秦晉（如河南靈寶、山西汾河片）、江淮（通泰）方言裏，這些方言跟唐代西北方音的"全濁送氣"或有淵源關係，隨著移民史和方言語音史研究的深入，這個問題將會明朗。

第 72 節"日母"討論日母的音值，主要證據是梵文字母 ña 的對音。高本漢認爲馬伯樂把日母構擬爲 ń 跟系統中 [j] 化的 [nj]（指孃母）就太接近了，且無法解釋兩母反切嚴分不混以及不同的演變；他把日母構擬成 [ńʑ]，他雖不反對這個 [ńʑ] 可能是從 ń 發展來的，但指出 ń > [ńʑ] 的變化應該早於《切韵》，也早於 [nj]（孃母）以及其他 [j] 化聲母的產生。李榮先生指出 [j] 化說靠不住（[nji] 應是 ni），而且在方言中 ni 和 ńi 可有對立（說明音近不是問題），反切中也有泥 [n] 日 [ń] 相混的例子（說明它們不會相差太遠）；高本漢把孃母寫成 [ń]，但後來和 n（泥）演變並沒有很大不同。李榮先生主張日母是 ń，梵文的 ña 在唐善無畏以前用日母字對，唐代不空、般若、慧琳改用"孃"字對，是因爲後來日母發生了變化。

這一節順帶討論了孃母問題。李榮先生認爲孃母應該歸入泥母 n，他用守溫韵學殘卷中拿"知徹澄日"跟"端透定泥"相配作證據，說明《切韵》沒有孃母的地位，現代方言裏也沒有發現泥孃有別。在"附錄三"中李榮先生進一步說"孃母實在未曾存在過，是字母學家造出來湊足整齊的系統的"。

但是學界對把孃歸入泥有不同意見。學者們指出守溫三十字母不僅沒有孃，也沒有莊組和船，不能用它來否定孃母②；知徹澄日相配也很難看成《切韵》時代的情形，因爲無法解釋這種不平衡：端透定配一四等而泥配所有等、知徹澄配二三等而日衹配

---

① 參見儲泰松《唐代音義所見方音考》（《語言研究》2004 年第 2 期）。
② 邵榮芬《切韵研究》（中國社會科學出版社 1982 年）。

三等；但設若在唐末鼻音孃母未擦化，而知徹澄已有塞擦化跡象、日母也擦化了，就可能發生知徹澄日相配①。從反切系統看，泥孃一四/二三等韵分組跟端知組一致；孃二三等不分組跟知組莊組一致，它們不同於其他聲母一二四/三等韵分組；泥少數切孃而孃從不切泥，這跟端少數切知而知從不切端一致②；從梵文字母對譯看，從鳩摩羅什到善無畏都是泥母對 na、孃母對 ṇa，這跟端組對 t d、知組對 ṭ ḍ 一致；泥、孃、日三紐分別對 na、ṇa、ña，也跟心、生、書三紐分別對 s、ṣ、ś 一致③。因此用透徹分立、端知分組同樣的原則，泥孃也應分開。在《切韵》以後的歷史階段中泥孃也有不同演變的證據，敦煌漢藏對音裏泥對 d〔*nd〕、孃對 j〔*nz〕，《開蒙要訓》注音有泥來互注、孃日互注④。近年現代方言研究中一些線索，更爲泥孃母分合和構擬提供了新的思考，例如在徽語祁門城區話、湘語新化話、客家泰興話裏，都有泥母併入來母並與孃母在細音前構成對立的例子⑤；而在晉語的孝義、介休等并州片方言裏，泥孃更無論今音洪細都有對立，泥母讀 n（細音或讀 n̠），孃母讀 ⁿz 或 ŋ⑥。

第 73 節 "端知精莊章五組" 重點從音理和反切兩個方面說明知、莊組的構擬。音理方面，高本漢取消了原擬的二等韵弱 ⁱ 介音，郤仍把知組擬爲 ȶ 等舌面音就有困難；而羅常培把知、莊組擬爲捲舌也存在拼 i 的困難；反切方面，莊組二三等韵反切上字不分組，麻韵庚韵二三等同韵知莊組也無對立，庚韵莊組字反切下字用二三等韵不定，說明知莊組三等韵的 i 介音不顯著。要既避免音理的困難又能解釋反切的現象，李榮先生提出舌葉音的方案，擬莊組爲 ʃ 等、擬知組爲跟 ʃ 同部位的塞音（即 ȶ 等，因未找到適當符號，仍用〔ṯ〕和〔tʂ〕等寫法），這樣漢語就沒有捲舌音，梵漢對音時也祇好用 ʃ 對應梵文的 ṣ。

第 74 節 "切韵聲母表"，將它跟第 51 節 "高本漢構擬的切韵聲母表" 比照，主

① 麥耘《切韵知莊章組及相關諸聲母的擬音》（《語言研究》1991 年第 2 期）。
② 《王三》端知有 8.6% 的類隔，泥孃是 7% 的類隔，泥孃的分別並不比端知的分別小，其他反切系統也大致如此。
③ 羅常培《知徹澄娘音值考》（《史語所集刊》3 本 1 分，又收於《羅常培語言學論文集》中華書局 1963 年），還有商務印書館的版本。
④ 有關討論可參看邵榮芬《切韵研究》（中國社會科學出版社 1982 年）。
⑤ 陳瑤、王健《從現代方言看古泥娘母的分立問題》（《中國語文》2016 年第 6 期）。
⑥ 王瓊《并州片晉語語音研究》（北京大學 2012 年博士學位論文）。

要改動有三：一是［j］化聲母併入相應的單純聲母，群母 gj 沒有相應的單純聲母就直接寫作 g，云 j 併入匣 ɣ 而不是併入羊〇（主要理由是匣云互補，見緒論和第 61 節的匣云繫聯），孃母 ń（相當於 nj）併入泥 n，日母改成 ń［ȵ］；二是全濁聲母取消送氣；三是知莊組 t̂ 和 tʂ 同改作舌葉部位，莊組所增俟母，自然也是舌葉的濁擦音。

八　韵母的討論

第八章"韵母的討論"，先討論總體的開合問題，然後分攝討論。

第 81 節"獨韵和開合韵"。所謂"開合韵"指有開口、合口對立的韵，《切韵》大多數開合韵都在一韵之中，即"開合同韵"；有幾個獨立開口韵能跟相應的獨立合口韵押韵，如咍灰、痕魂、殷文，這被看成配對的開合韵，即"開合分韵"。高本漢構擬了兩種合口介音：開合分韵的合口是元音性的強［u］介音，開合同韵的合口是輔音性的弱［w］介音（或寫成［ʷ］），他認爲這可解釋兩種合口所造成的不同演變，例如桓寒分韵，到廣州話"官"kuân > kun 跟"干"kân > kɔn 元音就不同了；而同韵的唐韵，廣州"光"kwâŋ > kuɔŋ 跟"剛"kâŋ > kɔŋ 仍同元音。但在李榮先生看來，用這個構擬解釋分韵和方言都有問題：《切韵》眞、寒、歌韵系原本是開合同韵的，《唐韵》以後纔開合分韵①，很難說是其合口性質發生了變化還是編者見解不同；而開合韵在方言裏演變是否不同跟合口介音強弱並無必然聯繫，而且強弱合口沒有對立，說明實際上祇有一個合口介音。爲了簡潔，李榮先生選擇了既可作介音又可作主要元音的 u，而 w 則無此便利。

"獨韵"相對開合韵而言，指沒有開合對立的韵，例如通攝東韵（i）uŋ、冬韵 oŋ、鍾韵 ioŋ 祇有"合口"，江攝江韵 åŋ 祇有開口，都是沒有相應開合對立的獨韵。區分獨韵和開合韵有利於解釋它們跟聲母的不同配合，李榮先生比較了 –ŋ/k 尾韵母跟聲母的搭配，獨韵的通、江攝拼聲母都不受限制（等的限制不論），開合韵的宕、梗、曾攝的開口部分拼聲母也沒有限制，而合口部分則祇拼牙喉音聲母。獨韵的聲韵配合不受限制跟開口一樣，因此獨韵應無 u 介音，獨韵的"合口"印象來自圓脣度較高的

---

① 《唐韵》從眞、寒、歌韵系中分出了獨立的合口諄、桓、戈韵系，就成了眞諄、寒桓、歌戈開合分韵。

元音[①]，開合韵合口纔有u介音。現代方言中也很容易看到因介音有無而造成的不同聲韵搭配現象。

就拼合關係而言，脣音也沒有開合對立，所以一方面開合韵的開口和合口都可以用脣音字作反切下字（參見第42、43節），另方面開合韵的開口和合口都可以作脣音字的反切下字（見第41節）。所以李榮先生强調脣音的獨韵性質，希望脣音也能跟獨韵一樣取消合口u介音，不過面對嚴凡兩韵系開合對立、灰咍兩韵系脣音開合對立的疑難，李榮先生還是把灰、文、魂三韵系的脣音都寫了u介音，結果是：開合分韵的脣音歸合口，其餘所有的脣音都是開口。

關於嚴凡兩韵系，一般認爲就是開合分韵。但李榮先生更傾向於它們是獨韵，他說："獨韵裏頭，嚴凡大體上是互補的。"可是這兩個韵系的溪紐上聲（㰹丘广：凵丘范）和入聲（怯去劫：猲起法）有對立。而據韵目"广虞掩反，陸無韵目，失""嚴魚淹反，陸無此韵目，失"可知，《切韵》嚴韵系本無上、去聲兩韵，《王韵》正文也無去聲，所以上聲、去聲裏的對立都是後增的[②]。入聲裏，乏韵"猲起法"小韵祗"猲妊"兩字，"妊"字"乏"聲符讀溪紐可疑，另有房法、孚梵二音，都是脣音；"猲"字"曷"聲符讀閉口韵可疑[③]，另有許竭、許葛二音（《集韵》尚有居曷、虚艾二音）。因此儘管一般都根據韵圖把嚴凡看成開合分韵，第87節"山臻咸深四攝"裏李榮先生的擬音也是嚴開凡合（"最保守的辦法"），但他心目中似仍是把它們看成獨韵的。

至於灰咍兩韵系，也是開合分韵，但兩韵系脣音有四處對立：

① 韵圖所標的"開合"（或"輕重"）有的可能積澱了不同層次、不同版本的語音信息，獨韵的開合尤其如此，有的"合"可能包括韵尾的脣色彩，例如深攝、咸攝的"合"；還可能包括後世的演變，例如後期韵圖江攝中的"合"，等等。

② 若據敦煌本在李榮先生單字音表中補去聲嚴韵四小韵，則另增去聲溪紐（㰹丘嚴：欠去劒）、影紐（淹於嚴：俺於劒）兩處對立。其中影母"埯淹腌"在嚴韵，而"俺"在梵韵，頗使人疑（《王二》"俺於劒"連同"劒舉欠、欠去劒"都在去聲嚴韵）。另外，范韵韵目："范符凵反，陸無，取凡之上聲"、范小韵："范陸無反語，取凡之上聲"頗似拯韵韵目："拯無韵，取蒸之上聲"、拯小韵："拯無反語，取蒸之上聲"，可知范韵初僅范一個小韵，原無"凵丘范"。

③ "喝"俗讀閉口韵乃"欱呼合"訓讀。《戰國策・齊策一》："（秦）恐韓魏之議其後也，是故恫疑虛猲。"高誘注："猲，喘息懼貌。"《史記・蘇秦列傳》："是故恫疑虛猲"司馬貞索引："猲，一本作喝……劉氏云'……虛作恐怯之詞以脅韓魏也。'"《漢書・王子侯表上》："坐縛家吏恐猲受賕，棄市。"顔師古注："猲謂以威力脅人也。"故"猲起法反，恐受財。《史記》：'恐猲諸侯'"或亦"怯去劫反，多恐"之訓讀？唐寫本《唐韵》殘卷業韵"怯去刼反。一。加。"則"怯"初亦未列入《切韵》，唯韵目"業魚怯反"。

	平聲	上聲	去聲
並母	裴：陪	琲：倍	
明母		浼：穲	妹：穲

李榮先生指出這些脣音對立是可疑的，構成對立的小韵，有的小韵在早期版本是沒有的（裴），有的跟對立小韵中的字存在通假關係（倍通背），有的可能是同一個詞的不同寫法（蓓蕾＝痞癗，胸＝脥，穲＝徽），有的字在對立的兩邊同現（穲），有的通過又音互見可以繫聯成同一個音（瑁莫沃反，又莫再反，瑁莫代反，又莫沃反，亦作瑁，瑁莫佩反，又盲督反）；而且同樣是上古微部或之部的字卻被分開兩韵，這跟同一個詞的兩種寫法分爲重出小韵（啡出唾聲倍不肯）一樣，都可能是韵書安排欠妥造成的，並不是眞正的脣音開合對立。應該注意，李榮先生懷疑咍與灰的脣音對立，不是懷疑咍與灰兩個韵的開合對立，所以他特別指出《切韵》前後詩文裏咍與灰是押韵的，因此不能否認它們是一對開合韵。

跟脣音相關的一個問題是輕脣化的條件。當時學界認爲重脣音分化出輕脣音的條件是合口三等韵，李榮先生說，脣音不分開合，可是倒過來卻說變輕脣的是合口，這走入了循環論證的圈子。趙元任先生曾提出輕脣化的條件是央、後元音的三等韵，可是當時構擬的庚三韵系是央元音 iɐŋ，脣音卻不變輕脣（類似的還有侵韵系 iəm/p、蒸韵系 iəŋ/k），使條件有了例外；同時構擬爲前元音的陽韵系 iɑŋ/k，脣音反而變了輕脣（類似的還有微韵系 jiɐi），超出了條件的約束；所以祇好不提演變條件，而列舉"輕脣十韵系"。

後來人們對三等韵做了重新歸類分析（詳上文）和比較構擬，庚韵系擬爲前元音（侵、蒸也前元音），陽韵系擬爲後元音（微也後元音），仍然採用趙元任先生的央後元音說，走出了祇能列舉輕脣十韵的死胡同。另一方面，人們認識到脣音無開合對立不等於脣音沒有合口介音，某些韵的脣音後即使構擬有合口介音也不會有相應的開口韵母與之對立，因此三等韵合口仍可以作爲輕脣化的條件，跳出了循環論證的圈子[1]。

本節最後討論了反切上下字跟開合口的關係，指出反切上字用獨韵字的最多、合口字很少，這說明合口字主要通過下字來體現；另一方面，開合韵非脣音字反切上下字祇要有一個是合口的，被切字就是合口（祇有"騂息營、矎火佳、講火夰"三個例外）。

---

[1] 參見黃笑山《切韵和唐五代音位系統》之 3.3.52 節 "輕脣化的條件和原因" （台灣文津出版社 1995 年）。

　　這一章從第 82 節開始分攝討論韵母擬音問題，開頭簡單說明了舒聲韵舉平以賅上去、陽聲韵（–m、–n、–ŋ）和入聲韵（–p、–t、–k）匹配的通例，然後分節展開討論。討論大致按韵母收尾情形分節，中間第 84 節討論重韵和重紐問題，最後在第 89 節 "切韵韵母表" 裏總結構擬的結果。

　　第 82 節 "通江宕梗曾五攝" 是軟腭音 –ŋ/k 收尾的韵攝。對高本漢的構擬，除了統一取消四等韵 [i] 介音、改三等韵爲 i 介音外，這幾攝的元音祇做了一處改動，即把耕韵的 [ɐ] 元音改成了 ä（即 ɛ），跟清韵元音相同。通攝裏《王三》冬韵 "恭駒冬、蚣先恭、樅七容" 三個小韵歸屬有問題，李榮先生單字音表據《廣韵》歸入了鍾韵，在這裏指出鍾韵見、心、清三母別無小韵，而冬韵見母 "恭駒冬" 跟 "攻古冬" 對立，根據第 44 節概括的反切規則，上字三等下字一等的 "恭駒冬" 應歸三等韵；心母的 "蚣先恭" 又以 "恭" 爲切下字，也應入三等韵，且蚣小韵有淞字又音 "詳容反"，鍾韵詳容反下蚣字又音 "先容反"，應即冬韵 "先恭反" 的互見；清母的 "樅七容" 的反切上下字又都是三等韵。所以《廣韵》鍾韵 "恭，九容切" 下批評說："陸以恭、蚣、縱（樅）等入冬韵，非也。" 鍾韵這幾個小韵誤入冬韵，顯示出冬鍾兩韵是相配的一三等韵：它們的元音是相同的。

　　第 83 節 "果假兩攝" 是低元音收尾的韵攝。這兩攝聲韵分佈基本互補，果攝有一、三等韵，三等韵祇有牙喉音；假攝有二三等韵，三等韵祇有舌齒音[①]，高本漢可能受晚期韵圖 "内外混等" 的影響，把兩攝合稱果攝（關於 "内外混等"，參見附錄四中的《四聲等子》部分），一等韵則是 â 元音，二三等韵都擬爲 a 元音，忽略了果攝三等牙喉 "伽呿迦" "𧏾㖩" 等小韵，無法解釋《切韵》歌韵一三等韵。李榮先生引于安瀾先生《漢魏六朝韵譜》指出南朝詩文歌麻分押，"靴" 押入歌不押入麻，因此定果攝歌韵系皆 â 元音，假攝麻韵系皆 a 元音。

　　第 84 節 "一二等重韵問題和寅類韵重紐問題" 統一討論重韵和重紐問題。
　　"重韵" 指同攝裏存在的等第、開合皆同的兩或三個韵系，例如蟹攝一等裏 "咍：

---

① 《王三》以母有 "虵夷柯" 和 "耶以遮" 一處歌、麻對立。

泰開""灰：泰合"，二等裏"佳：皆：夬"等，後來也包括了三等裏的"重韵"，如"祭：廢"等。高本漢構擬了重韵的區別，他看到泰、佳韵字的主元音朝鮮用長 a 拼寫，咍、皆韵字的主元音用短 ă 拼寫，就認爲長短元音的對立反映了一二等重韵的性質，擬一等咍爲短 âi，泰爲長 âi；擬二等皆爲短 ăi，佳和夬爲長 ai，並把蟹攝的這個構擬推廣到山攝、咸攝的一二等重韵中（袛有東：冬、庚：耕被看成元音音質不同）。許多學者都不同意高本漢的構擬，指出一二等重韵上古諧聲分作兩派，一派全部或部分跟中元音韵部接觸，一派全部袛跟低元音接觸，說明它們原來是音色不同；而朝鮮所謂短 ă 和長 a，袛是"·"和"ㅏ"的轉寫，而《訓民正音解例》說："·舌縮而聲深……，ㅏ與·同而口張"，說明製字時並非長短之別。李榮先生介紹了董同龢《上古音韵表稿》的構擬，列表中可看出董同龢的咍泰未分，佳皆未分，這些問題在第 85、86 節有進一步的討論。

"重紐"是寅類韵中脣牙喉聲紐重出的問題，第 22 節裏討論過的重紐與舌齒音的關係，在這裏再次提出：A 類包括韵圖列四等的脣牙喉音和所有的舌齒音，介音跟子類韵、丑類韵一樣都是 i；B 類則袛包括韵圖列三等的脣牙喉音，它跟 A 類的具體區別何在尚未確定，袛用 j 介音"作類的區分"。這裏的腳注指出了值得注意的現象：A 類字的又音是四等韵，B 類字的又音是子類韵。

學界對重紐區別有過很不同的假設，有聲母區別說、介音區別說、主要元音區別說，甚至有韵尾區別說；主張聲母區別的，又有假合口說、腭化聲母說、複輔音聲母說等；元音、介音說裏也各有不同的構擬。現在逐漸傾向於認爲重紐在《切韵》時代是介音的區別[①]。

第 85 節和第 86 節 "蟹攝" 和 "止攝" 是後來 -i 收尾的韵。兩節的討論可以相互參照。

蟹攝裏高本漢沒有區分佳和夬（都是 ai），董同龢沒有區分佳和皆（都是 äi），這節對蟹攝一二等重韵做了改擬，一等韵裏高本漢的短 ă 全改成央 ɐ（即 A），二等韵裏高本漢的短 ă 按董同龢的意見改成前半低的 ä（即 ɛ）[②]，用王力《南北朝詩人用韵考》支、佳兩韵押韵關係作證據（第 85 節），從歷史來源上對佳和夬、脂和之做了區分，

---

① 對各種不同意見的介紹和述評可參見黃笑山《漢語中古音研究述評》（《古漢語研究》1999 年第 3 期）第四節 "重紐問題"。

② 但是咸攝咸韵的改成 ɐ 元音。

假設上古 *-d 尾都變成 –i 尾, 而上古 *-g 尾都失落了（第 86 節）:

	*-d	*-g
*e 元音	皆 äi　脂（iei >）i	佳 ä　支 ie
*ə 元音	微 iəi	之 iə

這樣佳 ä: 皆 äi 有了不同, 解釋支和佳通押也較高本漢的構擬合理一些。另外, 把海韵（咍韵上聲）裏的"迄昌殆"小韵從一等韵裏分出, 把齊韵裏的"栘成西""鷖人兮"兩個小韵從四等韵裏分出爲三等韵（反切上字三等韵）, 加上 i 介音, 重新列出蟹攝諸韵的擬音。

止攝裏, 根據上表的假設, 之韵改擬爲 iə, 高本漢沒有分開的脂和之（都是 ji）有了分別; 支韵 iə 改擬爲 ie, 李先生提供了閩方言的證據; 微韵 iəi 也改爲 iəi（系統中減去了 ə 元音）。

改擬之後, 打破了原來蟹、止兩攝都以 i 收尾的做法[1], 但這兩攝尤其是止攝各韵都以 i 收尾可以看作後來發展的結果。

第 87 節 "山臻咸深四攝" 是以 –n/t 和 –m/p 收尾的韵, 節末列出了這幾攝的全部擬音, 其中山攝二等重韵跟蟹攝一樣, 是 ä: a 元音對立; 咸攝一等重韵也跟蟹攝一樣是 â: ɐ 元音對立, 但咸攝二等重韵則是 a: ɐ 元音對立, 即山 än: 刪 an、覃 ɐm: 談 âm、銜 am: 咸 ɐm。

臻攝的 "三等韵重韵" 有眞、臻、殷三個韵系。《廣韵》把眞韵系分成眞、諄兩韵系, 但這個 "開合分韵" 做得不徹底, 眞韵系 A 類合口小韵歸諄韵系, B 類合口小韵（麇居筠囷去倫寶於倫筠爲寶窘渠殞殞于敏窀苗賥筆顨于筆）則留在眞韵裏[2], 高本漢不知重紐, 構擬了眞開、眞合、諄合三類韵母。前面說過, –w– 和 –u– 兩種合口介音也互補,《廣韵》眞合跟諄合的分佈也是互補的（眞開和諄開也無對立）, 因此不計重紐, 眞韵開合祇需要構擬一對韵母。

---

[1] 高本漢脂、之元音都是 i, 支 iə、微 əi 裏的主要元音也是 i, 其中的 ə 祇是從屬性的成分。

[2] 實際上《廣韵》眞諄分韵不是那麼清楚, "眞合 A" 並沒有全歸諄韵系, 還有 "勻九畯""率所律" 兩個 A 類合口小韵留在眞韵中（寅類舌齒音李榮先生歸 A 類）, 而諄韵系裏也雜有幾個開口小韵（趨渠人脣珍忍瀘鉏劀鼞棄忍脣興腎）和一個脣音小韵（砏普巾）, 其中 "脣興腎""砏普巾" 屬於 B 類。

臻韵系跟眞韵系也是互補的，在《切韵》前後的反切裏兩韵多相混，臻韵系衹有平聲、入聲韵的莊組字，顯然是從眞韵系裏分出的，衹是還沒有把全部莊組字都獨立出來歸臻韵系，而且還有一個初母小韵（齓初謹）放到殷韵系裏去了（殷韵系是子類韵，不該有莊組），造成了眞、臻、殷三韵系莊組字的參差分佈，可表示如下：（《廣韵》所增小韵不標反切，合口小韵加括號）

	平		上		去		入	
	臻	眞（諄）	隱	軫（準）		震（稕）	櫛	質（術）
莊	臻側詵			臻			櫛阻瑟	（㗤）
初			齓初謹			櫬初遴		刺初栗
崇	榛仕臻				（蠹）			齜仕乙
生	莘疎臻						瑟所櫛	（率）

由於互補，李榮就把臻櫛韵和隱韵裏的"齓初謹"都併入眞質韵中，擬成相同的 iĕn/t。

第 88 節 "遇流效三攝" 是後來以 u 收尾的韵。這幾攝的元音，衹有效攝的維持高本漢的構擬，遇攝、流攝的擬音都做了更改，跟高本漢的擬音比較如下：

	魚	虞	模	侯	尤	幽
高本漢	i̯wo	i̯u	uo	ə̯u	i̯ə̯u	i̯ĕu
李榮	iå［iɔ］	io	o	u	iu	iĕu

遇攝裏，李榮先生指出高本漢魚模相配爲［o］元音，是衹注意到魚、模的諧聲關係，卻忽略了虞、模也同樣有諧聲關係，而韵圖的排列、韵書"獨用、同用"例都顯示應該是虞、模相配而魚獨立。李榮先生根據隋唐間梵漢對音、域外漢字音的變動，改擬模 o、虞 io 兩韵同元音，魚韵爲 iå［iɔ］，流攝侯 u、尤 iu 兩韵爲 u 元音。而高本漢原來構擬虞韵的 i̯u、流攝的 ə̯u、i̯ə̯u 是《切韵》之後某個階段元音高化、裂化的反映。高本漢對幽韵構擬有些猶豫，開始時按四等韵擬成 i̯ə̯u（韵圖幽韵列四等），後來把介音改成三等韵的，就跟尤韵的 i̯ə̯u 一樣了，最終接受了趙元任的意見又改成 i̯ĕu，李榮先生三等韵介音統一用 i，就擬成了 iĕu。

九 聲調的討論

第九章"聲調的討論"提出"四聲三調說"，認爲四個古調類祇有三個調位，其中入聲和去聲調值一樣，去聲字收濁音（元音或鼻音 –m、–n、–ŋ），入聲字收清音（–p、–t、–k），去入之間的長短差異由韵尾決定，不構成調位的差異。主要證據有越南漢字音、龍州壯語漢語借字、廣西瑤歌以及粤、閩、吳等方言的去入聲同調（分別在第 92—97 節中列出）。李榮先生認爲，去入同調形分佈範圍這樣廣，很難說是偶然的巧合。

高本漢認爲，古代四聲"每一聲分爲高低兩種，清聲母字歸高的，濁聲母字歸低的。所以實在就有八聲"。李榮先生指出，四聲因聲母清濁分出陰陽調，以及方言中的分合差異，都是後來演變的分歧。

貳 李榮先生手批的内容及校訂處理

商務印書館提供的《切韵音系》複印件，其底本是科學出版社 1956 年 10 月出版的語言學專刊第四種《切韵音系》，扉頁上有鋼筆題寫"作者自存"。書上手批多處，這些眉批旁注都是隨文批注性質，少則一字，多則數行不等，涉及文字規範、語體風格、原文校正、小韵統計數、附注補充等。除去統計小韵的數字和幾處鉛筆批寫（複印件看不太清楚）外，這類批注有近 70 處。

重要的批注用"補注"的方式加入原書，必要時加"編者按"說明。

作者個別批注似乎是提醒自己檢查核對，對此我們就直接根據檢查核對的結果來處理，若無必要就不列入"補注"中，例如第 22 節最後一段有"四等合口韵限於見溪疑影曉匣六母"一句，而《切韵》系韵書四等合口並無疑母[①]，此句旁注一"疑"字而未徑改，似有待覆查，今改爲"四等合口韵限於見溪影曉匣五母"。

作者的部分批注的意圖我們沒能完全把握，就不列在"補注"中，例如"蟹攝單

---

① 似乎僅有《集韵》一處例外："覞，五圭切。視也。文一。"疑即開口"五計反"的"睨（覵）""盼"諸字的平聲用字，這幾字義皆爲"視"（或"衺視、旁視、恨視"）。

字音表（四）"凩韵"嘬楚夬"小韵旁批："寨，廣韵犲夬切，下字合口。"似乎是在指出"下字合口"被切字也可能是開口，而批注在"嘬楚夬"小韵旁，大概是考慮《王三》凩韵唯一合口舌齒的"嘬"小韵是否該像《廣韵》"寨"小韵一樣歸入開口（凩韵開口無初母小韵）。又如"蟹攝附注"的 22 條前旁批了一個"丑"字，這是"䏲知怪"小韵的批注，這條附注原文是："敦煌本同，項跋本，唐韵並無，廣韵注云：'他怪切，〔大徐〕說文五怪切。'覆元泰定本廣韵五怪切，又迏怪切。""蟹攝附注"還批有一條："巾箱本廣韵'迣怪切，〔大徐〕說文五怪切。'澤存本古逸本'他怪切'。泰定本'五怪切''又迏怪切'。"批注中引用的幾個反切，"他怪切""迣怪切"是徹母或透徹類隔，如果"迏怪切"是"迣怪切"之訛的話，"五怪切"的反切上字是"丑"字之訛的話，這些反切就都歸徹母了，但這只是我們妄測作者的意圖，無法把握作者的真正思路，我們自己反倒覺得這個"䏲"（包括它的異體字"䏲"）可能有知母、徹母、疑母幾個讀法，所以就不把那個"丑"的批注加入"補注"裏。

作者未能確定或待考待查的批注，我們在盡可能查考清楚後做出判斷，擇善而定。如"臻攝單字音表（二）"真韵並母裏，批注用符號將原來 A 類的"頻符鄰"跟 B 類的"貧符巾"互乙，另有鉛筆旁注，隱約是"當據□□七音略"。我們從反切看，原書地位無誤；參考韵圖，《韵鏡》貧列三等，頻列四等；《七音略》貧也列三等（四等無字），故不當乙。又如"臻攝單字音表（三）"以箭頭將震開 B 曉母"釁許覲"小韵引向震開 A，腳批"當據七音略"。今查《七音略》"釁"列三等（B 類），與原書一致，《韵鏡》雖列四等（A 類），但從反切看，"釁許覲"也該在 B 類。這兩條就按原書不改，手批就不再列出。

有幾個批注屬於文字運用和語體表達方面的，例如原文"仔細"，手批改成"子細"，這是異寫詞；又如原文"開合韵對脣音字講也是獨韵"，手批把"對……講"改成"就……說"，這是語體或表達風格。此類批注凡不礙音義，我們就採用通行規範，不另行標注。

作者手批有的沒有標點符號，這次"補注"一律加上與原書基本一致的標點，例如手批"切二切三項跋本廣韵並作居爲"（第 11 頁），現補注爲："切二，切三，項跋本，廣韵並作居爲。"（第 16 頁）

另外，作者手批沒有校對出來的幾個訛誤，列在下表中：

頁	行	原文	改動	說明
18	第 16 行	取七庱	取七庚	
23	倒数第 7 行	蒯苦懷	蒯苦壞	
23	倒数第 8 行	怪古懷	怪古壞	
29	倒数第 6 行	姞巨乙		由質開 A 移至質開 B
62	第 15 行	鏉子侯	鏉子侯	
81	第 16 行	陽養樣藥	陽養漾藥	
100	第 5 行	哥丑合	歌丑合	
102	第 6 行	齊甲開	齊丑開	參 "重印序" 及 "蟹摄單字音表（一）"
112	第 15 行	"建" ［kiɐn］	"建" ［kiɐn］	
117	第 5 行	南昌［g］：［k］	南昌［g］：［k'］	
122	倒数第 4 行	證明這個 'd,	證明這個 'b,	
104	正文倒數第 2 行	影 ?	影 $^?_{?j}$	音標雙行排列
121	表中第 4 行	波盔下反音近波我反	波盔下反音近波我反	
125	倒數第 4 行	［njiän］	［njiän］	
128	第 11 行	d	ɗ	
165 前	根本字譯文表右數第 10 列第 1 行	pha	bha	

至于作者手批校對、補注以及我們的意見，另列在書後附表中，以供參考，此處略。

序

　　本文初稿是 1945 年 9 月 7 日至 10 月 27 日是在昆明寫定的。同年 11 月 9 日至 19 日鈔出全文的三分之一作北京大學研究院文科研究所語學部的畢業論文，題目是"切韵音系中的幾個問題"。1946 年 2 月 3 日（陰曆丙戌年正月初二日）口試通過。1948 年秋冬之交改寫第二次稿本。單字音表原來是根據廣韵的，這一次根據故宫博物院景印的唐寫本王仁昫刊謬補缺切韵重寫。別的更動限於措辭的方式，安排的次序，論證的補充，主要意見沒有甚麽不同。1950 年 10 月至 11 月據第二次稿本略加修改，成爲第三次稿本。1951 年 8 月付印。這是北京解放的第三年。距離初稿寫定已經六周年。

　　羅莘田師，唐立菴師，袁家驊師，他們三位是我在北京大學研究院的導師。我對他們的教誨表示謝意。

　　作者十分榮幸，本文付印前，承丁梧梓先生賜閱，指正多處。

李榮

1951 年冬至

重 印 序

　　本書初印本是 1952 年 5 月印的。當時校對不够仔細①，有很多錯字，就附了一張"更正表"。可是發行的時候"更正表"又沒有完全附上。這次重印，把這些錯字都改過來了。有些讀者嫌初印本文字寫得太簡單。作者目前沒有工夫從頭重寫，只把初印本的 81 葉擴充成現在的第二章的第一，第二，第四三節。韵母的分類初印本用了"甲，乙，丙"等字眼，有人說甲乙丙的"乙"和一二三四的"一"北京雖不同音，方言同音的很多，說起来不便，這一次也改了。此外，單字音表改正了一些錯誤，小的更動這裏不一一列舉。

作者

1956 年 3 月

---

① 作者手批"子細"。——編者

緒　　論

第一章是單字音表。單字音表有三層意思：一，表現切韵音系的架子；二，安排每個小韵的音韵位置；三，說明反切上下字的作用。

所謂架子就是聲母韵母配合的情況。只有採取表解的形式，才能充分表現這種情況。先要知道聲韵配合的情況，然後才能了解分"等"的意思。

所謂音韵位置是指每個小韵在整個架子裏頭的位置。看韵書的時候，心裏要有這麼一個問題，才能對古人的反切有同情的了解。因此，我們校勘的辦法就不能跟別人一樣。人家認爲錯字的，我們也許認爲沒有錯。我們沒有妥當辦法對付的小韵（參看單字音表表例5），人家也許認爲根本不成問題。我們不能自己先定好反切的原則，再用這個原則去衡量古人反切的對錯。反切的原則相當複雜，並且反切這個辦法本身就有弱點。我們想做的事情是描寫（並不是規定）反切上下字的作用。

第二章是韵母的分類，說明各類韵母聲韵配合的關係。

爲了看着醒目起見，我們用兩章（第三章第四章）的篇幅來說明反切。向來作反切上下字表的辦法只管反切上下字本身系聯的情形，不管反切上下字在整本韵書所有小韵裏的用法。這種辦法看起來簡單整齊，簡單整齊免不了抹殺一些事實。我們的第三章一共有七節，依照向來的做法只要第六節一節就够了。拿匣母（包括喻三母＝云母＝于母）說吧，看§36系聯的情形，一共分爲四組：

（1）何{韓/柯} 韓{胡/安} 戶{胡/古} 侯{胡/溝} 黄{胡/光} 下{胡/雅} 胡{戶/吳} 痕{戶/恩} 諧{戶/皆} 鞋{戶/佳}

（2）雲{王/分} 云{王/筠} 筠{王/圜} 韋{雨/非} 放{王/方}，羽{于/矩} 雨{于/矩} 尤{羽/求} 于{羽/俱}

（3）蔿{爲/委} 爲{薳/支}，榮{榮/偽}

（4）洧{榮/美} 永{榮/丙} 榮{永/兵}

因爲出現的機會互補，我們給併成一類。所謂互補，不單指（2，3，4）三組上字（喻三＝云＝于）跟子丑寅三類韵配合的關係是參差的（就是說哪個韵用哪個上字沒有必然的關係，只有事實的關係），不衝突的，並且指的寅類韵也有用第（1）組上字的事實：

眞開	眞合	軫開	軫合	震開	震合	質開	質合
礦下珍	筠王矗		殞于閔		韻爲捃		颭于筆

"下"字用作一等的反切上字有五次，二等有七次，寅類有一次，四等有兩次。"下"字"胡雅反"，別的反切上字又沒有拿"下"字做反切上字的。要是只有§36一節，沒有§31—§35五節，我們就一定要檢完單字音表，才能知道寅類韵也有拿"下"字做反切上字的。爲了明白反切上字分佈的情形，§31—§35五節的篇幅是不能省的。反切下字的開合決定被切字的開合，這一點大家都知道。反切上字的開合對被切字的開合有極大的關係，這一點常常給忽略了，所以我們特別提出來說（§37）。

第四章的寫法跟普通的反切下字表完全不一樣。單字音表把同韵的字都攏到一塊兒，我們就不必再寫反切下字系聯情形了。這一章討論的問題全屬於所謂反切之疏的。我們希望列舉的笨法可以幫助我們了解反切下字的作用。有一點要特別提出來說的，就是反切上下字的作用要分開來看，也要合起來看。

古音的研究有兩方面：一是區分音類，二是構擬音值。中國過去的小學家，對區分音類是很有貢獻的。清朝陳澧著切韵考，根據廣韵，提出系聯反切的原則，考定切韵的聲韵系統。用今天的眼光來批評，他的方法和結論，基本上都是站得住的。不過漢字不是拼音的，他沒有很好的標音工具，貢獻限於音類而已。第五章列出高本漢對切韵聲母跟韵母的構擬，六七八三章討論音值，拿它做參考。

高本漢構擬的切韵系統有好些地方可以簡單化。第六章討論前顎介音的簡單化，第八章第一節討論合口介音的簡單化。第六章還討論 [j] 化說是不必要的，並且給四等的主要元音是 [e] 提出新的論證。

第七章討論聲母，我們主要的意思有三點：

§71 討論並，定，羣等母送氣不送氣的問題。

　　§711 指明送氣說的弱點，

　　§712 —§714 提出不送氣說的優點。

§72 指出不必假定日母有口部的摩擦作用。

§73 指出精莊章三組是完全平行的，"俟，漦"兩個小韵不是崇母字，應該獨立爲俟母。

第八章是韵母的討論。我們首先說明等韵裏頭獨韵跟開合韵對立的觀念是極重要的，並且指出就脣音字説，開合韵也是獨韵。運用這個區别，切韵的合口介音系統可以簡化。我們提出的兩點都有困難的地方（嚴凡兩韵的關係，灰咍兩韵脣音字的對立）。我們知道有困難，還要提出這兩點，是因爲不提出這兩點困難更多。要是我們不説明獨韵跟開合韵的不同，獨韵開合韵跟聲母配合關係不同就變成没有意義的事了。要是我們不指出開合韵就脣音説也是獨韵，就不能解釋反切下字那一章 § 41—§ 43 三節列舉的一大堆事實。韵母的主要元音是最不容易討論的問題，我们主要的工作是重估遇流兩攝的元音。

第九章討論聲調，我們指出，在好些方言裏，去聲入聲的調值有符合的現象，並提出四聲三調説來解釋這些現象。這裏可以有一個抗議，方言在這一層上頭是不完全一致的，我們如何解釋去入調形不符的方言。我們的回答是，我們不能把好些方言一致的現象認爲是偶然的，也不能把分歧的現象認爲本來如此。我們只能認爲，"一致"是反映古語的特點，"分歧"是後來演變的分歧。我們希望以後能够把"分歧"也説出道理來。附帶要提一句，漢藏語系别的語言也有類似的現象。

討論匣母的問題有一點得顧到，就是在匣一二四上聲變去聲的方言裏，匣三（喻三＝云＝于）上聲不變去聲。解釋的方法是匣一二四，匣三分開比上聲變去聲早。有一點要提一下，在梵漢對音裏，對梵文"y"的總是羊（喻四）母字，很少用匣三的，可見匣三並不是半元音。

梵文字母對音有一點需要解釋，何以智廣以前用尤韵影母字對梵文"u"，而不用侯韵影母字對"u"。這是個等待解決的問題。

切韵的音韵系統有些地方是不穩定的。 § 36 我們提到濁塞擦音聲母跟濁摩擦音聲母的關係，我們也提到精莊兩組跟一二等的關係。端透定跟知徹澄的區别是最不穩定的一點，我們既然不能根據集韵和現代方言，來一個全面一致化，就只好跟着反切上字走了。

一　單字音表

表　例

1. 本表以故宮博物院景印宋濂跋本唐寫本王仁昫刊謬補缺切韵爲主，簡稱宋跋本。並參校其他韵書。敦煌掇瑣本刊謬補缺切韵簡稱敦煌本。"唐蘭仿寫石印本"內府藏唐寫本刊謬補缺切韵簡稱項跋本。廣韵指古逸叢書覆宋本重修廣韵，用其他版本時隨文注明。別的韵書簡稱都跟通常用的一樣。

2. 本表排列法橫聲縱韵。每小韵錄第一字跟反語，例如：

東德紅＝東，德紅反。

3. 本表聲母共三十六類，分成八組，組和組中間用橫線隔開。

幫組：　幫，滂，並，明

端組：　端，透，定，泥，來

知組：　知，徹，澄

精組：　精，清，從，心，邪

莊組：　莊，初，崇，生，俟

章組：　章，昌，船，書，常

日組：　日

見組：　見，溪，羣，疑，曉，匣，影，羊

其中幫，滂，並，明四類分別包括三十六字母的非，敷，奉，微。泥類包括三十六字母的孃。莊，初，崇，生，俟；章，昌，船，書，常十類分別相當於三十六字母的照二，穿二，牀二，審二，禪二；照三，穿三，牀三，審三，禪三。俟（禪二）類只有"俟，漦"兩個小韵，通常歸入崇（牀二）類（因此禪只有一類），是錯誤的。匣包括三十六字母的喻三（＝云＝于），羊類是三十六字母的喻四。

4. 表頭列韵目，等，開合。獨韵不注，開合韵注"開"或"合"，開合口同韵的脣音字以開口論。本表一，二，"子"，四相當於等韵的一，二，三，四等。本表"丑"等韵依聲母分列二，三，四等，莊組列二等，精組和羊（喻四）類列四等，其他聲母列三等。"寅"包括支脂祭真仙宵侵鹽等八韵，這八韵脣牙喉舌等韵列在四等的字，跟其他聲類字，算是"寅 A"；脣牙喉音等韵列在三等的字，算是"寅 B"。爲簡便起見，令 A="寅 A"，B="寅 B"。參看下文§22 各類韵母在韵圖裏的位置。

5.每個小韵的位置，看它跟別的小韵系聯和對立的情形，跟它在韵圖裏的位置而定。底下六對小韵的關係未能確定，表中暫並列一處。

支合 A	精	厜，姊規反	劑，觜隨反
至合 A	曉	瞲，許鼻反	侐，火季反
海一開	㵰	啡，匹愷反	俖，普乃反
尤丑	溪	丘，去求反	𩏶，去愁反
幽丑	曉	鑣，香幽反	烋，許彪反
㮇四	見	趝，紀念反	㒭，古念反

6.校勘的工作有三點：第一是和音韵有關的錯誤。字體錯誤如東韵"豐"作"豐"，注云"正作豐"，"充"誤作"兗"，表上就寫成"豐"，"充"，不加校語。第二是因爲增加字引起的同音小韵重出。第三是聲韵配合不符常例的小韵。據別的韵書增補的字隨文注明。

通攝單字音表（一）

	東一	東丑	董一	送一	送丑	屋一	屋丑
幫		風方隆	琫方孔		諷方鳳	卜博木	福方六
滂		豐敷隆[1]			賵孚鳳	扑普木	蝮芳伏
並	蓬薄紅	馮扶隆	菶蒲蠓		鳳馮貢	曝蒲木	伏房六
明	蒙莫紅	瞢莫中	蠓莫孔[2]	幪莫弄	夢莫諷	木莫卜	目莫六
端	東德紅		董多動	涷多貢		穀丁木	
透	通他紅		侗化孔	痛他弄		禿他谷	
定	同徒紅		動徒摠	洞徒弄		獨徒谷	
泥			㺱努動	齈奴涷			朒女六
來	籠盧紅	隆力中	曨力董	弄盧貢		祿盧谷	六力竹
知		中陟隆			中陟仲		竹陟六
徹		忡勑中					稸丑六
澄		蟲直隆			仲直衆		逐直六
精	葼子紅		摠作孔	糉作弄		鏃作木	蹙子六
清	怱倉紅			謥千弄	趣千仲	瘯千木	黀取育
從	叢徂紅					族昨木	
心	檧蘇公	嵩息隆	敕先摠	送蘇弄		速送谷	肅息逐
邪							
莊							
初							㲙初六
崇		崇鋤隆			剙士仲		
生							縮所六
俟							
章		終職隆			眾之仲		粥之竹
昌		充處隆			銃充仲		俶昌六
船							
書							叔式竹
常							孰殊六
日		戎如隆					肉如竹
見	公古紅	弓居隆		貢古送		穀古鹿	菊居六[3]
溪	空苦紅	穹去隆	孔康董	控苦貢	焪去諷	哭空谷	麴驅竹
羣		窮渠隆					驧渠六
疑							
曉	烘呼紅				趙香仲	縠呼木	蓄許六
匣	洪胡籠	雄羽隆	澒胡孔	哄胡貢		縠胡谷	囿于目
影	翁烏紅		蓊阿孔	甕烏貢		屋烏谷	郁於六
羊		融餘隆					育與逐

通攝單字音表（二）

	冬一	鍾丑	腫一	腫丑	宋一	用丑	沃一	燭丑
幫滂並明		封府容 峯敷容 逢符容	鳩莫湩[7]	覂方奉 捧敷隴 奉扶隴	雺莫綜	葑方用 俸房用	僕蒲沃 瑁莫沃	轐封曲[12] 㦛房玉
端透定泥來	冬都宗 彤徒冬 農奴冬 𦰡力宗	醲女容 龍力鍾	湩都隴[7]	隴力奉	統他宋	蹱他用[9] 朧良用	篤冬毒 毒徒沃 褥內沃[11]	錄力玉
知徹澄		蹱丑凶[4] 重直容		冢知壠 寵丑隴 重直隴		湩竹用 蠢丑用[9] 重持用		瘃陟玉 楝丑錄 躅直錄
精清從心邪	宗作琮 賨在宗	縱卽容 樅七容[5] 從疾容 蜙先恭[5] 松詳容		樅子冢 嵷且勇 悚息拱	綜子宋 宋蘇統	縱子用 從疾用[10] 頌似用	傶將毒 濎先篤	足卽玉 促七玉 粟相玉 續似足
莊初崇生俟								
章昌船書常		鍾職容 衝尺容 春書容[6] 鱅蜀容		腫之隴 雊充隴 𪏾時宂		種之用		燭之欲 觸尺玉 贖神玉 束書蜀 蜀市玉
日		茸而容		宂而隴		鞾而用		辱而蜀
見溪羣疑曉匣影羊	攻古冬 硿戶冬	恭駒冬[5] 蛩渠容 顒魚容 胷許容 邕於容 容餘封		拱居悚 恐墟隴 𢀳渠隴 洶許拱 擁於隴 勇餘隴	䃔胡宋[8]	供居用 恐區用 共渠用 雍於用 用余共	梏古篤 酷苦沃 熇火酷 鵠胡沃 沃烏酷	龔居玉 曲起玉 局渠玉 玉語欲 旭許玉 欲余蜀

通 攝 附 注

1. 豐小韵末一字“豐，芳風反”。反語衍。項跋本，切二，廣韵並無反語。
龍宇純校箋：“此字又見送韵，音孚鳳反，風疑當是鳳字之誤，芳上奪又字。”

2. 董韵最後一個小韵“懵，莫孔反”。敦煌本，項跋本並同，切三無此小韵，廣韵在蠓小韵。

3. 原作“又居六反”，又字衍。

4. 丑原作刃，據項跋本，廣韵改。

5. 宋跋本恭蜙樅三小韵本來在冬韵。廣韵鍾韵恭字注：“九容切。陸以恭蜙樅（原誤作縱）等入冬韵，非也。”案駒冬反上字三等下字一等，被切字得爲三等（看下文葉101 § 44 c），攻恭對立，恭當爲三等。蜙以恭爲反切下字，亦爲三等，蜙小韵凇字注云又詳容反，鍾韵詳容反下云蜙又先容反。（蜙小韵末一字鬆，廣韵私宗切，在冬韵。）樅以容爲反切下字，容字在鍾韵。鍾韵別無清心見三母字。今據廣韵將恭蜙樅三字移入鍾韵。

6. 舂小韵末，“惷，愚，丑江反，亦。”當作“又丑江反”。

7. 二字並在腫韵，湩字注云：“都隴反，濁多，此是冬字之上聲。陸云冬無上聲，何失甚。”

8. 原作丘中反，同小韵啾又戶冬反。冬韵碚戶冬反，同小韵啾又胡宋反，今據改。廣韵乎宋切。

9. “蹱他用”原作“傭，他用反，行不正，一。”廣韵：“蹱，躘蹱，行不正也，丑用切，二。惷，愚也，又丑江切。”又“之用切”下：“偅，儱偅，不遇皃。”又：“朧，貧也，良用切，三。躘躘踵（案卽蹱字）。儱，儱偅。”今據廣韵校正。從廣韵看來，“蹱他用反”與“惷丑用反”同音，不是透跟徹的對立。參看宋跋本鍾韵“龍力鍾反”下：“躘，躘蹱，小行皃。”又：“蹱，刃（當作丑）凶反，躘蹱，行，三。傭，均直，亦作鏞，又餘封反。邍，不行。”又江韵：“惷，丑江反，愚，又丑龍丑用反，三音，二。”宋跋本用韵最後一個小韵“惷，丑用反，愚，又丑江反，一。”大概是增加字。

10. 原作“從，從用反，隨，一。”從廣韵改。這是倒數第二個小韵，項跋本無此小韵。

11. 原作如沃反，敦煌本，項跋本，切三，唐韵並作內沃反，廣韵內沃而蜀二切，今據改。“如”似爲“奴”之誤，集韵作“奴”。參看候韵“槈如豆反”，“如”亦“奴”之誤。

12. 本小韵原作“轐，封曲反，絡牛頭，今音補沃反。一。”按沃韵並無“補沃反”小韵。

江攝單字音表

	江二	講二	絳二	覺二
幫	邦博江			剝北角
滂	胮匹江[1]		肨普降	璞匹角
並	龐蒲江	棒步項		雹蒲角
明	庬莫江	⿰亻尨武項		邈莫角
端	椿都江		戇丁降	斲丁角
透				
定				
泥	⿰耳農女江			搦女角
來	瀧呂江			犖呂角
知				
徹	惷丑江			逴勅角
澄	幢宅江		⿰車童直降	濁直角
精				
清				
從				
心				
邪				
莊				捉側角
初	窓楚江		稯叉降[2]	娖測角
崇			漴士巷	浞士角
生	雙所江			朔所角
俟				
章				
昌				
船				
書				
常				
日				
見	江古雙	講古項	絳古巷	覺古岳
溪	腔苦江			㱿苦角
羣				
疑				嶽五角
曉	肛許江			吒許角
匣	栙下江	項胡講	巷胡降	學戶角
影		慃烏項		渥於角
羊				

江 攝 附 注

1. 匹原作栢，據項跋本，切三，廣韵改。
2. 原作"稷，叉降，不耕而種。"當作"叉降反"。

止攝單字音表（一）

聲母	支開A	支開B	支合A	支合B
幫	卑府移	陂彼為		
滂		鈹敷羈		
並	陴苻支	皮符羈		
明	彌武移	糜靡為[3]		
來	離呂移[1]		羸力為	
知	知陟移		腄竹垂	
徹	摛丑知			
澄	馳直知		鬌直垂	
精	貲即移[2]		厜姊規[2]	劑觜隨[2]
清	雌七移			
從	疵疾移			
心	斯息移		眭息為	
邪			隨旬為	
初	差楚宜		衰楚危	
生	釃所宜		韉山垂	
章	支章移			
昌	眵叱支		吹昌為	
書	絁式支			
常	提是支		垂是為	
日	兒如移		痿人垂[4]	
見		羈居宜	槻居隨	嬀君為[*]
溪		敧去奇	闚去隨	虧去為
羣	祇巨支	奇渠羈		
疑		宜魚羈		危魚為
曉	詑香支	犧許羈	隳許隨	麾許為
匣				
影		漪於離		逶於為
羊	移弋支			為薳支

止攝單字音表（二）

	紙開A	紙開B	紙合A	紙合B	寘開A	寘開B	寘合A	寘合B
幫	徲卑婢	彼補靡			臂卑義	賁彼義		
滂	諀匹婢	妭匹靡			譬匹義	帔披義		
並	婢便俾	被皮彼			避婢義	髲皮義		
明	洴彌婢	靡文彼				縻靡寄		
端								
透								
定								
泥	狔女氏						諉女恚	
來	邐力氏		累力委		詈力智		累羸偽	
知	捯陟侈				智知義 [6]		娷竹恚	
徹	褫勑豸							
澄	豸池尒						縋池累 **	
精	紫茲尒		觜即委		積紫智			
清	此雌氏				刺此賜			
從			惢才捶		漬在智			
心	徙斯氏		髓息委		賜斯義		瀡思累	
邪			隨隨婢					
莊	批側氏							
初			揣初委					
崇								
生	躧所綺				屣所寄			
俟								
章	紙諸氏		捶之累		寘支義		惴之睡	
昌	侈尺尒				翅充豉		吹尺偽	
船	舓食紙				傷神伎			
書	弛式是				翅施智			
常	是丞紙				豉是義		睡是偽	
日	爾兒氏		蘂而髓				䏻而睡	
見		掎居綺	跬去弭	詭居委	馶舉企	寄居義		瞡詭偽
溪		綺墟彼		跪去委	企去智		觖窺瑞	
羣		技渠綺		跽求累		芰奇寄		
疑		蟻魚倚		硊魚毀		議宜寄		偽危賜
曉		𧽏興倚		毀許委		戲義義		為榮偽
匣				蔿為委				
影		倚於綺 [5]		委於詭	縊於賜	倚於義	恚於避	餧於偽
羊	酏移尒		茷羊捶		易以豉		瓗以睡	

止攝單字音表（三）

	脂開A	脂開B	脂合A	脂合B	旨開A	旨開B	旨合A	旨合B
幫滂並明	紕匹夷 毗房脂	悲府眉 丕敷悲 邳符悲 眉武悲			匕卑履[9] 牝扶履	鄙方美 嚭匹鄙 否符鄙[10] 美無鄙		
端透定泥來	胝丁私 尼女脂 梨力脂		纍力追		黹胝几 柅女履 履力几		壘力軌	
知徹澄	絺丑脂 埻直尼		追陟隹 鎚直追		絺絺履 雉直几			
精清從心邪	咨卽夷 郪取私 茨疾脂 私息脂		嶉醉唯 绥息遺		姊將几 死息姊 兕徐姊		濢遵誄 趡千水 嶵徂壘[12]	
莊初崇生俟	師疎脂		衰所追[8]					
章昌船書常	脂旨夷 鴟處脂 尸式脂		錐職維 推尺隹 誰視隹		旨職雉 矢式視 視承旨		水式軌	
日			蕤儒隹				蕊如壘	
見溪羣疑曉匣影羊	伊於脂 姨以脂	飢居脂 鬐渠脂 狋牛肌[7]	葵渠隹 榱許維 惟以隹	龜居追 巋丘追 逵渠追 帷洧悲		几居履 跽暨几[11] 散於几	癸居誄[13] 揆葵癸 瞡許癸 唯以水	軌居洧 跪暨軌[11] 洧榮美

止攝單字音表（四）

	至開A	至開B	至合A	至合B	之丑開	止丑開	志丑開
幫 滂 並 明	痹必至 屁匹鼻 鼻毗四 寐蜜二	秘鄙媚 濞匹備 備平祕 郿美秘					
端 透 定 泥 來	地徒四 膩女利 利力至		類力遂		釐理之	里良士	吏力置
知 徹 澄	致陟利 屎丑利 緻直利		轛追領 墜直類		癡丑之 [15] 治直之	徵陟里 恥勑里 峙直里	置陟吏 眙丑吏 値直吏
精 清 從 心 邪	恣資四 次七四 自疾二 四息利		醉將遂 翠七醉 萃疾醉 邃雖遂 遂徐醉		茲子慈 慈疾之 思息茲 詞似茲	子即里 枲胥里 似詳里	蚝七吏 字疾置 笥相吏 寺辭吏
莊 初 崇 生 俟	齜楚利		帥所類		菑側持 輜楚持 茬士之 漦俟淄	滓側李 剡初紀 士鋤里 史疎士 俟漦史	胾側吏 厠初吏 事鋤吏 駛所吏
章 昌 船 書 常	至脂利 痓充至 示神至 屍矢利 嗜常利		出尺類		之止而 蚩尺之 詩書之 時市之 [16]	止諸市 齒昌里 始詩止 市時止	志之吏 熾尺志 試式吏 侍時吏
日	二而至				而如之	耳而止	餌仍吏
見 溪 羣 疑 曉 匣 影 羊	棄詰利 肆羊至	冀几利 器去冀 息其器 劓魚器 齂許器 懿乙利	季癸悸 悸其季 矏許鼻 [14] 遺以醉	愧軌位 喟丘愧 匱遹位 衋許位 [14] 位洧冀	姬居之 欺去其 其渠之 疑語基 僖許其 譩於其 飴与之	紀居以 起墟里 擬魚紀 喜虛里 矣于紀 譩於擬 以羊止	記居吏 亟去吏 忌渠記 懝魚記 憙虛記 意於記 異餘吏 [17]

止攝單字音表（五）

	微子開	微子合	尾子開	尾子合	未子開	未子合
幫滂並明	斐匪肥 霏芳非 肥符非 微無非		匪非尾 斐妃尾 膹浮鬼 尾無匪		沸府謂 費芳味 怫扶沸 未無沸	
端透定泥來						
知徹澄						
精清從心邪						
莊初崇生俟						
章昌船書常						
日						
見溪羣疑曉匣影羊	機居希 祈渠希 沂魚機 希虛機 依於機	歸俱韋 䕫丘韋 巍語韋 輝許歸 幃王非 威於非	蟣居俙 豈氣狶 顗魚豈[18] 狶希豈 扆依豈	鬼居偉 虺許偉 韙韋鬼 硊於鬼	既居未 氣去既 毅魚既 欷許既 衣於既	貴居謂 䁤丘畏 魏魚貴 諱許貴 謂云貴 尉於謂

止攝附注

1. 離小韵第二字"籬，呂移反，柵。"離籬同音，反語衍。

2. 貲是開口，沒有問題。厜劑兩小韵的音韵地位有問題，現在都當作合口，它們的不同跟羸麾兩小韵的不同不是一回事。廣韵還有一個小韵："騰，馬小兒，子垂切，又之壘切，一。"通志七音略，韵鏡劑字列支韵精母合口，騰字列支韵照三等合口，無厜字。

3. 本小韵原作"糜，靡爲反，粥，亦作麋糜，五。"項跋本，切二，切三，廣韵本小韵第一字並作糜。切二作"糜，糜粥，靡爲反，四加一。"第五字是"麋，鹿屬，又武悲反。"項跋本，切三，廣韵本小韵並無麋字。

4. 本小韵原作"痿，人垂反，於佳反，濕病，一曰兩足不能相及，二。"脂韵無於佳反小韵。"於佳反"當作"又於爲反"，項跋本"於爲反"小韵有"痿"字，注云"病"。

* 切二，切三，項跋本，廣韵並作居爲。①

5. 本小韵原作"倚，於綺反，恃，三。"另有一小韵："輢，於綺反，車騎。陸於倚韵作於綺反之，於此輢韵又於綺反之，音既同反，不合兩處出韵，失何傷甚。"切三"倚，於綺反"和"輢，於綺反"也分成兩個小韵。當從項跋本，廣韵併成一個小韵。項跋本作"倚，於綺反，依，四。輢，車騎，陸本別出。……"

6. 知原作智，從敦煌本，項跋本，廣韵改。

** 項跋本，廣韵馳偽反（切）。②

7. 牛原作生，據項跋本，切二，切三，廣韵改。

8. 脂韵最後一個小韵："衰，減，又所追反。"與上文"衰，所追反，三"小韵重復。

9. 本小韵最後一個字："髀，股外，之旁禮反。"之字當從項跋本，廣韵作又。

10. 否字原注："符鄙反，塞，方久反，七。"方字前當據敦煌本，項跋本，切三，廣韵補又字。

11. 宋跋本旨韵："跽，暨几反，……又暨軌反，一。""跽，暨軌反，……二。郇，山名。"廣韵"跽"字只有"暨几切"一音，"暨軌切"小韵只有"郇"一字。

12. 壘原作罍，據敦煌本，項跋本改。

---

①② 作者補注，以下同。——編者

13. 宋跋本用"癸"爲反切下字，卻無此小韵，據敦煌本，切三，廣韵補；項跋本"癸，居履反"。

14. 薳許位反，位原作僞，敦煌本同，據項跋本，廣韵改。瞦洏薳三字音韵地位有問題。本書與敦煌本洏均爲最後一個小韵，疑瞦洏同音。

15. 丑原作刃，據敦煌本，切三，廣韵改。

16. 本小韵原作"時，市之，辰，三。"當作"市之反"。

17. 志韵最後一個小韵："冀，焉記反。"敦煌本同，項跋本無，廣韵在異羊吏切小韵。

18. 原次虺小韵下，作又魚豈反，又字據敦煌本，項跋本，切三，廣韵刪。

遇攝單字音表

	魚丑	語丑	御丑	虞丑	麌丑	遇丑	模一	姥一	暮一
幫				跗甫于	甫方主	付府遇	逋博孤	補博古	布博故
滂				敷撫扶	撫孚武	赴撫遇	稃普胡	普滂古	怖普故
並				扶附夫	父扶雨	附符遇	匍薄胡	簿裴古[10]	捕薄故
明				無武夫	武無主	務武遇	模莫胡	姥莫補	暮莫故
端		貯丁呂[2]					都丁姑	覩當古	妬當故
透							稌他胡	土他古	菟湯故
定							徒度都	杜徒古	渡徒故
泥	袽女余	女尼与	女娘據[4]				奴乃胡	怒奴古	笯乃故
來	臚力魚	呂力舉	慮力據	慺力朱	縷力主	屢李遇	盧落胡	魯郎古	路洛故
知	猪陟魚		著張慮	株陟輸	黜智主	註中句			
徹	攄勑居	褚丑呂	楮勑慮	貙勑俱					
澄	除直魚	佇除呂	筯直據	廚直朱	柱直主	住持遇			
精	且子魚	苴子与	怚子據	諏子于		緅子句	租則胡	祖則古	
清	疽七余	跛七与	覻七慮	趨七朱	取七庾	娶七句	麤倉胡	蘆采古	厝倉故
從		咀慈呂			聚慈雨	齺才句	殂昨姑	粗徂古	祚昨故
心	胥息魚	諝私呂	絮息據	鬚相俞	頮思主		蘇息吾		訴蘇故
邪	徐似魚	敘徐呂							
莊	葅側魚	阻側呂	詛側據						
初	初楚魚	楚初舉	楚初據		鎡測禺[5]	蒭芻注			
崇	鋤助魚	齟鋤呂	助鋤據	耡士于					
生	疎色魚	所疎舉	疏所據	餬山虞	數所矩	揀色句			
俟									
章	諸章魚	蠩諸与	鸃之據	朱止俱	主之庾[6]	注之戍			
昌		杵昌与	處杵去	樞昌朱					
船		紓神与[3]							
書	書傷魚	暑舒呂	恕式據	輸式朱		戍傷遇			
常	蜍署魚[1]	墅署与	署常據	殊市朱	豎殊主	樹殊遇			
日	如汝魚	汝如与	洳而據	儒日朱	乳而主	孺而遇			
見	居舉魚	舉居許	據居御	拘舉隅	矩俱羽[7]	屨俱遇	孤古胡	古姑戶	顧古暮
溪	墟去魚	去羌舉	抾却據	區氣俱	齲驅主	軀匡遇[9]	枯苦胡	苦康杜	袴苦故
羣	渠強魚	巨其呂	遽渠據	欨其俱	窶其矩	懼其遇			
疑	魚語居	語魚舉	御魚據	虞語俱	麌虞矩	遇虞樹	吾五胡	五吾古[11]	誤吾故
曉	虛許魚	許虛呂		訏況于	詡況羽[8]	煦香句	呼荒烏	虎呼古	
匣				于羽俱	羽于矩	芋羽遇	胡戶吳	戶胡古	護胡故
影	於央魚	掞於許	飫於據	紆憶俱	傴於武	嫗紆遇	烏哀都	隖烏古	汙烏故
羊	余与魚	與余莒	豫余據	逾羊朱	庾以主	裕羊孺			

遇攝附注

1. 據切二，切三，廣韵補。

2. 原脫反語，據敦煌本，項跋本，切三，廣韵補。

3. 原屬墅小韵，項跋本神与反，敦煌本，切三並神與反，廣韵神與切。

4. 據原作舉，從項跋本，唐韵，廣韵改。

5. "士于" 下原脫 "反" 字。

6. 庾字模胡，據敦煌本，項跋本，切三。

7. "矩俱羽反" 小韵後一小韵："翑，曲羽反，又求俱反，一。" 據敦煌本，項跋本，廣韵 "曲羽反" 當作 "曲羽"，"翑" 字屬矩小韵。

8. 虞小韵前有䎝小韵，況羽反。敦煌本，項跋本，切三，廣韵䎝並屬羽小韵，廣韵又見 "䎝況羽切" 下。宋跋 "本羽小韵" "䎝，䎝阳，地名"，䎝當據敦煌本，項跋本，切三，廣韵作栩。

9. 匡原作主，項跋本 "主遇反，又匡愚反"，唐韵 "匡遇反，又匡禹反"，"主" 爲匡之壞字。廣韵 "區遇切，又羌愚切" 蓋避趙匡胤諱改字。據唐韵改。

10. 宋跋本反語模胡，似乎是 "裴五反"，今據敦煌本，項跋本，切三，廣韵。

11. 吾原作五。據項跋本，切三改。

蟹攝單字音表（一）

	齊四開	齊四合	齊丑開	霽四開	霽四開	霽四合
幫	豍方奚			敉補米	閉博計	
滂	批普鷄			頄匹米	媲匹計	
並	鼙薄迷			陛傍礼	薜薄計	
明	迷莫奚			米莫礼	謎莫計	
端	低當稽[1]			邸都礼	帝都計	
透	梯湯稽[2]			體他礼	替他計	
定	嗁度稽			弟徒礼	第特計	
泥	泥奴低			禰乃礼	泥奴細	
來	黎落奚			禮盧啓	麗魯帝[6]	
知						
徹						
澄						
精	齎卽黎[3]			濟子礼	霽子計	
清	妻七稽			泚千礼	砌七計[7]	
從	齊徂稽			薺徂礼	嚌在計	
心	西素雞			洗先礼	細蘇計	
邪						
莊						
初						
崇						
生						
俟						
章						
昌						
船						
書						
常			栘成西[5]			
日			臡人兮[5]			
見	雞古稽	圭古攜			計古詣	桂古惠
溪	谿苦稽	睽苦圭		啓康礼	契苦計	
羣						
疑	倪五稽			堄吾體	詣五計	
曉	醯呼鷄	睳呼圭			欭呼計	嚖虎惠
匣	奚胡鷄	攜戶圭[4]		徯胡礼	嵇胡計	慧胡桂
影	鷖烏鷄	烓烏攜		吚一弟	翳於計	
羊						

蟹攝單字音表（二）

	泰一開	泰一合	祭開A	祭開B	祭合A	祭合B	廢子開	廢子合
幫滂並明	貝博蓋 霈普蓋 旆薄蓋 昧忘艾		蔽必袂[12] 弊毗祭 袂彌弊				廢方肺 肺芳廢[12] 吠符廢	
端透定泥來	帶都蓋 泰他蓋 大徒蓋 棣奴帶 賴落蓋	祋丁外 娧他外 兌杜會 酹郎外	例力制					
知徹澄			瘵竹例 跩丑勢 滯直例		綴陟衞[10]			
精清從心邪	蔡七蓋	最作會 襊七會[8] 蕞在外	祭子例		蕝子芮 繐此芮 歲相芮 篲囚歲			
莊初崇生俟			嶃所例		彙楚歲 嘬山芮			
章昌船書常			制職例 掣尺制 世舒制 逝時制		贅之芮 稅舒芮 啜市芮			
日					芮而銳			
見溪羣疑曉匣影羊	蓋古大 礚苦蓋 艾五蓋 餀海蓋 害胡蓋 藹於蓋	儈古兌 檜苦會 外吾會 譀虎外 會黃帶 憒烏外[9]	藝魚祭 曳餘制	猘居厲 憩去例 偈其憩 劓牛例 朅於㓞	銳以芮	劌居衞 衞爲劌[11]	刈魚肺	矮丘吷[13] 顪巨穢 喙許穢 穢於肺

蟹攝單字音表（三）

	佳二開	佳二合	蟹二開	蟹二合	卦二開	卦二合
幫			攞北買		尒方卦[19]	
滂					派匹卦	
並	牌薄佳		罷薄解		粺傍卦	
明	矋莫佳[14]		買莫解		賣莫懈	
端						
透						
定						
泥	羺妳佳		妳奴解			
來						
知					膪竹賣	
徹	扠丑佳					
澄			豺宅買			
精						
清						
從						
心						
邪						
莊			扱側解		債側賣	
初	釵楚佳				差楚懈	
崇	柴士佳				瘥士懈	
生	崽山佳[15]				曬所賣	
俟						
章						
昌						
船						
書						
常						
日						
見	佳古膎	媧姑柴[16]	解加買	枴孤買[18]	懈古隘	卦古賣
溪		咼苦蛙[17]	夬口解		繫苦賣	
羣						
疑	崖五佳		䚕牛買		睚五懈	
曉	扈火佳	媯火咼			謑許懈	謯呼卦
匣	膎戶佳		蟹鞵買		邂胡薢	畫胡卦
影	娃於佳	蛙烏緺	矮烏解		隘烏懈	
羊						

蟹攝單字音表（四）

	皆二開	皆二合	駭二開	怪二開	怪二合	夬二開	夬二合
幫滂並明	排步皆 埋莫皆[20]			拜博怪 湃普拜 憊蒲界 昒莫拜		敗薄邁 邁莫話	
端透定泥來	鯾卓皆 捼諾皆			褹女界			
知徹澄					顡知怪[22]	蠆丑芥	
精清從心邪							[23]
莊初崇生俟	齋側皆 差楚皆 豺士諧			瘵側界 瘥楚介 鎩所拜		嘇所芥	嘬楚夬①
章昌船書常							
日							
見溪羣疑曉匣影羊	皆古諧 揩客皆 俙呼皆 諧戶皆	乖古懷 匯苦淮 虺呼懷 懷戶乖 崴乙乖	鍇古駭 楷苦駭 騃五駭 駴諧楷 挨於駭	[21]誡古拜 炫客界 聩五界 譮許界 械胡界 噫烏界	怪古壞 蒯苦壞 聵五拜 壞胡怪	芥古邁 講火芥 喝於芥	夬古邁 快苦夬 咶火夬 話下快 黵烏夬

① 作者旁批：寨，廣韵犲夬切，下字合口。——編者

蟹攝單字音表（五）

	哈一開	灰一合	海一開	海丑開	賄一合	代一開	隊一合
幫		杯布回 [25]	啡疋愷 [27]				背補配
滂		肧芳杯	俖普乃 [27]				配普佩
並	陪扶來 [24]	裴薄恢	倍薄亥		琲蒲罪 [29]		佩薄背
明		枚莫盃 [25]	穤莫亥		浼武罪	穤莫代	妹莫佩
端	蠆丁來	磓都回	等多改		腂都罪	戴都代	對都佩
透	胎湯來	膗他回			骽吐猥	貸他代	退他續
定	臺徒哀	穨杜回	駘徒亥		鐓徒猥	代徒戴	隊徒對
泥	能年來	㺪乃回	乃奴亥		餒奴罪	耐奴代	內奴對
來	來落哀	雷路回			磥落猥	賚落代	纇盧對
知							
徹							
澄							
精	災祖才	朘子回	宰作亥		嗺子罪	載作代	晬子對
清	猜倉來	崔此回	採倉宰		皠七罪	菜倉代	倅七碎
從	裁昨來	摧昨回 [26]	在昨宰		罪徂賄	載在代	
心	鰓蘇來	膗素回			倄素罪 [30]	賽先代	碎蘇對
邪							
莊							
初							
崇							
生							
俟							
章				茝昌殆 [28]			
昌							
船							
書							
常							
日							
見	該古哀	瓌公迴	改古亥			溉古礙	憒古對
溪	開苦哀	恢苦回	愷苦亥		頠口猥	慨苦愛	塊苦對
羣							
疑	皚五來	鮠五回			顁五罪	礙五愛	磑五對
曉	咍呼來	灰呼恢	海呼改		賄呼猥	餀荒佩	誨荒佩
匣	孩胡來	回戶恢	亥胡改		瘣胡罪	瀣胡愛	潰胡對
影	哀烏開	隈烏恢	欸於改		猥烏賄	愛烏代	隗烏續
羊							

蟹攝附注

1. 宋跋本"秅"字全誤作"愁"，今改正。

2. "低當秅反"小韵"捼"字，注云"勑細反"，當從敦煌本作"又勑細反"。宋跋本祭韵"踶丑勢反"小韵有"捼"字，注云"又都梯反"。"都梯反"與"當秅反"同音。

3. "齎，卽黎反，持，又子斯反，亦賫，八"。本小韵連賫字在內共八字，第六字："觜，茲此反……。"紙韵"紫，茲爾反"小韵下有"觜"字，注云："又姊西，徂禮二反。""茲此反"音同"茲爾反"。廣韵齎小韵"觜又茲比 [當作此] 切"。本書"茲此反"前脫"又"字。

4. "攜，戶圭反，十五。"本小韵連注中或體計算共十五字，第十四字："睳，深目，不胥規反。"支韵"睳，息爲反，……又下圭反。""胥規反"音同"息爲反"，"不"字當作"又"。

5. 反切上字三等，反切下字四等，被切字三等，看下文 § 44e。

6. 魯原作魚，據敦煌本，項跋本改。

7. 霽韵倒數第三小韵："妻七計反，嫁女，二。摖，取。"敦煌本同，項跋本無，廣韵併入砌小韵。

8. 泰韵倒數第二個小韵："歔，千外反。"項跋本，唐韵並無，廣韵併入襊小韵。

9. 泰韵最後一個小韵："瀭，烏鱠反。"項跋本，唐韵並無，廣韵併入懀小韵。"鱠"卽"膾"，參看項跋本，廣韵。

10. 衞原作制，據敦煌本，項跋本，唐韵，廣韵改。

11. 劌原作蒯，敦煌本"看 [此字誤] 蒯反"，項跋本"羽歲反"，唐韵"于劌反"，廣韵"于歲切"。

12. 廢韵倒數第二個小韵："暼，孚吠反，裁見。"項跋本，廣韵廢韵並無此小韵。集韵廢韵："暼，普吠切，財見也，文一。"與"肺，芳廢切"不同小韵。廣韵祭韵："瀎，魚游水也，匹蔽切，一。"集韵"瀎，匹曵切"小韵有"暼，暼也。"疑"暼"字去聲一讀當入祭韵。宋跋本，敦煌本，項跋本祭韵都沒有"瀎"小韵。

13. 吠原作畎，據廣韵祭韵改。

14. 莫原作草，據項跋本，切三，廣韵改。

15. 佳韵最後一個小韵："䑂，所柴反。"項跋本同，廣韵並屬崽小韵。

16. 柴，切三同，項跋本作柴，廣韵古蛙切。

17. 宋跋本"絓，惡絲。喎，口戾。"屬蛙小韵。項跋本作"咼，苦蛙反，口戾，亦喎。絓，惡絲。"切三作"咼，口戾，苦哇反。絓，惡絲。"廣韵作"咼，口戾也，苦緺切，六。喎，上同。絓，惡絲……"此據項跋本。

18. 原來是骇韵最後一個小韵，據廣韵移入蟹韵。

19. 卦韵倒數第二個小韵："䞒，方賣反"。敦煌本同，項跋本，唐韵並無。

20. 莫原作草。據廣韵改。

21. 骇韵最後一個小韵："枴，孤買。"切三無，據廣韵移入蟹韵。

22. 敦煌本同，項跋本，唐韵並無，巾箱本廣韵："迦怪切，[大徐] 說文五怪切。"澤存本古逸本他怪切，泰定本五怪切，又迣怪切。

23. 夬韵最後一個小韵："嘬，倉快反。"敦煌本倉誤作食，項跋本，唐韵並無。嘬＝嘬。①

24. 這六韵的脣音字開合口對立問題，看下文§81。

25. 宋跋本用盃爲反切下字，他處無盃字。敦煌本杯或作盃。

26. 本小韵原作"榷，昨回反，折，四。"無"摧"字。今從敦煌本，切三作"摧，昨回反。"廣韵"摧，折也，昨回切，五。""昨回切"小韵又有"榷，木名，堪作杖。"

27. 項跋本，切三，廣韵並同，集韵併爲一個小韵。"啡"和"佸"也不像是三等跟一等的對立。

28. 反切上字三等，下字一等，被切字三等，看下文§44c。

29. 蒲原作鋪，據敦煌本，切三，廣韵改，項跋本作蒱。

30. 宋跋本，敦煌本，項跋本都是賄韵倒數第二個小韵，切三，廣韵是最後一個小韵。宋跋本，敦煌本並作"素罪反"，項跋本，切三並作"羽罪反"，廣韵"于罪切"。疑"素"字誤，當作"羽"或"于"，與"瘣胡罪反"同音，是增加字。

---

① "嘬，倉快反"切上字類隔，與"嘬，楚夬反"重。《韵鏡》《七音略》等圖列"嘬"爲開口，"嘬"爲合口。作者在單字音表"嘬楚夬"旁批有"寨，廣韵犲夬切，下字合口"字樣，蓋謂以合口"夬"爲下字者，或可切開口，但"嘬倉快"跟"嘬楚夬"都是初母夬韵的合口小韵，不是開合對立，故批注"嘬＝嘬"。按，"嘬"列夬韵末，蓋後人誤增。—編者

臻攝單字音表（一）

	痕一開	魂一合	佷一開	混一合	恨一開	慁一合	沒一開	沒一合
幫		奔博昆		本布忖				
滂						噴普悶		踣普沒
並		盆蒲昆		獖盆本		坌蒲悶		勃蒲沒
明		門莫奔		懣莫本		悶莫困		沒莫勃
端		敦都昆				頓都困		咄當沒
透	吞吐根	暾他昆		啍他本				突他骨³
定		屯徒渾		囤徒損		鈍徒困		突陁忽
泥		黁奴昆¹				嫩奴困		訥諾忽
來		論盧昆		㽔盧本²		論盧寸		𥓐勒沒
知								
徹								
澄								
精		尊卽昆		劗茲損				卒則沒
清		村此尊		忖倉本		寸倉困		猝麁沒
從		存徂尊		鱒徂本		鐏在困		捽昨沒
心		孫思渾		損蘇本		巽蘇困		窣蘇骨
邪								
莊								
初								
崇								
生								
俟								
章								
昌								
船								
書								
常								
日								
見	根古痕	昆古渾	頣古佷	䐁古本	艮古恨	睔古鈍		骨古忽
溪		坤苦昆	墾康佷	閫苦本		困苦悶		窟苦骨
羣								
疑	垠五根	俒牛昆			鎧五恨	顐五困		兀五忽
曉		昏呼昆						忽呼骨
匣	痕戶恩	魂戶昆	佷痕墾	混胡本	恨胡艮	慁胡困	麧下沒	鶻胡骨
影	恩烏痕	溫烏渾		穩烏本		搵烏困		頞烏沒
羊								

臻攝單字音表（二）

	眞開A	眞開B	眞合A	眞合B	臻開A	軫開A	軫開B	軫合A	軫合B
幫	賓必鄰	斌府巾[4]							
滂	繽敷賓								
並	頻符鄰	貧符巾①				牝毗忍			
明	民彌鄰	珉武巾				泯武盡	愍眉殞		
端									
透									
定									
泥		紉女人							
來	鄰力珍		淪力屯[5]			嶙力軫		輪力尹	
知	珍陟鄰		屯陟倫						
徹	獺丑珍		椿勅屯[6]			辴勑忍			
澄	陳直珍		酏丈倫			紖直引			
精	津將鄰		遵將倫			㮏子忍			
清	親七鄰		逡七旬			笅千忍			
從	秦匠鄰		鷷昨勻						
心	新思鄰		荀相倫					筍思尹	
邪			旬詳遵			盡詞引[7]			
莊					臻側詵				
初									
崇					榛仕臻				
生					莘疎臻				
俟									
章	眞職鄰		諄之純			軫之忍		准之尹	
昌	瞋昌鄰		春昌脣					蠢尺尹	
船	神食鄰		脣食倫					盾食尹	
書	申書鄰					矧式忍		賰式尹	
常	辰植鄰		純常倫			腎時忍			
日	仁如鄰		犉如均			忍而軫		蜳而尹	
見		巾居鄰	均居春	麏居筠 囷去倫		緊居忍			
溪							螼丘引		麇丘隕
羣		菫巨巾							窘渠殞
疑		銀語巾					釿宜引		輑牛隕
曉									
匣		礥下珍		筠王麏					殞于閔
影	因於鄰	䚄於巾		贇於倫					
羊	寅余眞		勻羊倫			引余軫		尹余准	

---

① "頻符鄰""貧符巾"二處作者標有互乙符號。按：韻鏡頻列四等，貧列三等；七音略貧也列三等（四等無字），故不當乙。——編者

臻攝單字音表（三）

	震開A	震開B	震合A	震合B	質開A	質開B	質合A	質合B	櫛開A
幫滂並明	儐必刃 冰匹刃				必比蜜 匹譬吉[11] 邲毗必 蜜無必	筆鄙密 弼房筆[12] 密美筆			
端透定泥來		遴力晉			昵尼質 栗力質		律呂邮		
知徹澄	鎮陟刃 疢丑刃 陣直刃				窒陟栗 扶丑栗 秩直質		怵竹律 黜丑律 术直律		
精清從心邪	晉即刃 親七刃 信息晉 賮似刃[8]		儁子峻 峻私閏[9] 殉辞閏		堲資悉 七親日 疾秦悉 悉息七		卒子聿 焌翠恤 崒才卹 卹辛聿		
莊初崇生俟	櫬初遴				剗初栗 齟仕乙*		率師出**	瑟所*櫛	櫛阻瑟
章昌船書常	震職刃 眒式刃 慎是刃		稕之閏 順食閏 舜施閏		質之日 叱尺栗 實神質 失識質		出尺律 術食聿 絀式出		
日	忍而晉		閏如舜		日人質				
見溪羣疑曉匣影羊	鼓去刃 印於刃 胤与晉	僅渠遴 憖魚覲 霢許覲①	呁九峻	攗居韻[10] 韻爲捃[10]	吉居質 詰去吉 姞巨乙② 故許吉 一於逸 逸夷質	耴魚乙 肐羲乙 乙於筆	橘居蜜 趫其聿 颭許聿 聿餘律	茁几律[13] 䫏于筆	

---

① 作者加箭頭指向震開A，並旁批"當據七音略"。按：七音略"羣"列三等（B類），韻鏡列四等（A類）。
——編者

② "姞巨乙"小韻誤植質開A，依其切語性質應歸質開B，韻鏡、七音略皆列三等。——編者

臻攝單字音表（四）

	殷子開	文子合	隱子開	吻子合	焮子開	問子合	迄子開	物子合
幫滂並明		分府文 芬撫云 汾符分 文武分		粉方吻 忿敷粉 憤房吻 吻武粉		糞府問 湓匹問 分扶問 問無運		弗分勿 拂敷物 佛符弗 物無佛
端透定泥來								
知徹澄								
精清從心邪								
莊初崇生俟			齔初謹[14]					
章昌船書常								
日								
見溪羣疑曉匣影羊	斤舉忻 勤其斤 厜語斤 欣許斤 殷於斤	君舉云 羣渠云 薰許云 雲王分 熅於云	謹居隱 赾丘謹 近其謹 听牛謹 脪興近 隱於謹	 轡魚吻 抎于粉 惲於粉	靳居焮 近巨靳 沂語靳 焮許靳 傿於靳	捃居運 郡渠運 訓許運 運云問 醖於問	訖居乞[15] 乞去訖 赵其迄 疙魚迄 迄許訖 圪于乞	孒久勿[16] 屈區物 倔衢物 颬許物 颭王物 鬱紆勿[17]

臻攝附注

1. 原缺反語，據廣韵補。

2. 恖原作怨，據廣韵改。

3. "突"他骨反敦煌本，項跋本，切三，廣韵並作"宊"，與"突"陁（項跋本誤作他）忽反（陀骨切）字不同。

4. 宋跋本反語模胡，此據廣韵。

5. "淪力屯反"小韵："惀，思，力袞反，亦作侖。""惀"字又見混韵"盧本反"小韵："惀，怨，又力均反，力尹反。""力袞反"當作"又力袞反"。

6. 宋跋本椿小韵注云五，鈔到第四個字"杶"就接着鈔酕小韵，酕小韵後接着鈔"鷆，勑屯反，鷹，上杶遺，一。"這字是鈔脱了補鈔的。

7. "詞"字敦煌本，項跋本，切一，切三，廣韵並作"慈"，慈是從母字。

8. "似"字敦煌本，項跋本並作"疾"，疾是從母字。廣韵"賮"徐刃切又疾刃切，疾刃切不獨立成一小韵。

9. 私原作和，據敦煌本，項跋本，廣韵改。

10. 此兩字廣韵並在問韵。宋跋本，敦煌本，項跋本"韵"字僅見震韵。"攈"字項跋本僅見問韵，宋跋本，敦煌本震問兩韵重出。宋跋本震韵："攈，古音居韵反，今音居運反，拾，或作捃。"問韵："捃，居運反，拾，亦作攈。"敦煌本同。"攈"字宋跋本，敦煌本並作"攈"，今據廣韵改。

* 廣韵，質韵，"齜，齧聲，仕叱切。"廣韵櫛韵末，"齜，齒聲，斯瑟切，斯士力切。"[1]

11. 本小韵原作"匹，配，卌尺"，脱反語，據敦煌本，項跋本，切三，唐韵，廣韵補。

12. 反切下字原是律字，聿上又加竹頭。敦煌本，切三並房律反，項跋本旁律反，唐韵，廣韵並房密反（切）。

** 敦煌本同，切三，項跋本，唐韵，廣韵並所出。[2]

13. 敦煌本注："尤律反，出矛，又□率反。"項跋本，切三，唐韵並無此字。廣韵注："徵筆切，又鄒律，莊月二切。"

---

[1] 《王三》"齜仕乙"在《廣韵》裏有質韵"仕叱切"、櫛韵"斯瑟切"兩讀，作者補注旨在說明兩讀應有源流關係，參見第 87 節相關討論。——編者

[2] 《王三》"率，師出反"清晰無誤，然"師"作上字唯此一處，故補注。——編者

14. "齔初謹反"的音韵位置看下文葉 144 § 87。

15. 乞原作乙，廣韵同，據項跋本，切三，唐韵改。

16. 物韵最後一個小韵："屈，居勿反。"項跋本"屈，區勿反又居勿反"，切三"屈，區物反又居物反"，廣韵"屈，區勿切"自成一小韵，又見"亥（＝了）久勿切"下，唐韵"區，屈勿反"自成一小韵，"亥，九勿反"下有"屈"字，注云"加"。"屈，居勿反"是跟"亥（＝了）"同音的增加字。

17. 宋跋本反語模胡，此據項跋本，唐韵。

山攝單字音表（一）

	元子開	元子合	阮子開	阮子合	願子開	願子合	月子開	月子合
幫滂並明	蕃甫煩 飜孚袁 煩附袁		反府遠 韏扶遠¹ 晚無遠		販方怨 嬎芳万 餰符万 万無販³		髮方伐 怖匹伐 伐房越 韈妄發*	
端透定泥來								
知徹澄								
精清從心邪								
莊初崇生俟								
章昌船書常								
日								
見溪羣疑曉匣影羊	楗居言 攑丘言 籛渠言 言語軒 軒虛言 蔫謁言	 元愚袁 暄況袁 袁韋元 鴛於袁	湕居偃² 言去偃 寋其偃 言語偃 幰虛偃 偃於幰	 稇去阮 㻸求晚 阮虞遠 咺況晚 遠雲晚 婉於阮	建居万 健渠建 甗語堰 憲許建 堰於建	攈居願 劵去願 圈臼万⁴ 願魚怨 楥許勸 遠于万 怨於願	許居謁 揭其謁 孽語謁 歇許謁 謁於歇	厥居月 闕去月 鱖其月 月魚厥 颰許月 越王伐 嫛於月⁵

山攝單字音表（二）

	寒一開	寒一合	旱一開	旱一合	翰一開	翰一合	末一開	末一合
幫	般北潘		板博管		半博漫		撥博末	
滂	潘普官				判普半		鏺普活	
並	盤薄官		伴薄旱		叛薄半		跋蒲撥	
明	瞞武安		滿莫旱		縵莫半		末莫割	
端	單都寒	端多官	亶多旱	短都管	旦得案	鍛都亂	怛當割	掇多括
透	嘽他單	湍他端	坦他但	疃他管	炭他半	彖他亂	闥他達	梲他活
定	壇徒干	團度官	但徒旱	斷徒管	憚徒旦	段徒玩	達陁割	奪徒活
泥	難乃干		攤奴但	餪乃管	攤奴旦	偄乃亂	捺奴曷	
來	蘭落干	鑾落官	嬾落旱	卵落管	爛盧旦	亂落段	剌盧達	捋盧活
知								
徹								
澄								
精		鑽借官		纂作管	讚作幹	攢子筭	鬢姊末	繓子括
清	餐倉干				粲倉旦	竄七亂	攃七曷	撮七括
從	殘昨干	攢在丸	瓚昨旱		巑徂粲	欑在翫	巀才割	
心	珊蘇干	酸素丸	散蘇旱	算蘇管	繖蘇旦	筭蘇段	躠桑割	
邪								
莊								
初								
崇								
生								
俟								
章								
昌								
船								
書								
常								
日								
見	干古寒	官古丸	笴各旱	管古纂	旰古旦	貫古段	葛古達	括古活
溪	看苦寒	寬苦官	侃空旱	款苦管	侃苦旦	鏉口煥	渴苦割	闊苦括
羣								
疑		岏五丸			岸五旦	玩五段	嶭五割	捾五活
曉	頇許安	歡呼丸	罕呼稈		漢呼半	喚呼段	顠許葛	豁呼括
匣	寒胡安	桓胡官	旱何滿	緩胡管	翰胡旦	換胡段	褐胡葛	活戶括
影	安烏寒	剜一丸		椀烏管	按烏旦	惋烏段	遏烏割	斡烏活
羊								

山攝單字音表（三）

	刪二開	刪二合	潸二開	潸二合	諫二開	諫二合	鎋二開[11]	鎋二合
幫滂並明	斑布還 攀普班 蠻莫還		板布綰 販普板 阪扶板 矕武板		襻普患 慢莫晏		捌百鎋 礣莫鎋	
端透定泥來		妠女還	赧奴板			妠女患	獺他鎋 瘷女鎋	鵽丁刮 妠女刮
知徹澄								䎶丑刮
精清從心邪								
莊初崇生俟	刪所姦		醡側板 㵆初板 虥士板 潸數板		鏟初鴈 虥士諫 訕所晏[8]	纂楚患 孿山患	刹初鎋	纂初刮
章昌船書常								
日								
見溪羣疑曉匣影羊	姦古顏[6] 顏五姦	關古還 痯五還 豩呼關 還胡關 彎烏關	齴五板 僩胡板	睆戶板[7] 綰烏版	諫古晏 鴈五晏 骭下晏[9] 晏烏澗	慣古患 豠五患 患胡慣[10]	鷤古鎋[12] 竊枯鎋 鱛吾鎋 瞎許鎋 鎋胡瞎[13] 鷻乙鎋	刮古頒 刖五刮[14] 頒下刮

山攝單字音表（四）

	山二開	山二合	產二開	襇二開	襇二合	黠二開[11]	黠二合
幫	蝙方閑					八博拔	
滂				盼匹莧		汃普八	
並				辦薄莧		拔蒲八	
明			矕武限	蔄莫莧		傛莫八	
端							竅丁滑
透							
定				袓大莧[**]			
泥	嘫奴閒					痆女黠	豽女滑
來	斕力閑[15]						
知	譠陟山[16]						
徹							
澄		窀除頑[19]					
精							
清							
從	戔昨閑						
心							
邪							
莊			醆側限			札側八	
初			剗初限	羼初莧		齺初八	
崇			棧士限				
生	山所閒		產所簡			殺所八	
俟							
章							
昌	[17]						
船							
書							
常							
日							
見	閒古閑	鰥古頑	簡古限	襇古莧	鰥古盼	戛古黠	劀古滑
溪	慳苦閒		𥃩口限			䫔苦八	𠜾口滑
羣							
疑	㺂五閑[18]	頑吳鰥	眼五限				聉五滑
曉	羴許閒						傄呼八
匣	閑胡山		限胡簡	莧侯辦	幻胡辨	黠胡八	滑戶八
影	黰烏閑	嬽於鰥[20]				軋烏黠[21]	嗗烏八
羊							

山攝單字音表（五）

	先四開	先四合	銑四開	銑四合	霰四開	霰四合	屑四開	屑四合
幫	邊布玄		編方繭		遍博見		弻方結	
滂					片普見		撇普篾	
並	蹁蒲田		辮薄典				嫳蒲結	
明	眠莫賢		摂亡典		麵莫見		篾莫結	
端	顛都賢		典多繭		殿都見		窒丁結	
透	天他前		腆他典		瑱他見		鐵他結	
定	田徒賢		殄徒典		電堂見		姪徒結	
泥	年奴賢		撚奴典		晛奴見		涅奴結	
來	蓮路賢				練落見		䴕練結	
知								
徹								
澄								
精	牋則前				薦作見[22]		節子結	
清	千倉先				蒨倉見[23]		切千結	
從	前昨先				荐在見		截昨結	
心	先蘇前		銑蘇典		霰蘇見		屑先結	
邪								
莊								
初								
崇								
生								
俟								
章								
昌								
船								
書								
常								
日								
見	堅古賢	涓古玄	繭古典	畎古泫	見古電	睊古縣	結古屑	玦古穴
溪	牽苦賢		螼口典	犬苦泫	俔苦見[24]		猰苦結	闋苦穴
羣								
疑	妍五賢				硯五見		齧五結	
曉	祆呵憐	銷火玄	顯呼典		韅呼見	絢許縣	盻虎結	血呼決
匣	賢胡千	玄胡涓	峴胡繭	泫胡犬	現戶見	縣黃練	纈胡結	穴胡玦
影	煙烏前	淵烏玄	蝘於殄		宴烏見	蔨烏縣	噎烏結	抉於決
羊								

山攝單字音表（六）

	仙開A	仙開B	仙合A	仙合B	獮開A	獮開B	獮合A	獮合B
幫	鞭卑連				褊方緬	辡方免		
滂	篇芳便							
並	便房連				楩符善	辯符蹇		
明	綿武連				緬無兖	免亡辯		
端								
透								
定								
泥					趁尼展[26]			
來	連力延		攣呂緣		輦力演		臠力兖	
知	邅張連				展知演		轉陟兖	
徹	脡丑連		鐉丑專		𧼥丑善			
澄	纏直連		椽直緣				篆持兖	
精	煎子仙		鐫子泉		剪即踐		臇姊兖	
清	遷七然		詮此緣		淺七演			
從	錢昨仙		全聚緣		踐疾演		雋徂兖	
心	仙相然		宣須緣		獮息淺		選思兖	
邪	涎敍連		旋似宣		㳊徐輦			
莊			跧莊緣[25]					
初								
崇	潺士連						撰士兖	
生			栓山員					
俟								
章	饘諸延		專職緣		膳旨善		剸旨兖	
昌			穿昌緣		闡昌善		舛昌兖	
船			船繩川					
書	羶式連				燃式善			
常	鋋市連		遄市緣		善常演		膞視兖	
日	然如延		壖而緣		蹨人善		軟而兖	
見	甄居延			勬居員[25]	搴基善[27]	蹇居輦		卷居轉
溪		愆去乾		眷去員	遣去演			
羣		乾渠焉		權巨員		件其輦	蜎狂兖	圈渠篆
疑						齴魚蹇		
曉		嘕許延	翾許緣				蠉香兖	
匣				員王權				
影		焉於乾	娟於緣	嬽於權		扒於蹇		
羊	延以然		沿与專		演以淺		兖以轉	

山攝單字音表（七）

	線開A	線開B	線合A	線合B	薛開A	薛開B	薛合A	薛合B
幫滂並明	驫匹扇 便婢面 面彌戰	變彼眷 卞皮變			鷩并列 瞥芳滅 獒扶別 滅亡列	箹兵列 別皮列		
端透定泥來	輾女箭		戀力卷		列呂薛[29]		吶女劣 劣力惙	
知徹澄	驛陟彥		囀知戀 掾丑戀 傳直戀		哲陟列 中丑列 轍直列		輟陟劣 敠丑劣	
精清從心邪	箭子賤 賤在線 線私箭 羨似面		絭七選 選息絹 淀辝選		蠽姊列 薛私列[30]		蕝子悅 膬七絕 絕情雪 雪相絕 哲寺絕	
莊初崇生俟			饌士變 篹所眷		剿廁別 樧山列		茁側劣 刷所劣	
章昌船書常	戰之膳 碾尺戰 扇式戰 繕視戰		剸之囀 釧尺絹 拽豎釧		哲旨熱 舌食列 設識列		拙職雪 歠昌雪 說失爇 啜樹雪[31]	
日			瓀人絹		熱如列		爇如雪	
見溪羣疑曉匣影羊	譴去戰 衍餘線[28]	彥魚變 躆於扇	絹吉掾 掾以絹	眷居倦 羂丘弁 倦渠卷 瑗王眷	子居列	朅去竭 傑渠烈 孽魚列 妜許列 焆於列	缺傾雪 旻許劣 妜於悅 悅翼雪	蹶紀劣 噦乙劣

山攝附注

1. 扶原作丘，據敦煌本，切三改。

2. 原脫反語，據敦煌本，切三，廣韵補。

3. 販原作敗，據敦煌本，項跋本，廣韵改。

4. 臼原作曰，據敦煌本，廣韵改。

*. 轙妄發，切三，唐韵，敦煌本，項跋本，廣韵並作望發。①

5. 嬰小韵前頭一個小韵："㰥，乙劣反，氣逆，一字，此亦入薛部，一。"敦煌本注文缺，項跋本作"㰥，乙劣反，氣逆，一。"切三作"㰥，居劣反，此字亦入薛部，一。"唐韵無此小韵。廣韵併入"嬰於月切"小韵："㰥，逆氣，又乙劣切。"

6. 刪韵最後一個小韵："捰，几焉反，援，又所山反，一。""焉"在仙韵，所山雙聲，兩個反語都有問題。所見各切韵殘卷跟廣韵好像都沒有捰字。集韵有（僊韵）丘虔，（元韵）丘言，居言，渠言（以上四切並訓"相援也"），（刪韵）丘顏，（山韵）居閑（以上二切並訓"援也"）六切。

7. 潸韵倒數第二個小韵："莞（原鈔作"筦"，此據廣韵），胡板反，莞爾，笑皃，二。睅，大目。"廣韵歸入睆小韵。疑"睅"當歸入僴小韵。

8. 柵，所晏反。敦煌本同，項跋本，唐韵並無，廣韵併入訕小韵。

9. 婞，下鴈反。敦煌本，項跋本，唐韵並無，廣韵併入骭小韵。

10. "宦，仕，胡慣反，同患字，一。"這也是鈔寫時脫落補鈔的。敦煌本，項跋本，唐韵，廣韵，患宦並同一小韵。

11. 刪鎋兩韵平入相承，山黠兩韵平入相承。看"上古音韵表稿"葉102（前歷史語言研究所集刊第十八本，1948）。

12. 宋跋本鎋韵最後五個字："鶷，古鎋反，鶡鶷，鳧屬。戛，括聲，二。藒，袪刹反，香草，二。稭，禾舉出，居遏反。鴶，鶡鶷，鳥，古札反，一。"敦煌本鎋韵最後四個字："鶷，□□反，鶡鶷，鳥名，□□字古屑反，四。戛，刮聲。藒，袪刹，又藒車，香草。稭，禾舉出，又屈遏反，亦作秸。"項跋本，切三，唐韵"古鎋反"僅鶷戛二字。廣韵"古鎋切"共鶷戛髻猰四字。所見各切韵殘卷山攝入聲一二等韵並無"藒"字。廣韵曷韵最後

---

① 《三王》"妄"作反切上字兩次，無"望"作上字例。——編者

一字："藒，菜似蕨，生水中，矛（覆元泰定本作予）割切，一。"唐韵薛韵"朅丘竭反"小韵下有"藒，藒車，香草，加。"廣韵同，字作"藒"。宋跋本，項跋本，切三"朅去竭反"小韵並無藒字。廣韵曷韵"葛古達切"小韵下有"秸，禾長也。"又"渴苦曷切"小韵下有"秸，禾長也。"所見各切韵殘卷"葛"小韵並無"秸"字。敦煌本"渴苦割反"小韵下有"秸，禾長，又屈轟反。"項跋本，切三"渴"小韵並無"秸"字。"鶍"宋跋本又見黠韵"戞古黠反"小韵，敦煌本，廣韵並同；項跋本，切三，唐韵"戞"小韵並無"鶍"字。由上文所引，可知"齃，藒"是鎋韵字，"古鎋反"。項跋本"五鎋反"小韵也有"齃"字，"齃"從薛（五割反）聲，薛從屵（五結，魚列二反）聲，都是疑母，可能"齃"本來是疑母，讀見母是受了"鶍"字影響。"藒"不見得是鎋韵字（假如是的話，當與"鍻枯鎋反"同音），應據唐韵定爲薛韵字。"秸"是末韵字（假如末曷分韵，是曷韵字）。"鶍"是黠韵字。

13. 瞎原作八，據本書韵目，敦煌本，項跋本，切三，唐韵，廣韵改。

14. 刮原作割，據敦煌本，項跋本，切三，唐韵，廣韵改。

15. 閑原作闌，據切三，廣韵改。

16. 陝原作几，據廣韵改。

17. 獂，充山反，切三無。

18. 宋跋本反語模胡，據切三，廣韵。

19. "窀"原作"穵"，據廣韵改。

20. 嬽原作嫚，據廣韵改。

**. 項跋本同，廣韵作丈。①

21. 黠韵最後一個小韵："穵，乙八反，空，二。魝，魚名，鮇魝。"敦煌本同，切三無，唐韵有"穵"無"魝"，在"軋"小韵，項跋本，廣韵，並在"軋"小韵。

22. 宋跋本："鳶，作見反，此解鳶字，三。薦，此薦舉字，今作薦席字也。虇畜養。"項跋本："鳶，作見反，薦舉也。說文宅買[切]，解鳶，獸似牛一角，爲黃帝觸邪臣。三。薦上進也，備一百物曰薦，又臻也，解鳶所食草名，又薦席也。虇畜食地。"唐韵"作甸反"小韵無"鳶"字。廣韵"薦"字注云："鳶，丈買切。"宋跋本蟹韵："豸宅買反，一。"廣韵"鳶解鳶，

---

① 反切上字類隔，用廣韵校對。——編者

宅買切，三。豸貄，上同。"

23. "倉"原作"舍"，據敦煌本改。

24. 霰韵最後一個小韵："鼜，口見反，稾，又口典反，一。"項跋本，唐韵並無，廣
    韵併入"倪"小韵。

25. 本韵最後三個字："跧，居員反，曲卷伏，三。勬，強健。眓，目眇。"敦煌本同，惟注無卷字，
    並另有一小韵："勬，強健，居員反，一。"切三跧莊緣反，勬居員反，廣韵同，
    今據正。

26. 尼原作居，今據切三，廣韵。

27. "撍，基善反"，敦煌本，切三並同，廣韵併入寋小韵。

28. 原作"衍，餘見反，達，又以淺反。"獮韵"演，以淺反"小韵下："衍，達，又
    餘見反。""見"字誤。項跋本線韵無此小韵。唐韵予線反，廣韵于 [當作予] 線切。
    今據改。

29. "薛"原作"結"。項跋本，切三並呂薛反，唐韵良薛反，廣韵良辥切。今據改。

30. "列"原作"結"。據宋跋本韵目，項跋本，切三，唐韵，廣韵改。

31. "樹"原作"處"，據敦煌本，項跋本，切三改。

效攝單字音表（一）

	蕭四	篠四	嘯四	宵A	宵B	小A	小B	笑A	笑B
幫滂並明				飆甫遙 漂撫遙 瓢符遙 蜱無遙	鑣甫喬 苗武儦	表方小[4] 縹敷沼 摽符小 眇亡沼	表方矯[4] 藨平表	驃卑妙[5] 剽匹笑 驃毗召 妙彌照	裱方廟 廟眉召
端透定泥來	貂都聊 祧吐彫 迢徒聊 聊落蕭	鳥都了 朓吐鳥 窕徒了 嫋奴鳥 了盧鳥	弔多臕 糶他弔 藋徒弔 尿奴弔 顟力弔	燎力昭		繚力小		燎力照	
知徹澄				朝知遙 超勑宵 晁直遙		肇直小		挑丑召 召直笑	
精清從心邪	蕭蘇彫	湫子了 篠蘇鳥	嘯蘇弔[1]	焦即遙 鍫七遙 樵昨焦 宵相焦		勦子小 悄七小 小私兆		醮子肖 峭七笑 噍才笑 笑私妙	
莊初崇生俟									
章昌船書常				昭止遙 怊尺招 燒式招 韶市招		沼之少 麨尺紹 少書沼 紹市沼		照之笑 覘昌召[5] 少失召 邵寔曜	
日				饒如招		擾而沼		饒人要[5]	
見溪羣疑曉匣影羊	驍古堯 鄡苦聊 堯五聊 膮許幺 幺於堯	皎古了 磽苦皎 曉呼鳥 皛胡了 杳烏皎	叫古弔 竅苦弔 顤五弔 歊呼叫 窔於弔	蹻去遙[2] 翹渠遙[3] 腰於宵 遙余招	驕舉喬 趫去遙[2] 喬奇驕 嚣許喬 鴞于驕 妖於喬	闄於小 鷕以沼	矯居沼 嶠巨小 夭於兆	趬丘召 翹渠要 鞽牛召 要於笑 曜弋笑	嶠渠廟

效攝單字音表（二）

	看二	巧二	效二	豪一	晧一	号一
幫	包布交	飽博巧	豹博教	褒博毛	寶博抱	報博耗
滂	胞匹交		奅匹兒			
並	庖薄交	鮑薄巧	皰防孝	袍薄褒	抱薄浩	暴薄報
明	茅莫交	昴莫飽	貌莫教	毛莫袍	莫武道	帽莫報
端			罩丁教	刀都勞	倒都浩	到都導
透				饕吐高	討他浩	韜他到
定				陶徒刀	道徒浩	導徒到
泥	饒女交	獶奴巧	橈奴効	猱奴刀	腦奴浩	腦奴到
來				勞盧刀	老盧浩	嫪盧到
知	嘲張交					
徹			趠褚教			
澄			棹直教			
精				糟作曹	早子浩	竈則到
清				操七刀	草七掃	操七到
從				曹昨勞	皂昨早	漕在到
心				騷蘇刀	嫂蘇晧	喿蘇到
邪						
莊	齱側交	爪側絞	抓側教			
初	讓楚交	煼楚巧	抄初教			
崇	巢鋤看		巢仕稍			
生	梢所交	梢所絞	稍所教			
俟						
章						
昌						
船						
書						
常						
日						
見	交古看	絞古巧	教古孝	高古勞	杲古老	誥古到
溪	敲口交	巧苦絞	敲苦教	尻苦勞	考苦浩	犒苦到
羣						
疑	聱五交	齩五巧	樂五教	敖五勞	頗五老	傲五到
曉	虓許交		孝呼教	蒿呼高	好呼浩	耗呼到
匣	肴胡茅	槼下巧	效胡教	豪胡刀	晧胡老	号胡到
影	齩於交	拗於絞	拗乙罩	爊於刀 [6]	襖烏浩	奧烏到
羊						

效攝附注

1. 韵目同。嘯小韵前略空另有一小韵："脼，肉和麵，蘇弔反。"項跋本，唐韵並無，廣韵併入嘯小韵。

2. 這兩個小韵的音韵位置有問題，宋跋本："蹻，去遙反，又其略反，六。繑，禹所乘，又綺遙反。頬，額大。趫，起趫。夵，肥大。趬，善走。"又最後一個小韵："趬，去遙反，又巨朝反，三。橇，踏摛行，又去遙反，亦繑，又子銳、棉蕞二反，摘音竹革反，作轎。幠，紆。"切三："蹻，舉足高，去囂反，又其略反，二。繑，禹所乘。"趬僅見"喬，巨朝反"小韵下，注云"美走，又去遙反，懸足。"不自成一小韵，且無"橇、幠"兩字。廣韵："蹻，舉足高，去遙切，又其略切，六。繑，說文云，綺紐也。趫，行輕皃。蹺，揭足。頬，額大皃，又火幺切。夵，長大皃，又火條切。"又最後一個小韵："趬，善走，又緣木也，起囂切，又巨憍切，四。幠，紆也。橇，蹋摛行，又禹所乘也。轎，上同。"韵鏡溪母三四等均列"蹻"字，無"趬"字。通志七音略"趬"列溪母三等，"蹻"列羣母四等。

3. 渠原作去，據切三，廣韵改。

4. 表字重出。宋跋本："表，方小反，又方矯反，三。褾，紬端，亦作袊。覒，目自省見皃。"又最後一個小韵："表，方矯反，上書，一。"敦煌本同，惟注文略有異。切三："表，方小反，又方矯反，二。褾，袖端。""方矯反"不自成一小韵。廣韵跟"方小反"相當的小韵是："褾，袖端，方小切，四。飆……標，……標，……"，其中無表字。跟"方矯反"相當的小韵是："表，……陂矯切，四。……"韵鏡"標"四等；"表"三等，通志七音略"褾"四等，"表"三等。

5. 宋跋本笑韵末了："饒，人要反，請益，三。驃，馬名。覒，竝也。""覒"已見上文"曜，弋笑反"小韵下，注云"普視，又昌召反。""驃"也已見上文，自成一小韵，注云"毗召反，驫勇，一。"敦煌本笑韵末了："饒，人要反，請益，一。驃，卑妙反，馬名，一。覒，昌召反，普視，又弋召反，一。"今據敦煌本。

6. 刀原作刃，據敦煌本，項跋本，切三，廣韵改。

果攝單字音表

	歌一開	歌一合	歌丑開	歌丑合	哿一開	哿一合	箇一開	箇一合
幫	波博何				跛布火		播補箇	
滂	頗滂何				叵普可		破普臥	
並	婆薄何				爸蒲可			
明	摩莫何				麼莫可		磨莫箇	
端	多得河	陊丁戈			嚲丁可	埵丁果[4]	跢丁佐	桗丁過
透	他託何	詑吐和				妥他果	拖吐邏[5]	唾託臥
定	馱徒何	牠徒和			爹徒可	墮徒果	馱唐佐	惰徒臥
泥	那諾何	捼奴和			橠乃可	姽奴果	奈奴箇	愞乃臥
來	羅盧何	臝落過			橮勒可	髁郎果	邏盧箇	臝郎過
知								
徹								
澄								
精		侳子過			左則可		佐作箇	挫則臥[6]
清	瑳七河	脞倉和[2]			瑳千可	磋倉顆	磋七箇	剉則臥
從	醝昨何	痤昨和				坐徂果		坐在臥
心	娑素何[1]	莎蘇禾			縒蘇可	鎖蘇果	些蘇箇	膗先臥
邪								
莊								
初								
崇								
生								
俟								
章								
昌								
船								
書								
常								
日								
見	哥古俄	過古和	迦居呿		哿古我	果古火	箇古賀	過古臥
溪	珂苦何	科苦和	呿墟迦		可枯我	顆枯果	坷口佐	課苦臥
羣			伽求迦					
疑	莪五歌	訛五和			我五可	姽五果	餓五箇	臥吳貨
曉	訶虎何		䶩希波[3]		歌呼我	火呼果	歌呼箇	貨呼臥
匣	何韓柯	和胡過	䶊于戈		苛胡可	禍胡果[4]	賀何箇	和胡臥
影	阿烏何	倭烏和			閜烏可	婐烏果	侉烏佐	涴烏臥
羊			虵夷柯					

果攝附注

1. 宋跋本無此小韵，據切三，敦煌本，項跋本，廣韵補。

2. 倉原作食，據敦煌本，項跋本，廣韵改。

3. 原作"鞾，鞾鞋，無反語，火戈反，又希波反，陸無反語，古今，二。扒，攎。"敦煌本作"鞾，鞾鞋，無反語，胡屬，亦作靴，或作屨，火戈反，又布 [當作希] 波反，陸無反語，何□誣於今古，二。扒，攎。"項跋本作"鞾，希波反，鞋俗作靴，二。扒，爲。"切三作"鞾，鞾鞋，無反語，一。"鞾字北京讀 [ɕyɛ] 陰平，浙江溫嶺讀 [xy]（çy）陰平，當爲三等合口字。"希波反"上字三等，下字一等脣音，被切字三等合口。"火戈反"也表示本字是合口。"無反語"表示不是一等字，如果是一等字，可以做反切下字的字就多了。問題是如何解釋"火戈反"。"火戈反"可能是沒有辦法，趨於近之而已的反切。鞾字本來是借字，讀三等是摹仿外國音，讀一等是漢化的讀音，後來三等這一個讀音佔了優勢，方言的讀音是從三等來的。

4. 哿韵最後一個小韵："䯏，丁果反。"敦煌本最後一個小韵："邁，丁果反，秦晉之間語。"切三無。廣韵"禍，胡果切"小韵最後一字："邁，邁過也，秦人呼過爲邁也。""丁果反"的"丁"當作"下"。䯏字當從廣韵併入禍小韵。

5. "吐"原作"別"，據敦煌本，廣韵改。

6. "則"原作"側"，敦煌本，項跋本同，據唐韵，廣韵改。

假攝單字音表

	麻二開	麻二合	麻丑開	馬二開	馬二合	馬丑開	禡二開	禡二合	禡丑開
幫	巴伯加			把博下			霸博駕		
滂	葩普巴						靶芳霸		
並	爬蒲巴			跁傍下 [2]			猰白駕		
明	麻莫霞			馬莫下			禡莫駕		
端				觰都下					
透									
定							跥徒嫁 [6]		
泥	拏女加			絮奴下			胣乃亞		
來									
知	奓陟加	摣陟瓜		縿竹下			吒陟訝		
徹	侘勅加						詫丑亞		
澄	秅宅加								
精			嗟子邪			姐茲野 [4]			唶子夜
清						且七也			笡淺謝
從			査才耶						褯慈夜
心					毞蘇寡	寫悉野			蝑司夜
邪			衺似嗟 [1]			灺徐雅 [5]			謝似夜
莊	摣側加	髽莊花		鮓側下			詐側訝		
初	叉初牙				髊叉瓦 [3]				
崇	槎鋤加			槎士下			乍鋤駕		
生	砂所加						沙色亞	嗄所化	
俟									
章			遮止奢			者之野			柘之夜
昌			車昌遮			韆車下			赿充夜
船			蛇食遮						射神夜
書			奢式車			捨書也			舍始夜
常			闍視奢			社市也			
日			婼而遮			若人者			
見	嘉古牙	瓜古華		檟古雅	寡古瓦		駕古訝	卦古罵	
溪	齣客加	誇苦瓜		跒苦下	髁口瓦		髂口訝	跨苦化	
羣									
疑	牙五加			雅五下	瓦五寡		迓吾駕	瓦五化	
曉	煆許加	花呼瓜		啁許下			嚇呼訝	化霍霸	
匣	遐胡加	華戶花		下胡雅	踝胡瓦		暇胡訝 [7]	摦胡化	
影	鴉烏加	窊烏瓜		啞烏雅			亞烏訝	窳烏呿	
羊			耶以遮			野以者			夜以謝

假攝附注

1. 原作"又似嗟反"，"又"字據項跋本，切三，廣韵刪。

2. 據敦煌本，切三，廣韵補。

3. 叉原作又，據敦煌本改。

4. "茲"原作"慈"，敦煌本，切三同，據廣韵改。本小韵有挋字，注云："取，又壯（敦煌本誤作在）加，才野二反。""慈野反"即"才野反"，作"慈"則"才野反"無意義。麻韵"摣側加反"小韵有"挋"字，注云："取，又才野，子野二反。""子野反"即"茲野反"，"側加反"即"壯加反"。

5. 敦煌本，切三，廣韵"雅"並作"野"。"徐雅反"反切上字丑類，反切下字二等，被切字丑類，音與"徐野反"相同。參看下文§44d。

6. 本小韵共"塗，蛇，秅"三字，敦煌本同，項跋本無，唐韵僅有本小韵之"蛇"字，除駕反，廣韵有本小韵之"蛇，秅"兩字，除駕切。

7. 原作"又胡訝反"，據敦煌本，項跋本，唐韵，廣韵刪又字。

宕攝單字音表（一）

	陽丑開	陽丑合	養丑開	養丑合	漾丑開	漾丑合	藥丑開	藥丑合
幫	方府長		昉方兩		放府妄			
滂	芳敷方		髣芳兩		訪敷亮			
並	房符方				防扶浪[3]		縛符玃	
明	亡武方		罔文兩		妄武放			
端								
透								
定								
泥	孃女良				釀女亮			
來	良呂張		兩力奬		亮力讓		略離灼	
知	張陟良		長中兩		帳陟亮		著竹略	
徹	募褚良[1]		昶丑兩		悵丑亮		奠丑略	
澄	長直良		丈直兩		仗直亮		著直略	
精	將卽良		奬卽兩		醬卽亮		爵卽略	
清	鏘七將				蹡七亮		鵲七雀	
從	牆疾良				匠疾亮		嚼在爵	
心	襄息良		想息兩		相息亮		削息略	
邪	詳似羊		像詳兩					
莊	莊側羊				壯側亮		斮側略	
初	瘡楚良		磢測兩[2]		創初亮			
崇	牀士莊				狀鋤亮			
生	霜所良		爽踈兩					
俟								
章	章諸良		掌職兩		障之亮		灼之藥	
昌	昌處良		敞昌兩		唱昌亮		綽處灼	
船								
書	商書羊		賞識兩		餉式亮		爍書藥	
常	常時羊		上時掌		尚常亮		妁市若	
日	穰汝陽		壤如兩		讓如狀		若而灼	
見	薑居良		繦居兩		彊居亮[4]	誆九忘	腳居灼	玃居縛
溪	羌去良	匡去王			嗛丘亮		卻去約	
羣	強巨良	狂渠王	勥其兩	霙渠往	強其亮	狂渠放	噱其虐	懼衢籰
疑			仰魚兩		䩾語向		虐魚約	
曉	香許良		響許兩	怳許昉	向許亮	況許妨	謔虛約	矆許縛
匣		王雨方		往王兩		迂于放		籰王縛
影	央於良		鞅於兩	枉紆罔	怏於亮		約於略	嬳憂縛
羊	陽与章		養餘兩		漾餘亮		藥以灼	

宕攝單字音表（二）

	唐一開	唐一合	蕩一開	蕩一合	宕一開	宕一合	鐸一開	鐸一合
幫	幫博旁[5]		榜博朗		謗補曠		博補各	
滂	滂普郎		髈普朗				粕匹各	
並	傍步光				傍蒲浪		泊傍各	
明	茫莫郎		莽莫朗		漭無浪		莫慕各	
端	當都郎		黨德朗		讜丁浪			
透	湯吐郎		曭他朗		儻他浪		託他各	
定	唐徒郎		蕩堂朗		宕杜浪		鐸徒各	
泥	囊奴當		曩奴朗		儾奴浪		諾奴各	
來	郎魯當		朗盧黨		浪郎宕		落盧各	
知								
徹								
澄								
精	臧則郎		駔子朗		葬則盎		作子洛	
清	倉七崗						錯倉各[7]	
從	藏昨郎		奘在朗		藏徂浪		昨在各	
心	桑息郎		顙蘇朗		喪蘇浪		索蘇各	
邪								
莊								
初								
崇								
生								
俟								
章								
昌								
船								
書								
常								
日								
見	剛古郎	光古皇	航各朗	廣古晃			各古落	郭古博
溪	康苦岡	骯苦光	慷苦朗		抗苦浪	曠苦浪[6]	恪苦各	廓苦郭
羣								
疑	卬五崗				枊五浪		愕五各	
曉	炕呼郎	荒呼光		慌虎晃		荒呼浪	臛呵各	霍虎郭
匣	航胡郎	黃胡光	沆胡朗	晃胡廣	吭下浪	潢胡浪	涸下各	穫胡郭
影	鴦烏郎	汪烏光	坱烏朗	滰烏晃	盎阿浪	汪烏光[6]	惡烏各	雘烏郭
羊								

宕攝附注

1. "褚" 原作 "諸"，據敦煌本，項跋本，切三，廣韵改。

2. 類叉丈反，項跋本，廣韵並同，敦煌本，唐韵並無此小韵。

3. 項跋本無此小韵，廣韵 "符況切"。反切上字丑類，下字一等，被切字丑類。看下文§44 c。

4. "彊" 宋跋本作 "疆"，項跋本，唐韵並無此小韵，據廣韵改。

5. 宋跋本，敦煌本，項跋本，切三並無此小韵，據廣韵補。

6. "汪，烏光反" 是宕韵最後一個小韵，本韵無光字。項跋本，唐韵的宕韵並無此小韵。
   項跋本 "廣姑曠反" 小韵有光字。唐韵 "桄，古曠反" 小韵有光字，廣韵，集韵同。
   廣韵宕韵 "汪，烏浪切"。集韵宕韵 "汪，烏曠切"。

7. "各" 原作 "反"，據項跋本，唐韵，廣韵改。

梗攝單字音表（一）

	庚二開	庚二合	庚子開	庚子合	梗二開	梗二合	梗子開	梗子合
幫 滂 並 明	閉甫盲 磅撫庚 彭薄庚 盲武庚		兵補榮 平蒲兵 明武兵		 鮃蒲杏 猛莫杏		丙兵永 皿武永	
端 透 定 泥 來	 薿乃庚				打德冷 瑒徒杏 冷魯打			
知 徹 澄	趟竹盲 瞠丑庚 棖直庚				盯張梗			
精 清 從 心 邪								
莊 初 崇 生 俟	鎗楚庚 傖助庚 生所京				省所景			
章 昌 船 書 常								
日								
見 溪 羣 疑 曉 匣 影 羊	庚古行[1] 坑客庚 睆許庚 行戶庚	觥古橫 諻虎橫 橫胡盲	驚舉卿 卿去京 擎渠京 迎語京 霙於京	 兄許榮 榮永兵	梗古杏 杏何梗	礦古猛 瞥烏猛	警几影 影於丙	憬舉永 永榮丙

梗攝單字音表（二）

	敬二開	敬二合	敬子開	敬子合	陌二開	陌二合	陌子開	陌子合
幫滂並明	榜補孟		柄彼病		伯博白 拍普白		碧逋逆[7]	
	膨蒲孟 孟莫鞕		病皮敬 命眉映		白傍百 陌莫白		構皮碧[7]	
端透定泥來					蹃女白[5]			
知徹澄	倀猪孟 鋥宅鞕				磔陟格[6] 坼丑格 宅根百			
精清從心邪								
莊初崇生俟	瀧楚敬 生所更[2]				嘖側陌 栅惻戟 齚鋤陌 索所戟			
章昌船書常								
日								
見溪羣疑曉匣影羊	更古孟 鞕五孟[3] 諱許孟 行胡孟	蝗胡孟	敬居孟[4] 慶綺映 競渠敬 迎魚更 映於敬	詠爲柄	格古陌 客苦陌 額五陌 赫呼格 垎胡格 啞烏陌	虢古伯 謋虎伯 嚄胡伯 擭一號	戟几劇 隙綺戟 劇奇逆 逆宜戟 虩許郤	嘴于陌[8] 蠖乙百

梗攝單字音表（三）

	耕二開	耕二合	耿二開	諍二開	諍二合	麥二開	麥二合
幫	繃甫萌			迸北諍		檗博厄[11]	
滂	怦普耕		拼普幸			擗普麥	
並	輧扶萌		倗蒲幸	偋蒲迸		躃蒲革[12]	
明	甍莫耕		瞑武幸			麥莫獲	
端							
透							
定							
泥							
來	儜女耕					麑尼厄[7]	
知	朾中莖					摘陟革	
徹				牚丑迸*			
澄	橙直耕						
精							
清							
從							
心							
邪							
莊	爭側莖			諍側迸		責側革	
初	琤楚莖					策惻革[13]	
崇	崝仕耕					賾士革[14]	
生						楝所責	
俟							
章							
昌							
船							
書							
常							
日							
見	耕古莖[9]		耿古幸[10]			隔古核	蟈古獲
溪	鏗口莖					礊口革	
羣							
疑	娙五莖						
曉		轟呼宏			轟呼迸		騞呼麥
匣	莖戶耕	宏戶萌	幸胡耿			覈下革	獲胡麥
影	甖烏莖			嫈一諍		厄烏革	
羊							

梗攝單字音表（四）

	清丑開	清丑合	靜丑開	靜丑合	勁丑開	勁丑合	昔丑開	昔丑合
幫滂並明	并補盈 名武并		餅必郢 愍彌井		摒卑政 聘匹政 偋防政 詺武聘		辟必益 僻芳辟 擗房益	
端透定泥來	跉呂貞		領李郢		令力正			
知徹澄	貞陟盈 檉勑貞 呈直貞		逞丑郢 徎丈井		遉丑鄭 鄭直政		鶺竹益 彳丑亦 擲直炙	
精清從心邪	精子清 清七精 情疾盈 騂息營 餳徐盈		井子郢 請七靜 靜疾郢 省息井		精子性 倩七政 淨疾政 性息正		積資亦 皵七迹 籍秦昔 昔私積 席詳昔	
莊初崇生俟								
章昌船書常	征諸盈 聲書盈 成市征		整之郢		政之盛 聖識正 盛承政		隻之石 尺昌石 麝食亦[15] 釋施隻 石常尺	
日								
見溪羣疑曉匣影羊	輕去盈 頸巨成 嬰於盈 盈以成	傾去營 瓊渠營 縈於營 營余傾	頸居郢 痙其郢 癭於郢 郢以整	頃去潁 潁餘頃	勁居盛 敻虛政		 瞁許役 益伊昔 繹羊益	役營隻

梗攝單字音表（五）

	青四開	青四合	迴四開	迴四合	徑四開	徑四合	錫四開	錫四合
幫			韠補鼎				壁北激[18]	
滂	塀普丁		頩匹迴				霹普激	
並	瓶薄經		竮萍迴				甓扶歷	
明	冥莫經		茗莫迴		瞑莫定		覓莫歷	
端	丁當經		頂丁挺		矴丁定		的都歷	
透	汀他丁		珽他鼎		聽他定		逖他歷	
定	庭特丁		挺徒鼎		定特徑[17]		荻徒歷	
泥	寧奴丁		顊乃挺		甯乃定		惄奴歷	
來	靈郎丁		等力鼎		零力徑		靂閭激	
知								
徹								
澄								
精							績則歷	
清	青倉經				艵千定		戚倉歷	
從			汫徂醒[16]				寂昨歷	
心	星桑經		醒蘇挺		腥息定		錫先擊	
邪								
莊								
初								
崇								
生								
俟								
章								
昌								
船								
書								
常								
日								
見	經古靈	扃古螢	剄古挺	泂古鼎	徑古定		激古歷	郹古闃
溪			謦去挺	褧口迴	磬苦定		燉去激	闃苦鶂
羣								
疑			脛五冷				鷁五歷	
曉	馨呼形						欶許狄	
匣	形戶經	熒胡丁	婞下娗	迥戶鼎	脛戶定	熒胡定	檄胡狄[19]	
影				濙烏迴		鎣烏定		
羊	鯖於形							

梗攝附注

1. 庚韵最後一個小韵："賡，古行反。"敦煌本，項跋本，切三並無，廣韵併入庚小韵。

2. "所"原作"生"，項跋本無此小韵，唐韵"所敬反"，廣韵"所敬切"。

3. "孟"原作"勁"，據項跋本，唐韵改。廣韵"鞕"在靜韵，"五爭切"，亦誤。

4. "居"字不甚清楚，韵目"居命反"，項跋本"居命反"，唐韵，廣韵並"居慶反（切）"。

5. 陌韵最後一個小韵："搦，尼白反。"項跋本，唐韵，廣韵並歸入"蹃"小韵。

6. "陟"原作"防"，敦煌本同，據項跋本，唐韵，廣韵改。

7. 麥韵末了："碧，陂隔反，淺翠，一。搏，皮碧反，猼，二。甓，小[兒]嬾。""碧"字切三，唐韵，廣韵並在昔韵。切三："碧，□□反，新加。"唐韵："碧，……方彳反，一，加。"廣韵"彼役切"。項跋本在格（陌）韵，"逋逆反"。"搏"字唐韵，廣韵並在陌韵，"弼戟反（切）"，項跋本，切三並無。今並移入陌韵。甓字據廣韵，集韵，尼戹切，仍在麥韵。

8. 項跋本，切三，唐韵無，廣韵歸入嘖小韵，集韵"雺白切"，自成一小韵。

9. 宋跋本反語模胡，據項跋本，切三，廣韵。

10. "幸"原作"杏"，據本書韵目，切三，廣韵改。

*. 掌丑迸，唐韵，項跋本，他孟反。①

11. 宋跋本反語模胡，據敦煌本，項跋本，切三，唐韵，廣韵。參看注7。

12. 宋跋本反語模胡，據敦煌本，切三，唐韵，廣韵（項跋本蒲作蒱）。參看注7。

13. "惻"原作"側"，項跋本同，據敦煌本改。

14. "賾，士革反"小韵有"莋，如草反昨亦反。"敦煌本作"莋，茹草，又財亦反。"當作"莋，茹草，又昨亦反。"昔韵"籍，秦昔反"小韵有"莋，茹草。""昨亦反"，"財亦反"，"秦昔反"音相同。

15. 原作"食夜反"，敦煌本，項跋本，切三，唐韵，廣韵並作"食亦反（切）"，又"食夜反（切）"。

16. "醒"原作"醒"，據切三，廣韵改。

17. "特"原作"持"，據敦煌本，項跋本改，唐韵，廣韵作"徒"。

18. 原屬甓小韵，注云："又北激反，壘壁。"又字衍，據敦煌本，項跋本，切三，唐韵，廣韵刪。

19. 錫韵最後一個小韵："覤，胡狄反。"敦煌本同，項跋本，切三，唐韵並無，廣韵併入檄小韵。

---

① "他孟反"反切類隔，且在敬（映）韵。——編者

曾攝單字音表（一）

	蒸丑開	拯丑開	證丑開	職丑開	職丑合
幫 滂 並 明	冰筆陵 憑扶冰		凭皮孕 [2]	逼彼側 堛芳逼 愎皮逼	
端 透 定 泥 來	陵六應 *		餕里甑	匿女力 力良直	
知 徹 澄	徵陟陵 僜丑升 澄直陵		覴丑證 眙丈證	陟竹力 勅褚力 直除力	
精 清 從 心 邪	繒疾陵		甑子孕	卽子力 聖秦力 息相卽	
莊 初 崇 生 俟	殊山矜			稄阻力 [3] 測惻力 *** 崱士力 色所力	
章 昌 船 書 常	蒸諸膺 稱處陵 繩食陵 升識承 承署陵	拯 [1]	證諸膺 稱尺證 乘實證 勝詩證 丞時證	職之翼 食乘力 識商軄 寔常軄	
日	仍如承		認而證		
見 溪 羣 疑 曉 匣 影 羊	兢居陵 硱綺兢 殑其矜 凝魚陵 興虛陵 膺於陵 ** 蠅余陵		興許應 膺於證 孕以證	殛紀力 勀丘力 極渠力 嶷魚力 皕許力 憶於力 [4] 弋與軄	洫況逼 域榮逼 [5]

曾攝單字音表（二）

	登一開	登一合	等一開	嶝一開	德一開	德一合
幫	崩北騰			絣方鄧	北波墨	
滂			佣普等			
並	朋步崩			佣父鄧[7]	蔔傍北	
明	瞢武登			懜武亙	墨莫北	
端	登都滕		等多肯	嶝都鄧	德多特	
透	鼟他登				忒他則	
定	滕徒登			鄧徒亙	特徒德	
泥	能奴登				能乃北	
來	棱盧登[****]			倰魯鄧[8]	勒盧德	
知						
徹						
澄						
精	增作滕[6]			增子蹭	則卽勒	
清				蹭七贈		
從	層昨稜			贈昨亙	賊昨則	
心	僧蘇曾			竲思贈	塞蘇則	
邪						
莊						
初						
崇						
生						
俟						
章						
昌						
船						
書						
常						
日						
見	揯古恒	肱古弘		亙古嶝		國古或
溪			肯苦等		刻苦德	
羣						
疑						
曉		薨呼弘			黑呼德	
匣	恒胡登	弘胡肱				或胡國
影					餀愛墨	
羊						

曾攝附注

*．陵六應，切三，敦煌本，項跋本，廣韵並力膺。[1]

**．宋跋本"膺，於陵反"，小韵作"膺，於陵反。䔡，亦作膺，四。鷹，鳥名。蟪寒蟬"，脫一"應"字，切三、敦煌本、項跋本、廣韵"膺，於陵反（切）"小韵都是四個字，都有"應"字，注云"當"。唐韵證韵"膺，以言對，於證反，又音應"。

1．原注："無反語，取蒸之上聲。"

2．"皮"原作"火"，據敦煌本，唐韵，廣韵改。

3．宋跋本漫漶，據項跋本，廣韵補。

***．測愴力，項跋本，唐韵，廣韵並初力。[2]

4．"抑，於棘反。"項跋本同，廣韵併入"憶，於力切"小韵。

5．宋跋本反切下字漫漶，據項跋本，唐韵，廣韵補。

****．棱慮登，切三，敦煌本，盧登。廣韵魯登。[3]

6．"作"字宋跋本是"昨"字，敦煌本是"在"字，據切三，廣韵改。

7．宋跋本反切上字不清楚，好像是"父"字，據敦煌本，項跋本，廣韵識爲"父"字。

8．宋跋本作"僜，魯鄧反，倰癑，二。殘，殘鄧，馬牛卒死。"敦煌本作"僜，魯鄧反，僜蹬，二。殘，殘蹬，馬牛卒死。"項跋本作"僜，魯鄧反，僜蹬，一。唐韵作'僜，僜蹬，行皃，魚鄧反，二。殘，殘蹬。"廣韵"鄧，徒亙切"小韵有："蹬，蹭蹬。僜，倰僜，不著事。"又"魯鄧切"小韵作"倰，倰蹬，行皃，魯鄧切，二。殘，殘蹬。"今據廣韵。

---

[1] 用"六"作反切上字，《王三》僅此一例。——編者

[2] 用"愴"作反切上字，《王三》僅此一例。——編者

[3] 《王三》小韵首字是"㮇"，注曰："㮇，慮登反，方木，或作棱。"㮇"是"楞"的形訛，"楞"字與"㮇"字的異體"榬"易訛混（曼㫄異體），故字表取"或作"字形。此小韵切三韵一歸一等韵，但本書第44節沒有"反切上字三等、反切下字一等，被切字一等"的類型，蓋依《切三》等"盧登反"。——編者

流攝單字音表（一）

	尤丑	有丑	宥丑	侯一	厚一	候一
幫	不甫鳩	缶方久	富府副		掊方垢	
滂	飆匹尤	恆芳酒	副敷救		剖普厚	仆匹豆
並	浮縛謀	婦房久	復扶富	裒蒲溝	部蒲口	踣蒲候
明	謀莫浮[1]				母莫厚	茂莫候
端				兜當侯	斗當口	鬭丁豆
透				偷託侯	麩他后	透他候
定				頭度侯	黈徒口	豆徒候
泥		紐女久	糅女究	羺奴溝	穀乃口	耨奴豆[7]
來	劉力求	柳力久	溜力救	樓落侯	塿盧斗	陋盧候
知	輈張流	肘陟柳	晝陟救			
徹	抽勑周	丑勑久	畜丑救[4]			
澄	儔直由	紂直柳	胄直祐			
精	遒卽由	酒子酉	僦卽救	緅子侯[①]	走作口	奏則候
清	秋七游			謰千侯[5]	取倉垢	輳倉候
從	酋字秋	湫在久	就疾僦	棷徂鉤		瘷昨候
心	脩息流	滫息有	秀息救	涑速侯[6]	藪蘇后	瘶蘇豆
邪	囚似由		岫似祐			
莊	鄒側鳩	掫側久	皺側救			
初	搊楚尤		簉初救			
崇	愁士求		驟鋤祐		鯫士垢	
生	搜所鳩	溲疎有	瘦所救			
俟						
章	周職流	帚之久	呪職救			
昌	犨赤周	醜處久	臭尺救			
船						
書	收式州	首書久	狩舒救			
常	讎市流	受植酉	授承秀			
日	柔耳由	蹂人久	輮人又			
見	鳩居求[2]	久舉有	救久祐	鉤古侯	苟古厚	遘古候
溪	丘去求[3] 惆去愁[3]	糗去久		彄恪侯	口苦厚	寇苦候
羣	裘巨鳩	舅強久	舊巨救			
疑	牛語求		齵牛救	齵五侯	藕五口	偶五遘
曉	休許尤	朽許久	齅許救	齁呼侯	吼呼后	蔻呼候
匣	尤羽求	有云久	宥尤救	侯胡溝	厚胡口	候胡遘
影	憂於求	颱於柳		謳烏侯	歐烏口	漚於候
羊	猷以周	酉与久	狖余救			

---

① 宋跋本作"緅子侯"，"緅"即"緅"，原書誤印爲"緅子侯"，今正。——編者

流攝單字音表（二）

	幽丑	黝丑	幼丑
幫滂並明	彪甫休		
	滮扶彪		
	繆武彪		謬靡幼
端透定泥來	鏐力幽		
知徹澄			
精清從心邪	稵子幽 [5]	愀茲糾	
莊初崇生俟	慘山幽		
章昌船書常			
日			
見溪羣疑曉匣影羊	樛居蚪 [3]	糾居黝	
			蹋丘幼
	虬渠幽	蟉渠糾	赳渠幼
	聱語蚪		
	鱷香幽 [8] 休許彪 [8]		
	幽於蚪	黝於糾	幼伊謬

流攝附注

1. 敦煌本，項跋本，廣韵同，切三"莫侯反"，亦在尤韵。

2. 宋跋本："鳩，居求反，鴿，四。𪆻，𨿢取。丩，糾繚。芁，草相繚。𠢧，居虯反，大力，四。艽，秦艽，藥，或作𦼖，居由反。杁，亦樛，木下垂。疛，腹中急病。"敦煌本"居求反"下有"勼，聚"，沒有"芁"，其餘大致相同。項跋本，切三，廣韵均通爲一小韵。項跋本作："鳩，九求反，五。艽，秦艽，藥，亦𦼖，又居由反。勼，聚。𪆻，𨿢取。𠢧，大力。"切三作："鳩，居求反，三。艽，秦艽，藥，或作𦼖，居由反。𠢧，大力。""𦼖"又見幽韵，居虯反。

3. 切三，敦煌本，項跋本並同，廣韵"丘，去鳩切"，"𠁥，去秋切"。"廣韵重紐試釋"葉17（前歷史語言研究所集刊第十三本，1948）以爲𠁥字當移入幽韵溪母。

4. 原作"許救反"，敦煌本同，"許救反"一讀已見"齅，許救反"小韵，此據項跋本，切三，廣韵。

5. "譴"原是幽韵最後一個小韵，項跋本同，切三無此字，廣韵在侯韵，"千侯切"。

6. "速"原作"束"，據敦煌本，項跋本，切三，廣韵改。

7. "奴"原作"如"，據敦煌本，項跋本，廣韵改。

8. 切三，項跋本同。"休"字切三作"体"，項跋本仍作"休"。宋跋本幽韵"休"小韵注云"加火失"。廣韵幽韵"飍，烋"同一小韵，"香幽切"。宋跋本尤韵休小韵注云："許尤反，正，俗作加點作体，謬。"敦煌本尤韵休小韵注云："許尤反，止，俗作加點作体，謬。"項跋本尤韵休小韵注云："許尤反，無點。"

深攝單字音表

	侵A	侵B	寢A	寢B	沁A	沁B	緝A	緝B
幫滂並明				稟筆錦 品披飲				鵁房及[6]
端透定泥來	誑女心[1] 林力尋		抌尼甚[2] 廩力稔		賃乃禁 臨力浸		㘝女縶 立力急	
知徹澄	碪知林 琛丑林 沉除深		戡竹甚 踸褚甚 朕直稔		椹陟鴆 闖丑禁[5] 鴆直妊		縶陟立 湁丑立 蟄直立	
精清從心邪	祲姊心 侵七林 鱘昨淫 心息林 尋徐林		醂子甚 寢七稔 蕈慈錦 磣斯稟		祲作鴆 沁七鴆		喋姊入 緝七入 集秦入 皺先立 習似入	
莊初崇生俟	簪側岑 參楚今 岑鋤金 森所今		墋初朕 願仕瘆[3] 痒疎錦		譖側禁 讖楚譖 滲所禁[5]		戢阻立 偪初戢[6] 澀色立	
章昌船書常	斟職深 覘充針 深式針 諶氏林		枕之稔 瀋尺甚 椹食稔 沈式稔 甚植枕[4]		枕職鴆		執之入 褶神執 溼失入 十是執	
日	任如林		荏如甚		妊汝鴆		入尔執	
見溪羣疑曉匣		金居音 欽去音 琴渠金 吟魚音 廞許金		錦居飲 坅丘甚[3] 噤渠飲 僸牛錦 歆義錦		禁居蔭 妗巨禁 吟宜禁		急居立 泣去急 及其立 岌魚及 吸許及 煜爲立
影羊	愔於淫 淫餘針	音於吟		飲於錦		蔭於禁	挹伊入	邑英及

深攝附注

1. "繡，乃心反。"項跋本無，廣韵歸入"詆，女心切"小韵。

2. "尼"原作"居"，據敦煌本，切三，廣韵改。

3. 寑韵最後一個小韵："顑，卿飲反。"敦煌本無。切三無"顑，顩"二字。廣韵"顩，
   鈐（巾箱本，泰定本並作欽）錦切"，"顑，士痒切"。

4. "植"原作"食"，據敦煌本，切三，廣韵改。

5. 原書反語模胡，據敦煌本，項跋本，唐韵，廣韵。

6. 宋跋本緝韵末了："䲶，房及反，四。偪，鬼廁黠。屆，屆尿。褔，重緣。"項跋本，切
   三緝韵都沒有這些字。唐韵緝韵只有"屆，屆尿，初戢反，一，加。"廣韵緝韵："䲹䲹
   䲶，亦鵖，皮及切，一。䲶，彼及切，二。皀，穀香也。屆，屆尿，初戢切，四。埔，埔塭重累土也。
   褔，重緣。㣙，行皃。"集韵"屆，測入切"小韵還有"偪，偪傗，小人皃，一曰，黠皃"。
   "偪，屆，褔"三字當據唐韵，廣韵，集韵作"初戢反"。宋跋本䲶字並母，䲹字幫母。
   （宋跋本緝韵本身沒有幫母字，葉韵"极，其輒反"小韵有"䲹，䲹䲶，鳥，又比及反"，
   "比及反"是緝韵幫母字。）廣韵䲹字並母，䲶字幫母。兩本書正好相反。

咸攝單字音表（一）

	覃一	感一	勘一	合一	談一	敢一	闞一	盍一
幫								
滂								
並								
明					姏武酣	姏謨敢		
端	躭丁含	黕都感	馱丁紺	荅都合	擔都甘	膽都敢	擔都濫	皺都盍
透	貪他含	襑他感	僋他紺	錔他閤	舑他酣	菼吐敢	賧吐濫	榻吐盍 [6]
定	覃徒南	禫徒感	醰徒紺	沓徒合	談徒甘	噉徒敢	憛徒濫	蹋徒盍
泥	南那含	腩奴感	妠奴紺	納奴荅				
來	婪盧含	壈盧感	儖郎紺	拉盧荅	藍盧甘	覽盧敢	濫盧瞰	臘盧盍
知								
徹								
澄								
精	簪作含	昝子感	熸祖紺	帀子荅	蹔作三 [3]	拃子敢		
清	參倉含	慘七感	謲七紺	趈七合	筶倉甘 [4]	黲倉敢		囃倉臘 [7]
從	蠶昨含	歜徂感		雜徂合	慙昨甘	槧才敢	暫慙濫	蚕才盍
心	毿蘇含	糝素感	俕蘇紺	趿蘇荅 [2]	三蘇甘			偘私盍
邪								
莊								
初								
崇								
生								
俟								
章								
昌								
船								
書								
常								
日								
見	弇古南	感古禫	紺古暗	閤古沓	甘古三	敢古覽	餡公暫	頜古盍
溪	龕口含	坎苦感	勘苦紺	溘口荅	坩苦甘		闞苦濫	榼苦盍
羣								
疑	俒五含	頷五感	儑五紺	腌五合				儑五盍
曉	㟏火含	顣呼感	顑呼紺	欱呼合	蚶火談	㖤呼覽 [5]	谽呼濫	歃呼盍
匣	含胡南	頷胡感	憾下紺 [1]	合胡閤	酣胡甘		憨下瞰	盍胡臘
影	諳烏含	晻烏感	暗烏紺	姶烏合		埯安敢		鰪安盍
羊								

咸攝單字音表（二）

	鹽A	鹽B	琰A	琰B	豔A	豔B	葉A	葉B
幫滂並明		砭府廉		貶方冉		窆方驗		
端透定泥來（泥）	黏女廉						敜尼輒	
（來）	廉力鹽		斂力冉		殮力驗		獵良涉	
知徹澄（知）	霑張廉						輒陟涉	
（徹）	覘丑廉		諂丑琰		覘丑厭		鍤丑輒	
（澄）							牒直輒	
精清從心邪（精）	尖子廉		繜子冉		囐子豔		接紫葉	
（清）	籤七廉		憸七漸		壍七贍		妾七接	
（從）	潛昨鹽		漸自冉				捷疾葉	
（心）	銛息廉							
（邪）	燖徐廉							
莊初崇生俟							萐山輒	
章昌船書常（章）	詹職廉				占支豔		讋之涉	
（昌）	襜處詹				韂充豔		謵叱涉	
（書）	苫失廉		陝失冉		閃式贍		攝書涉	
（常）	棎視詹				贍市豔		涉時攝	
日	髯汝鹽		冉而琰		染而贍		讘而涉	
見溪羣疑曉匣影羊（見）				檢居儼				綊居輒
（溪）		憸丘廉		預丘檢 [8]				㾕去涉
（羣）		箝巨淹		儉巨險				极其輒
（疑）		鰜語廉		儼魚檢		驗語窆		
（曉）				險虛檢				
（匣）		炎于廉						嘩筠輒
（影）	厭於鹽	淹英廉	黶於琰	奄應儉	厭於豔	愔於驗	厭於葉	敢於輒
（羊）	鹽余廉		琰以冉		豔以贍		葉与涉	

咸攝單字音表（三）

	添四	忝四	㮇四	怗四
幫				
滂				
並				
明		㛵明忝		
端	髟丁兼 [9]	點多忝	店都念	聑丁篋
透	添他兼	忝他點	㮇他念	怗他協
定	甜徒兼	簟徒玷 [10]	磹徒念	牒徒協
泥	鮎奴兼	淰乃簟	念奴店	鯰奴協
來	㡾勒兼	稴盧忝	稴力店	甋盧協
知				
徹				
澄				
精			僭子念	浹子協
清				
從			暫漸念	蕹在協
心			礦先念	燮蘇協
邪				
莊				
初				
崇				
生				
俟				
章				
昌				
船				
書				
常				
日				
見	兼古甜	孂居點	趝紀念 [11] 兼古念 [11]	頰古協
溪	謙苦兼	嗛苦簟	傔苦僭	愜苦協
羣				
疑				
曉	馦許兼			弽呼協
匣	嫌戶兼	鼸下忝		協胡頰
影			㞕於念	擪於協
羊				

咸攝單字音表（四）

	咸二	豏二	陷二	洽二	銜二	檻二	鑑二	狎二
幫滂並明							埑蒲鑑	
端透定泥來	諵女咸	湛徒減 図女減 臉力減	跕都陷 諵㑯賺	図女洽				
知徹澄	詀竹咸	個丑減	賺佇陷	剳竹洽				渫丈甲
精清從心邪							覽子鑑	
莊初崇生俟	攙士咸 攕所咸	斬阻減[12] 臘初減 瀺士減 摻所斬	蘸責陷 讒士陷	眨阻洽 插楚洽 䇲士洽 霎山洽	攙楚銜 巉鋤銜 衫所銜	酸初檻 巉士檻 掔山檻	懺楚鑑 鑱士懺 釤所鑑	䶩初甲 渫士甲 霎所甲
章昌船書常								
日								
見溪羣疑曉匣影羊	緘古咸 鵮苦咸 喦五咸 歁許咸 咸胡讒 猎乙咸	鹻古斬 𡰪苦減 闞火斬[13] 豏下斬	鮯公陷 歉口陷 闞火陷 陷戶韽 韽於陷	夾古洽 恰苦洽 船呼洽 洽侯夾 姶烏洽	監古銜 嵌口銜[14] 巖五銜 銜戶監	㺁荒檻[15] 檻胡黤 黤於檻	鑑格懺 儳許鑑 豔胡懺	甲古狎 呷呼甲 狎胡甲 鴨烏狎

咸攝單字音表（五）

	嚴子	凡子	广子	范子	嚴子	梵子	業子	乏子
幫滂並明		芝匹凡 凡符芝		范苻凵 娐明范		泛敷梵 梵扶泛 菱妄泛		法方乏 乏房法
端透定泥來								
知徹澄								
精清從心邪								
莊初崇生俟								
章昌船書常								
日								
見溪羣疑曉匣影羊	欤丘嚴		欤丘广 [16]	凵丘范 [16]		劍舉欠 [19] 欠去劍 [19]	劫居怯 怯去劫 [16]	猲起法 [16]
	嚴語韛 韛虛嚴		广虞掩 險希掩		嚴魚淹 [18]		業魚怯 脅虛業	
	醃於嚴		掩應广 [17]			俺於劍 [19]	腌於業	

咸攝附注

1. 原作"又下紺反"，據敦煌本，項跋本，唐韵，廣韵刪"又"字。

2. 原作"又蘇荅反"，據項跋本，切三，廣韵刪"又"字。

3. "作"字宋跋本是"昨"字，據項跋本，切三改。

4. 倉原作食，據敦煌本，項跋本改。

5. 呼原作工，項跋本同，據廣韵改，惟廣韵"噷"作"喊"。

6. 宋跋本另有"傷，吐盇反"小韵。項跋本，切三，唐韵，廣韵並屬"楊，吐盇反（切）"小韵。

7. "倉"原作"食"，據敦煌本，廣韵改。

8. 琰韵最後一個小韵："陝，苦斂反。"敦煌本，項跋本並同，廣韵"謙琰切"，切三無。

9. 本小韵原作："舌，丁廉反。"切三同，"廉"在鹽韵，當從項跋本，廣韵作"兼"。

10. "玷"原作"坫"，今據敦煌本，項跋本，切三，廣韵。

11. 敦煌本，項跋本，唐韵，廣韵並同，集韵併爲一個小韵，"吉念切"。

12. 宋跋本用"斬"爲反切下字，卻無此小韵，據敦煌本，項跋本，切三補。

13. 宋跋本："闞，火斬反，[虎聲，又]火檻，苦覽二反。"方括弧中字據敦煌本，項跋本，切三校補。廣韵："闞，虎聲，火斬切，又苦暫切。"宋跋本另有"喊，子減反，聲"小韵，敦煌本，項跋本同，切三無，廣韵"呼鎌切"。

14. 咸韵最後一個小韵："鵮，苦咸反，……一。"其後有嵌字，無反切注解，今據項跋本，廣韵移此。項跋本："又口銜反"，又字衍，廣韵"口銜切"。

15. "荒"原作"莫"，據敦煌本，項跋本，切三，廣韵改。

16. 參看下文§ 81 葉 131—132。

17. "應"原作"虞"，敦煌本同，據項跋本改，廣韵作於。

18. 正文無，去聲韵目云："五十六嚴，魚淹反。陸無此韵目，失。"

19. "劍，欠，俺"三個小韵項跋本都在[去聲]嚴韵。

二 韵母的分類

21 切韵和廣韵的韵目

王仁昫刊謬補缺切韵共有一百九十五韵，今依宋跋本排列如下表。表上同一橫行的韵平上去入四聲相承。

平聲	上聲	去聲	入聲
一 東	一 董	一 送	一 屋
二 冬		二 宋	二 沃
三 鍾	二 腫	三 用	三 燭
四 江	三 講	四 絳①	四 覺
五 支	四 紙	五 寘	
六 脂	五 旨	六 至	
七 之	六 止	七 志	
八 微	七 尾	八 未	
九 魚	八 語	九 御	
十 虞	九 麌	十 遇	
十一 模	十 姥	十一 暮	
		十二 泰	
十二 齊	十一 薺	十三 霽	
		十四 祭	
十三 佳	十二 蟹	十五 卦	
十四 皆	十三 駭	十六 怪	
		十七 夬	
十五 灰	十四 賄	十八 隊	
十六 咍	十五 海	十九 代	
		二十 廢	
十七 眞	十六 軫	二十一 震	五 質

---

① 韵目作"降"，正文作"絳"。

平聲	上聲	去聲	入聲
十八臻			七櫛
十九文	十七吻	二十二問	六物
二十殷	十八隱	二十三焮	八迄
二十一元	十九阮	二十四願	九月
二十二魂	二十混	二十五慁	十沒
二十三痕	二十一佷	二十六恨	
二十四寒	二十二旱	二十七翰	十一末
二十五刪	二十三潸①	二十八諫	十三鎋
二十六山	二十四產①	二十九襉	十二黠
二十七先	二十五銑	三十霰	十四屑
二十八仙	二十六獮	三十一線	十五薛
二十九蕭	二十七篠	三十二嘯	
三十宵②	二十八小	三十三笑	
三十一肴	二十九巧	三十四效③	
三十二豪	三十晧	三十五号	
三十三歌④	三十一哿	三十六箇	
三十四麻	三十二馬	三十七禡	
三十五覃	三十三感	三十八勘	二十合
三十六談	三十四敢	三十九闞	二十一盍
三十七陽	三十五養	四十漾	二十七藥
三十八唐	三十六蕩⑤	四十一宕	二十八鐸
三十九庚	三十七梗	四十二敬	十九陌
四十耕	三十八耿	四十三諍	十八麥
四十一清	三十九靜	四十四勁	十七昔
四十二青	四十迥	四十五徑	十六錫
四十三尤	四十一有	四十六宥	
四十四侯	四十二厚	四十七候	

---

① 韵目作"二十三產，數板反"，"二十四潸，所簡反"，鈔寫錯誤，當從正文作"二十三潸，數板反"，"二十四產，所簡反"。
② 韵目作"霄"，正文作"宵"。   ③ 韵目作"効"，正文作"效"，注云"亦作効"。
④ 韵目作"歌"，正文作"哥"，注云"俗作歌"。   ⑤ 韵目作"蕩"，正文作"蕩"。

平聲	上聲	去聲	入聲
四十五幽	四十三黝	四十八幼	
四十六侵	四十四寑	四十九沁	二十六緝
四十七鹽	四十五琰	五 十 豔	二十四葉
四十八添	四十六忝	五十一㮇	二十五怗
四十九蒸	四十七拯	五十二證	二十九職①
五 十 登	四十八等	五十三嶝	三 十 德
五十一咸	四十九豏	五十四陷	三十二洽
五十二銜	五 十 檻	五十五鑑	二十三狎
五十三嚴	五十一广	五十六嚴②	三十一業
五十四凡	五十二范	五十七梵②	三十二乏

宋跋本王仁昫刊謬補缺切韵上聲韵目：

  五十一广虞掩反，陸無韵目，失。

又去聲韵目：

  五十六嚴魚淹反，陸無此韵目，失。

從這兩條可以知道，陸法言切韵比王仁昫刊謬補缺切韵少兩韵，一共一百九十三韵。王仁昫切韵中有十一韵廣韵各分成兩韵，所以廣韵一共有二百零六韵。現在把王仁昫切韵韵目和廣韵韵目分合不同處列表對照如下：

平聲		上聲		去聲		入聲	
王韵	廣韵	王韵	廣韵	王韵	廣韵	王韵	廣韵
眞	眞諄	軫	軫準	震	震稕	質	質術
寒	寒桓	旱	旱緩	翰	翰換	末	曷末
歌	歌戈	哿	哿果	箇	箇過		

---

① 韵目作"職"，正文作"軄"。

② 去聲韵目"五十五鑑"下是"五十六嚴"，注云："魚掩反，陸無此韵目，失。""五十六嚴"下是"五十七梵"。去聲正文"五十五鑑"下是"五十六梵"，沒有"嚴"韵。

22 各類韵母在韵圖裏的位置

切韵（或廣韵）的一個韵，不一定就是一個韵母。有的一韵一個韵母，如江韵。有的一韵兩個韵母，如東韵，唐韵。有的一韵三個韵母，如麻韵。有的一韵四個韵母，如庚韵。

在討論韵母分類之前，我們先列出等韵列圖的方式。韵鏡和通志七音略列圖方式如下：

	半齒音	半舌音	喉音	齒音	牙音	舌音	脣音
一等		來	匣曉影	心從清精	疑 溪見	泥定透端	明並滂幫
二等		來	匣曉影	禪審牀穿照	疑 溪見	孃澄徹知	明並滂幫
三等	日	來	喻 曉影	禪審牀穿照	疑羣溪見	孃澄徹知	明並滂幫 微奉敷非
四等		來	喻匣曉影	邪心從清精	疑羣溪見	泥定透端	明並滂幫

每一個字，看他在韵圖裏佔的位置，決定他是三十六字母的哪一母，決定他是一等，二等，三等，還是四等。

切韵的反切，幫滂並明和非敷奉微不分，我們把他併成幫滂並明。切韵也不分泥孃，我們把他併成泥母。照穿牀審禪五母各分成兩類，等韵列二等的是莊初崇生俟，等韵列三等的是章昌船書常。喻母分成喻三和喻四兩類：切韵匣和喻三（＝云＝于）互補，我們把喻三併入匣母；喻四改稱羊。上圖的三十六字母經過這幾項改動，就得到下圖。

來	匣曉影	心從清精	疑 溪見	泥定透端	明並滂幫
來	匣曉影	俟生崇初莊	疑 溪見	泥澄徹知	明並滂幫
日來	匣 曉影	常書船昌章	疑羣溪見	泥澄徹知	明並滂幫
來	羊匣曉影	邪心從清精	疑羣溪見	泥定透端	明並滂幫

請注意，我們只更改名目，沒有更動位置。底下圖一至圖六，聲母都是這樣寫的。

切韵的韵母可以根據聲韵配合情形分成六類。

第一類韵母最多有十九個聲母："幫，滂，並，明；端，透，定，泥；見，溪，疑；精，清，從，心；影，曉，匣；來"。這一類韵母在韵圖裏佔的位置如圖一。

圖　一

來	匣曉影	心從清精	疑　溪見	泥定透端	明並滂幫

這一類韵母所屬字在韵圖裏完全列在一等，可以叫作一等韵。一等韵詳目見葉80—81 §23 韵類表。

第二類韵母最多有十九個聲母："幫，滂，並，明；知，徹，澄，泥；見，溪，疑；莊，初，崇，生；影，曉，匣；來"。這一類韵母在韵圖裏佔的位置如圖二。

圖　二

來	匣曉影	生崇初莊	疑　溪見	泥澄徹知	明並滂幫

這一類韵母所屬字在韵圖裏完全列在二等，可以叫作二等韵。二等韵詳目見葉80—81 §23 韵類表。

第三類韵母最多有十一個聲母："幫，滂，並，明；見，溪，羣，疑；影，曉，匣（＝喻三＝云＝于）"。這一類韵母在韵圖裏佔的位置如圖三。

圖　三

	匣　曉影		疑羣溪見		明並滂幫

這一類韵母所屬字在韵圖裏完全列在三等，我們管他叫子類韵。子類韵詳目見葉80—81 §23 韵類表。

第四類韵母最多有三十三個聲母："幫，滂，並，明；知，徹，澄，泥；見，溪，羣，疑；莊，初，崇，生，俟；章，昌，船，書，常；精，清，從，心，邪；影，曉，匣（＝喻三＝云＝于），羊；來，日"。這一類韵母在韵圖裏佔的位置如圖四。

圖　四

日來	匣　曉影	俟生崇初莊	疑羣溪見	泥澄徹知	明並滂幫
		常書船昌章			
	羊	邪心從清精			

這一類韵母所屬字在韵圖裏，有二十二個聲母列在三等，有五個聲母列在二等，有六個聲母列在四等，我們管他叫丑類韵。丑類韵詳目見葉 80—81 § 23 韵類表。①

第五類韵母最多有四十二個聲母："幫，滂，並，明；見，溪，羣，疑；影，曉"各兩個，計二十個，"知，徹，澄，泥；莊，初，崇，生；章，昌，船，書，常；精，清，從，心，邪；匣（＝喻三＝云＝于），羊；來，日"各一個，計二十二個。這一類韵母在韵圖裏的位置如圖五上。

圖　五　上

日來	匣　曉影	生崇初莊	疑羣溪見	泥澄徹知	明並滂幫
		常書船昌章			
	羊　曉影	邪心從清精	疑羣溪見		明並滂幫

---

① 清韵在韵圖上佔的位置和下葉圖五下寅 A 類一樣，不過沒有莊（照二）組字，因爲清韵的脣牙喉音的字沒有重紐，就算是丑類。

等韵侯尤幽三韵同圖，幽韵全列四等，精生兩母字沒有位置可以安排，因爲位置已經給尤韵字佔了。敦煌掇瑣第一百種守溫韵學殘卷"四等重輕例"也把幽韵列在四等。"四等重輕例"的"平聲"如下表，"一，二，三，四"字樣是我們加的，錯字已經校正。

一	二	三	四	一	二	三	四
高古豪反	交肴	嬌宵	澆蕭	擔都甘反	鵦咸	霑鹽	敁添
觀古桓反	關刪	勬宣	涓先	丹多寒反	譠山	邅仙	顛先
樓落侯反		流尤	鏐幽	呣亡侯反		謀尤	繆幽
裒薄侯反		浮尤	淲幽	韝呼侯反		休尤	烋幽

可是幽韵反切上字跟子丑寅三類同性質，并且又有生母，所以我們把他算作丑類。"歌韵非一等字"，齊三等，海三等字數都很少。歌韵非一等字中有羊（喻四）母，齊三等只有常（禪三），日兩母字，海三等只有昌（穿三）母字。子類韵沒有昌，常，日，羊等母字，所以歌韵非一等字，齊三等，海三等都算成丑類韵。

這一類韵母所屬字在韵圖裏，有二十二個聲母在三等，四個聲母在二等，十六個聲母在四等，我們管他叫寅類韵。寅類韵詳目見葉 80—81 §23 韵類表。這一類韵就是所謂有重紐的韵，可以分成兩小類。A 類包括所有的舌齒音和韵圖放在四等的脣牙喉音，B 類包括韵圖放在三等的脣牙喉音，如圖五下。

圖　五　下

		AAAA			
AA	B　BB	AAAAA	BBBB	AAAA	BBBB
	A　AA	AAAAA	AAAA		AAAA

從圖五下可以看到，寅 B 類相當於子類，寅 A 類相當於丑類少俟匣（＝喻三＝云＝于）兩母，看下文葉 140—141 §84。

　　子類韵圖全列在三等，可以叫作三等韵。丑類和寅類韵圖分別列在二等，三等，四等，可以叫作"二三四等合韵"。通常爲方便起見，把子丑寅三類總起來叫三等韵。

　　第六類韵母最多有十九個聲母："幫，滂，並，明；端，透，定，泥；見，溪，疑；精，清，從，心；影，曉，匣；來"。這一類韵母在韵圖裏的位置如圖六。

圖　六

來	匣曉影	心從清精	疑　溪見	泥定透端	明並滂幫

這一類韵母所屬字在韵圖裏完全列在四等，可以叫作四等韵。四等韵詳目見葉 80—81 §23 韵類表。這裏的四等韵，不包括丑類和寅類韵圖列在四等的字。假定我們要說丑寅兩類列在四等的字，一定在上下文明白說出。高本漢不分第四類（丑類）第五類（寅類），管他叫α類，管第三類（子類）叫β類，管第六類（四等）叫γ類。

　　以上所說各類韵母聲韵配合的關係完全適用於獨韵。開合韵開合口對立限於非脣音聲母字，看下文葉 129—137 §81。四等合口韵限於見溪影曉匣五母，[①] 看下文葉 115。宕梗曾三攝合口韵限於見組聲母，看下文葉 132。聲韵配合有少數例外，看下文葉 90—92，144。

① 原文"四等合口韵限於見溪疑影曉匣六母"。實際四等合口限於見溪影曉匣，沒有疑母。作者發現此現象，旁批"疑"字，但未即改，似不確定。今校改。——編者

23　韵類表

攝	一等 平上去入	二等 平上去入	子類 平上去入	丑類 平上去入	寅類 平上去入	四等 平上去入
				開　　口		
止			微尾未	之止志	支紙寘 脂旨至	
蟹	泰 咍海代	夬 佳蟹卦 皆駭怪	廢	海 齊	祭	齊薺霽
臻	痕很恨沒		殷隱焮迄		眞軫震質 臻　櫛	
山	寒旱翰末	刪濟諫鎋 山產襉黠	元阮願月		仙獮線薛	先銑霰屑
果	歌哿箇			歌		
假		麻馬禡		麻馬禡		
宕	唐蕩宕鐸			陽養漾藥		
曾	登等嶝德			蒸拯證職		
梗		庚梗敬陌 耕耿諍麥	庚梗敬陌	清靜勁昔		青迥徑錫
				獨　　韵		
通	東董送屋 冬腫宋沃			東　送屋 鍾腫用燭		
江		江講絳覺				
遇	模姥暮			虞麌遇 魚語御		
效	豪晧号	肴巧效			宵小笑	蕭篠嘯
流	侯厚候			尤有宥 幽黝幼		
深					侵寢沁緝	
咸	談敢闞盍 覃感勘合	銜檻鑑狎 咸豏陷洽	嚴广嚴業 凡范梵乏		鹽琰豔葉	添忝㭁帖

一等	二等	子類	丑類	寅類	四等
平上去入	平上去入	平上去入	平上去入	平上去入	平上去入
合　口					
		微尾未		支紙寘 脂旨至	
泰 灰賄隊	夬 佳蟹卦 皆　怪	廢		祭	
					齊　霽
魂混慁沒		文吻問物		眞軫震質	
寒旱翰末	刪潸諫鎋 山　襇黠	元阮願月		仙獮線薛	先銑霰屑
歌哿箇			歌		
	麻馬禡				
唐蕩宕鐸			陽養漾藥		
登　德			職		
	庚梗敬陌 耕　諍麥	庚梗敬陌	清靜勁昔		青迥徑錫

附注　寅類支脂祭眞仙宵侵鹽八韵分 AB 兩類，表上省略未列。

A 是各部脣牙喉音聲母，等韵列在四等的字；跟其他聲母字。

B 是各部脣牙喉音聲母，等韵列在三等的字。

24 韵和韵母

韵的數目不一定影響韵母的數目。韵書中韵的數目增加，韵母的數目不一定增加。

切韵和廣韵，韵的數目不一樣，廣韵的韵數比切韵多，可是切韵和廣韵韵母的系統一樣，現在我們拿寒韵眞韵作例子來說明。

宋跋本王仁昫切韵平聲寒韵一共三十個小韵，現在我們把小韵的次序用阿拉伯數字表示出來，如下表：

幫	滂	並	明	端	透	定	泥	來	精	清	從	心	見	溪	疑	曉	匣	影
				15	25	18	27	23		22	24	28	17	20		29	1	16
				單	嘽	壇	難	蘭		餐	殘	珊	干	看		頇	寒	安
30	26	19	21	11	9	14		4	12		6	10	13	7	5	8	2	3
黀	潘	盤	瞞	端	湍	團		鑾	鑽		攢	酸	官	寬	岏	歡	桓	剜

看上表，第一個小韵是"寒"，"寒"是韵目，當然放在頭上。底下接着第二到第十四，一共十三個小韵都是合口。然後是其他開口字。脣音幫滂並明四母的字穿插在開口字中間。廣韵把切韵的寒韵分成寒桓兩韵，桓韵包括全部合口字及脣音聲母字。切韵是一個韵兩個韵母，廣韵是兩個韵兩個韵母，切韵廣韵韵的數目雖然不同，韵母的數目卻是一樣的。

宋跋本王仁昫切韵平聲眞韵是寅類韵，開合各分 AB 兩類，見上文葉 28。廣韵從眞韵分出諄韵，諄韵一共有十八個小韵，其中包括葉 28 列在"眞合 A"底下的十六個小韵，末了兩個小韵是：

趣，行也，渠人切，又去忍切，一。

矄，矄礴，大雷，普巾切，又布巾切，二。彪，虎文也，俗作彪。

廣韵的"渠人切"應當和王仁昫切韵"槿，巨巾反"同音。王仁昫切韵沒有和廣韵"普巾切"相當的小韵。這兩個小韵都是後增的。所以廣韵的諄韵就相當於我們的"眞合 A"。在這裏，廣韵雖然比切韵多出一個韵，韵母並沒有增加。

由此可見，要是不和韵裏頭所收的字的反切聯繫起來，單純靠韵部的分合，在音韵系統的考訂方面，是得不出什麼確定的結論的。

三 反切上字

31 一等韵的反切上字表

（博15＝15個小韵拿博做反切上字。波＝1個小韵拿波做反切上字。）

幫	博15	補4	布3	北2	波（一等25）	方3（丑類3）
滂	普17	滂2（一等19）	匹2	疋	芳（丑類寅類4）	
並	薄14	蒲12	步2	傍2	盆 裴 蒲（一等33）	扶 父（丑類2）
明	莫31	慕 謨（一等33）	武6	無 忘（丑類8）		
端	都24	多8	當6	德2	得2 冬（一等43）	丁13（四等13）
透	他38	吐9	託3	湯2（一等52）		
定	徒46	度3	杜3	陁2	唐 堂（一等56）	
泥	奴30	乃10	諾2	內 那（一等44）	年（四等1）	
來	盧27	落12	郎6	勒2	魯2 洛 路（一等51）	力2 慮（丑類3）
知						
徹						
澄						
精	作15	則9	祖2（一等26）	子16	卽2 借 姊 茲 將（丑類寅類22）	
清	倉19	麁2	采（一等22）	七17	此2（寅類19）	千4（四等4）
從	昨20	徂11	在10	才3	慙（一等45）	
心	蘇32	素5	送 速 桑（一等40）	思2	息2 私（丑類寅類5）	先4（四等4）
邪						
莊						
初						
崇	士（三等丑類1）					
生						
俟						
章						
昌						
船						
書						
常						
日						
見	古55	公2	各2	姑（一等60）		
溪	苦44	口5	康3	空2	枯2 恪（一等57）	
羣						
疑	五35	吾3	吳（一等39）	牛（丑類1）		
曉	呼35	虎4	火3	荒2	海 呵（一等46）	許2（丑類2）
匣	胡48	戶6	何2	痕 黃 韓（一等59）	下5（二等5）	
影	烏44	阿2	安2	愛 哀（一等50）	於4 一（丑類寅類5 "於"又讀一等）	
羊						

32 二等韵的反切上字表

幫	博9 北3 布3 補（一等16） 百 伯（二等2） 方2 甫2（丑類4）
滂	普11（一等11） 匹6 芳 撫（丑類寅類8）
並	蒲10 薄7 傍3 步2 蒲（一等23） 白（二等1） 扶2 防（丑類3）
明	莫24（一等24） 武5（丑類5）

端	都3 德（一等4） 卓（二等1） 丁5（四等5）
透	他1（一等1）
定	徒3 大（一等4）
泥	奴6 乃2 諾（一等9） 儜 妳（二等2） 女16 尼（丑類寅類17）
來	魯（一等1） 力2 呂2（丑類4）

知	陟6 竹5 張2 知 猪 中（丑類寅類16）
徹	丑9 勑2 褚（丑類12）
澄	直5 丈 除 佇（丑類8） 宅4 楲（二等5）

精	子（丑類1）
清	
從	昨（一等1）
心	蘇（一等1）
邪	

莊	側18 阻2 莊（丑類21） 責（二等1）
初	楚15 初12 惻2 測（丑類30） 叉2（二等2）
崇	士17 鋤5 仕2 助（丑類25）
生	所25 色 數（丑類27） 山4（二等4）
俟	

章
昌
船
書
常

日

見	古52 姑 孤 公（一等55） 加 格（二等2）
溪	苦19 口10 枯（一等30） 客4（二等4）
羣	
疑	五27 吾2 吳（一等30） 牛（丑類1）
曉	呼14 火6 虎2 荒 霍（一等24） 許13（丑類13）
匣	胡32 戶12 侯2 何（一等47） 下7 諧 鞵（二等9）
影	烏23（一等23） 於9 乙4 一2（丑類寅類15 "於"又讀一等）
羊	

33 子類韵的反切上字表

幫	補　逋（一等 2）　方 5　府 4　甫　彼（丑類寅類 11）　非　匪　分　兵（子類 4）
滂	芳 4　敷 3　匹 3　撫　孚（丑類寅類 12）　妃（子類 1）
並	蒲（一等 1）　符 6　扶 4　房 3　皮 2　符　附　浮（丑類寅類 18）
明	無 7　武 4　妄 2　眉（丑類寅類 14）　明（子類 1）
端 透 定 泥 來	
知 徹 澄	
精 清 從 心 邪	
莊 初 崇 生 俟	初（丑類 1）（葉 30　隱韵：齔，初謹反。看下文葉 144。）
章 昌 船 書 常	
日	
見	居 17　舉 5　几 2　俱　久（丑類寅類 26）
溪	去 9　丘 8　綺 2　區　起（丑類寅類 21）　氣（子類 1）
羣	渠 7　其 6　巨 2　衢　求　臼　奇（丑類寅類 19）
疑	魚 12　語 9　虞 2　牛　愚　宜（丑類寅類 26）
曉	許 17　虛 5　況 2　興（丑類 25）　希 2（子類 2）
匣	王 4　于 4　爲（丑類寅類 9）　韋 2　云 2　雲　榮　永（子類 7）
影	於 25　紆　乙　應（丑類寅類 28）　依　謁（子類 2）
羊	

34　丑類寅類韵的反切上字表

幫	補2（一等2）方16 府9 必6 卑6 甫5 彼4 筆2 鄙2 并 比 封（丑類寅類53）兵（子類1）
滂	匹12 敷10 芳7 撫3 披2 孚2 譬（丑類寅類37）
並	符13 房9 扶9 皮6 毗5 婢2 苻 便 防 馮 附 縛（丑類寅類50）平2（子類2）
明	莫4（一等4）武13 彌6 無5 靡3 亡3 眉2 美2 蜜（丑類寅類35）文2（子類2）

端	胝（寅類1）丁2（四等2）
透	他（一等1）
定	徒（一等1）
泥	乃（一等1）女19 尼5 娘（丑類寅類25）
來	力50 呂6 良4 李2 里 理 離 贏 六（丑類寅類67）

知	陟30 竹9 知6 張4 中2 追 智（丑類寅類53）
徹	丑39 勑12 褚3 絺（丑類寅類55）
澄	直48 丈3 持3 除3 池2（丑類寅類59）

精	作（一等1）子33 即15 姊5 將4 兹3 資3 紫2 觜 醉 遵（丑類寅類68）
清	七39 此3 取2 且 雌 親 翠 淺（丑類寅類49）千3（四等3）
從	昨5 才5 在4 徂2（一等16）疾17 慈4 秦4 字 自 匠 聚 情（丑類寅類30）
心	息29 相9 私7 思6 斯3 悉 雖 司 胥 辛 須（丑類寅類60）先2（四等2）
邪	似13 徐8 詳5 辝3 旬 隨 囚 詞 敘 寺（丑類寅類35）

莊	側17 阻3 莊（丑類21）
初	初12 楚10 測2 蒭 廁 愴（丑類27）
崇	士9 鋤8 仕3 助（丑類21）
生	山8（二等8）所19 疎7 色3 師（丑類寅類30）
俟	俟 漦（丑類2）

章	之33 職14 諸8 旨4 止4 支2 章2 𦙪 脂（丑類寅類69）（拯無反語，取蒸之上聲。）
昌	尺19 昌17 處7 充7 叱2 赤 車 杵（丑類寅類55）
船	食11 神7 繩 乘 實（丑類寅類21）
書	式23 書11 失5 識5 舒4 施3 詩2 傷2 始 商 矢（丑類寅類58）
常	市13 時9 常7 是6 視5 殊3 承3 植3 署3 丞 豎 樹 蜀 寔 氏 成（丑類寅類59）

日	而24 如18 人9 汝4 兒 儒 仍 日 耳 爾（丑類寅類61）

見	居54 舉5 俱2 九2 紀2 几2 詭 癸 軌 吉 駒 久 基（丑類寅類74）君（子類1）
溪	去35 丘12 墟4 驅2 區 起 羌 却 匡 窺 詰 傾 綺（丑類寅類62）氣（子類1）
羣	渠33 其16 巨12 奇2 强2 求2 暨2 葵 逵 狂 衢（丑類寅類73）
疑	魚23 語10 牛6 宜3 虞2 危（丑類寅類45）
曉	火（一等1）許38 虛7 香5 況3 羲3 興（丑類寅類57）希（子類1）
匣	下（二等1）于9 王5 羽4 爲4 洧2 尤 筠 雨 薳（丑類寅類28）榮3 云（子類4）
影	於63 伊3 乙2 紆2 憂 央 憶 應（丑類寅類74）英2（子類2）
羊	以23 余12 餘11 与8 羊7 弋2 夷2 與 移 營 翼（丑類寅類69）

35 四等韵的反切上字表

幫	博 2 補 2 布 北（一等 6）	方 3（丑類 3）	
滂	普 5（一等 5）	匹 3（寅類 3）	
並	薄 4 傍 蒲 蒱（一等 7）	扶（丑類 1）	萍（四等 1）
明	莫 10（一等 10）	明（子類 1）	亡（丑類 1）

端	都 8 多 3 當 2（一等 13）	丁 5（四等 5）	
透	他 15 吐 2 湯（一等 18）		
定	徒 13 特 3 堂 度（一等 18）		
泥	奴 13 乃 4（一等 17）		
來	盧 4 落 3 魯 路 勒 郎（一等 11）	力 4 闾（丑類 5）	練（四等 1）

知
徹
澄

精	則 2 作（一等 3）	子 6 卽（丑類 7）	
清	倉 4（一等 4）	七 2（寅類 2）	千 3（四等 3）
從	在 3 徂 3 昨 3（一等 9）	漸（寅類 1）	
心	蘇 9 桑 素（一等 11）	息（丑類 1）	先 4（四等 4）
邪			

莊
初
崇
生
俟

章
昌
船
書
常

日

見	古 25（一等 25）	居 紀（丑類 2）
溪	苦 17 口 2 康（一等 20）	去 2（丑類 2）
羣		
疑	五 9 吾（一等 10）	
曉	呼 10 虎 2 火 呵（一等 14）	許 4（丑類 4）
匣	胡 15 戶 6 黄（一等 22）	下 2（二等 2）
影	烏 10（一等 10）	於 8 一（丑類寅類 9 "於" 又讀一等）
羊		

36 反切上字系聯情形

陳澧切韵考卷一：

> 切語上字與所切之字爲雙聲，則切語上字同用者，互用者，遞用者，聲必同類也。同用者
> 如"冬，都宗切"，"當，都郎切"，同用"都"字也。互用者如"當，都郎切"，"都，
> 當孤切"，"都，當"二字互用也。遞用者如"冬，都宗切"，"都，當孤切"，"冬"
> 字用"都"字，"都"字用"當"字也。

我們現在就用這個辦法系聯反切上字。切韵考卷一又說：

> 切語上字既系聯爲同類矣，然有實同類而不能系聯者。

碰着這種情形，我們就看被切字出現的機會是互補的，還是有對立，再參照韵圖，來決定是否同類。

幫（23個反切上字，132個小韵。）

（1）北$^{波}_{墨}$波$^{博}_{何}$逋$^{博}_{孤}$補$^{博}_{古}$布$^{博}_{故}$伯$^{博}_{白}$百$^{博}_{各}$彼$^{補}_{靡}$兵$^{補}_{榮}$并$^{補}_{盈}$

> 宋跋本"碧，陂隔反"，今據項跋本作"逋逆反"。

北$^{波}_{墨}$表示：北，波墨反。伯百$^{博}_{白}$表示：伯百都是博白反。北波第十一個反切上字可以用"同用，互用，遞用"的手續系聯起來，所以是同一個聲類。並且，用它們做反切上字的小韵，也都同一聲類。以下同此，不另說明。

（2）必$^{比}_{蜜}$比$^{卑}_{履}$卑$^{府}_{移}$方$^{府}_{長}$分$^{府}_{文}$封$^{府}_{容}$甫$^{方}_{主}$鄙$^{方}_{美}$筆$^{鄙}_{密}$

（3）非$^{匪}_{肥}$匪$^{非}_{尾}$

用（1），（2），（3）三組反切上字的小韵，它們出現的機會是互補的，所以都同一聲類。以下同此，不另說明。

滂（11個反切上字，100個小韵。）

（1）滂$^{普}_{郎}$普$^{滂}_{古}$

（2）譬$^{匹}_{義}$匹$^{譬}_{吉}$

> 匹字反語原脫，據敦煌本，項跋本，切三，唐韵，廣韵補。項跋本注云："俗疋"。

（3）敷$^{撫}_{扶}$孚$^{孚}_{武}$撫$^{敷}_{羈}$披$^{芳}_{方}$芳$^{敷}_{非}$妃$^{芳}_{非}$

並（25①個反切上字，142個小韵。）

（1）薄（傍各）白（傍百）旁①（傍光）傍（步），盆（蒲昆）平（蒲兵）捕（蒲）蒲（薄明）步（薄故）裴（薄恢）萍（薄經）

（2）父（扶雨）防（扶方），扶（浪）馮（扶隆）扶（符）苻（附夫）附（符遇）房（符方）皮（符羈）縛（符𤘽）浮（符謀）毗（房脂）便（房連），婢（面）俾（便）

宋跋本"扶，附夫反"小韵無"苻"字，敦煌本，切三，廣韵都有"苻"字。

明（15個反切上字，138個小韵。）

（1）莫（慕各）慕（莫故）謨（莫胡）

（2）美（無鄙）蜜（無必）武（無主）無（武夫）亡（武方）妄（武放）忘（武方），明（武兵）彌（武移）眉（武悲）文（武分）靡（文彼）

端（9個反切上字，87個小韵。）

（1）德（得多）多（得河）

（2）冬（都宗）當（都郎）都（當姑）卓（丁角）胝（丁私）丁（當經）

透（4個反切上字，72個小韵。）

他（託何）託（他各）吐（他古），湯（吐郎）

定（8個反切上字，79個小韵。）

徒（度都）度（徒故），杜（徒各）陡（徒古）陁（徒何）大（徒蓋），特（唐佐）徒（德唐）堂（徒郎）

泥（11個反切上字，116個小韵。）

（1）那（諾何）諾（奴各）內（奴對）乃（奴亥）妳（奴解）年（奴賢）奴（乃胡）

（2）嬭（女耕）娘（女良）尼（女脂）女（尼与），娘（據）

來（19個反切上字，143個小韵。）

（1）落（洛）盧各 勒（盧德）盧（落胡）練（落見）路（洛故）

（2）郎（魯當）魯（郎古）

（3）閭（力魚）呂（力舉）慮（力據）羸（力爲）六（力竹）力（良直）里（良士）李（理良）良（呂張）離（呂移）

知（8個反切上字，69個小韵。）

智（知義）知（陟移）猪（陟魚）中（陟隆）追（陟隹）張（陟良）竹（陟六）陟（竹力）

---

① 作者旁批："51補幫博旁反小韵，此處誤補旁字。"刪"旁"字，計24個並母上字。詳見附表校訂解釋。——編者

　　宋跋本"智，智義反"，據敦煌本，項跋本，廣韵改。

徹（4 個反切上字，67 個小韵。）

丑$_勅^入$勅$_力^褚$褚$_呂^丑$絺$_脂^丑$

澄（8 個反切上字，72 個小韵。）

宅$_百^根$棖$_庚^直$持$_之^直$池$_知^直$丈$_兩^直$除$_魚^直$直$_力^除$佇$_呂^除$

<hr>

附論端透定和知徹澄的關係

　　端透定跟知徹澄出現的機會大體上是互補的，不過也有對立的地方。知徹澄限於二等和丑類寅類。端透定大多數是一等跟四等，少數是二等和丑類寅類。端透定拼二等韵一共有十五個小韵，拼丑類寅類韵一共有五個小韵：

　　端二等：椿$_江^都$戇$_降^丁$斷$_角^丁$鰍卓$_皆^丁$鵡$_刮^丁$窏$_滑^丁$罩$_教^都$艓$_下^都$（跟知類的綷$^竹_下$對立）打$_冷^德$（跟知類的盯$^張_梗$對立）鮎$_陷^都$

　　端丑類：貯$_呂^丁$①

　　端寅類：胝$_私^丁$黹$_几^胝$

　　透二等：獺$_鎋^他$

　　透丑類：蹖$_用^他$（蹖原作傰，據廣韵改，蹖跟徹類的憃$^丑_用$的對立是可疑的。參看上文葉 8 單字音表通攝注 9。）

　　定二等：祖$_莧^大$塗$_嫁^徒$瑒$_杏^徒$湛$_減^徒$

　　定寅類：地$_四^徒$（跟澄類的綴$_利^直$對立）

徹跟透的對立雖然有問題，因為知澄跟端定的對立沒有問題，為一致起見，把徹跟透也分開。

精（14 個反切上字，128 個小韵。）

祖$_古^則$則$_勒^即$資$_夷^即$觜$_委^即$將$_良^即$，即$_亮^子$子$_里^即$卽$_力^子$作$_洛^子$借$_夜^子$茲$_慈^子$紫$_尔^茲$姊$_几^將$醉$_遂^將$遵$_倫^將$

清（12 個反切上字，106 個小韵。）

麁$_胡^倉$采$_宰^倉$千$_先^倉$七$_岡^倉$取$_庾^七$且$_也^七$翠$_醉^七$淺$_演^七$親$_鄰^七$雌$_移^七$七$_日^親$此$_氏^雌$

<hr>

① 原缺此類此小韵，作者增補，旁批參"葉 19 注 2"。——編者

從（14個反切上字，102個小韵。）

（1）昨(在各) 在(昨宰) 徂(昨姑) 才(昨來) 慙(昨甘)

（2）秦(匠鄰) 疾(秦悉) 慈(疾之) 字(疾置) 匠(疾亮) 情(疾盈) 自(疾二) 漸(自冉) 聚(慈雨)

心（17個反切上字，128個小韵。）

速(送谷) 送(蘇弄) 素(蘇故) 先(蘇前) 蘇(息吾) 桑(息郎) 思(司茲) 司(息辛) 私(思鄰) 斯(息脂) 悉(息移) 雖(息七) 胥(息遺) 相(息魚)，相(息良) 須(息亮) 息(相即) 須(相俞)

邪（10個反切上字，35個小韵。）

隨(旬爲) 旬(詳遵) 似(詳里) 詳(似羊) 囚(似由) 詞(似茲) 辝(似茲) 徐(似魚) 寺(辝吏) 敍(徐呂)

莊（4個反切上字，43個小韵。）

側(阻力) 阻(側呂) 莊(側羊) 責(側革)

初（8個反切上字，60個小韵。）

初(楚魚) 楚(初舉) 廁(初吏) 叉(初牙) 愴(初亮) 測(愴力) 惻(測力) 芻(測隅)

崇（4個反切上字，47個小韵。）

士仕(鋤里) 鋤(助魚) 助(鋤據)

生（6個反切上字，69個小韵。）

山(所閒) 色(所力) 數(所矩)，色(所句) 所(色舉) 師(疎脂) 疎(色魚)

俟（2個反切上字，2個小韵。）

漦(俟淄) 俟(漦史)

附論精清從心和莊初崇生的關係

就一等跟二等說，"精，清，從，心"跟"莊，初，崇，生"出現的機會是互補的。

一等老是"精，清，從，心"。宋跋本箇韻："挫，側臥反。"敦煌本，項跋本並同，唐韵，廣韵"側"並作"則"。宋跋本厚韵："鰦，士垢反。""士"屬崇類，沒有別的從類字跟"鰦"字對立。

二等老是"莊，初，崇，生"。宋跋本山韵："虦，昨閒反。"切三同，沒有別的崇類字跟它對立。廣韵山韵："虦，虎淺毛皃，士山切，又音棧，又昨閒切。"士山切恐怕是據昨閒切改的。"又昨閒切"四字跟廣韵山韵末尾的小韵"虦，昨閒切"

都是後添的。宋跋本馬韵："葰，蘇寡反"，敦煌本同，沒有別的生類字跟它對立。
廣韵馬韵："葰，沙瓦切"，果韵"蘇果切"下："葰，又蘇瓦切"，一個是一致化
了的讀音，一個是改之未盡。宋跋本鑑韵："覽，子鑑反。"沒有別的莊類字跟它對立。

　　總起來說，"精，清，從，心"跟"莊，初，崇，生"的區別，對一二等講，不
是辨字的，爲一致起見，可以認爲一等只有"精，清，從，心"，二等只有"莊，初，
崇，生"。

章（9 個反切上字，70 個小韵。）

（1）之^{止而}職^職旨^{之翼}脂^{職雉}^{旨夷}

（2）諸^{章魚}支^{章移}章^{諸良}止^{諸市}

（3）拯，<small>原注："無反語，取蒸之上聲。"案：蒸，諸膺反。</small>

昌（8 個反切上字，55 個小韵。）

處^{昌与}，^{杵去}充^{處隆}昌^{處良}車^{昌遮}杵^{昌与}尺^{昌石}赤^{尺栗}叱^{尺栗}

船（5 個反切上字，21 個小韵。）

食^{乘力}乘^{食陵}，實^{實證}神^{食質}繩^{食陵}

書（11 個反切上字，58 個小韵。）

失^{識質}矢^{式視}施^{式支}識^{式職}商^{書羊}傷^{書之}詩^{書止}始^{書舒}書^{傷魚}舒

常（16 個反切上字，59 個小韵。）

成^{是征}是^{氏紙}視^{承旨}，常^{承利}丞^{署陵}署^{常據}宣植^{常職}常^{時羊}市^{時止}時^{市之}殊^{市朱}蜀^{市玉}豎^{殊主}樹^{殊遇}

附論從崇船和邪俟常的關係

　　"邪，俟，常"都只跟丑寅兩類韵拼。"常"跟韵母配合的情形跟"章，昌，船，
書"一樣。"邪"跟韵母配合的情形卻不跟"精，清，從，心"一樣。"俟"跟韵母
配合的情形也不跟"莊，初，崇，生"一樣。

　　"從"跟"邪"，"崇"跟"俟"，"船"跟"常"在韵書的反切裏都有參差的現象。

　　宋跋本："盡，詞引反"，項跋本，切一，切三，廣韵"詞"字並作"慈"。"詞"
字屬邪類，"慈"字屬從類。

　　宋跋本："賫，似刃反"，敦煌本，項跋本"似"並作"疾"，廣韵"徐刃切"又"疾

刃切", "疾刃切"不獨立成一小韵。"似"和"徐"都是邪類, "疾"字屬從類。

俟類只有兩個小韵:

	切三	宋跋本	廣韵
漦 俟	俟之反 漦史反	俟淄反 漦史反	俟甾切 牀史切

切三,宋跋本都不跟崇類系聯,廣韵就給系聯上了。通志七音略,切韵指掌圖,四聲等子都把"漦,俟"放在"禪二等"的位置,韵鏡把"俟"放在"禪二等"的位置,沒有"漦"字。依廣韵反切,"漦,俟"兩字歸崇類,"漦"和"茬"對立,"俟"和"士"對立。

宋跋本:"甚,食枕反","椹,食稔反";敦煌本,切三:"甚,植枕反",廣韵:"甚,常枕切"。"食"字屬船類,"植"字"常"字屬常類。

船常兩類參差的情形可以參看白滌洲集韵聲類考葉 174,175。[1]

日 （10個反切上字,61個小韵。）

如（汝魚） 汝（如与） 而（如之） 耳（而止） 人（如鄰） 日（人質） 儒（日朱） 兒（汝移） 爾（兒氏） 仍（如承）

"兒"又五稽反,疑母。

見 （21個反切上字,245個小韵。）

（1）古（公户） 孤（姑胡） 公（古紅） 各（古落） 加（古牙） 格（古陌）

（2）居（九魚） 駒（舉隅） 俱（舉有） 久（舉有） 九（舉有） 君（舉云） 舉（居許） 紀（居以） 几（居履） 詭（居委） 癸（居誄） 軌（居洧） 吉（居質） 基（居之）

宋跋本用"癸"爲反切下字,卻無此小韵,今據敦煌本,切三,廣韵。

溪 （21個反切上字,198個小韵。）

（1）苦（康杜） 康（苦岡） 口（苦厚） 空（苦紅） 枯（苦胡） 恪（苦各） 客（苦陌）

（2）去（羌舉）,却（去約） 丘（去求） 羌（去良） 匡（去王） 窺（去隨） 詰（去吉） 傾（去營） 氣（去既） 區（去俱） 驅（氣俱） 墟（去魚） 起（墟里） 綺（墟彼）

羣 （12個反切上字,92個小韵。）

暨（其器） 衢（其俱） 巨（其呂） 求（巨鳩） 強（巨良） 臼（強久） 渠（強魚） 其（渠之） 奇（渠羈） 葵（渠佳） 逵（渠追） 狂（渠王）

疑 （10個反切上字,152個小韵。）

---

[1] 前歷史語言研究所集刊第三本第二分葉159—236。

切韵音系

（1）五$_{古}^{吾}$吾$_{}^{吾}$吴$_{胡}^{五}$

（2）魚$_{居}^{語}$牛$_{求}^{語}$虞$_{}^{語}$愚$_{俱}^{語}$語$_{舉}^{魚}$宜$_{羈}^{魚}$危$_{爲}^{魚}$

曉（14 個反切上字，189 個小韵。）

（1）呼$_{烏}^{荒}$荒$_{光}^{呼}$火$_{果}^{呼}$海$_{改}^{呼}$虎$_{古}^{呼}$呵$_{何}^{虎}$霍$_{郭}^{虎}$

（2）虛$_{魚}^{許}$香$_{良}^{許}$況$_{妨}^{許}$羲$_{羈}^{許}$許$_{呂}^{虛}$希$_{機}^{虛}$興$_{陵}^{虛}$

匣（24 個反切上字，193 個小韵。）

（1）何$_{柯}^{韓}$韓$_{安}^{胡}$戶$_{古}^{胡}$侯$_{溝}^{胡}$黃$_{光}^{胡}$下$_{雅}^{胡}$胡$_{吳}^{戶}$痕$_{恩}^{戶}$諧$_{皆}^{戶}$鞵$_{佳}^{戶}$

（2）雲$_{分}^{王}$筠$_{鷹}^{王}$韋$_{非}^{王}$王$_{方}^{王}$雨，$_{放}^{于}$羽$_{矩}^{雨}$尤$_{求}^{羽}$于$_{俱}^{羽}$

（3）蓮$_{委}^{爲}$爲$_{支}^{蓮}$，榮$_{僞}^{榮}$

（4）洧$_{美}^{榮}$永$_{丙}^{榮}$榮$_{兵}^{永}$

影（17 個反切上字，218 個小韵。）

（1）烏$_{都}^{哀}$阿$_{何}^{烏}$安$_{寒}^{烏}$愛$_{代}^{烏}$哀$_{開}^{烏}$

（2）於$_{都}^{哀}$，央$_{魚}^{一}$一$_{逸}^{於}$乙$_{筆}^{於}$伊$_{脂}^{於}$憂$_{求}^{於}$央$_{良}^{於}$應$_{陵}^{於}$，英$_{證}^{於}$依$_{京}^{於}$調$_{機}^{於}$憶$_{歆}^{於}$紆$_{力}^{於}$俱$_{俱}^{憶}$

　　宋跋本蒸韵“膺，於陵切”小韵注云“四”，僅有三字，當據敦煌本，項跋本，廣韵補“應”
　　字。切三“膺”小韵共三字，其中亦有“應”字。

羊（11 個反切上字，69 個小韵。）

夷$_{脂}^{以}$以$_{止}^{羊}$羊$_{章}^{与}$弋$_{職}^{与}$翼$_{支}^{弋}$移$_{魚}^{弋}$余$_{}^{与}$餘$_{}^{与}$与$_{簹}^{余}$與$_{傾}^{余}$營$_{}^{余}$

以上共 36 個聲類，425 個反切上字，3617 個小韵。

37 反切上字裏的合口字

	上字	被切字

泥　內奴對　沃一：　褥內沃（內原作如，參看葉8通攝單字音表附注11。）

來　羸力爲　寘合A：　累羸偽

知　追陟隹　至合A：　轛追類

精　遵將倫　旨合A：　濢遵誄

　　觜即委　支合A：　劑觜隨

　　醉將遂　脂合A：　嶉醉唯

清　翠七醉　質合A：　焌翠恤

心　雖息遺　至合A：　邃雖遂

邪　隨旬爲　紙合A：　孈隨婢

　　旬詳遵　支合A：　隨旬爲

見　詭居委　寘合B：　賜詭僞

　　癸居誄　至合A：　季癸悸

　　軌居洧　至合B：　愧軌位

溪　窺去隨　寘合A：　觖窺瑞

　　傾去營　薛合A：　缺傾雪

　　匡去王　遇丑：　驅匡遇

羣　葵渠隹　旨合A：　揆葵癸

　　逵渠追　至合B：　匱逵位

　　狂渠王　藥合A：　蜎狂充

疑　危魚爲　寘合B：　僞危賜

曉　荒呼光　模一：　呼荒烏　　隊一合：　誨荒佩　　檻二：　獩荒檻

　　火呼果　沃一：　熇火酷　至合A：　血火季　佳二開：　聲火佳　佳二合：　㠠火咼

　　　　　　夬二開：　譮火夬　夬二合：　咶火夬　先四合：　銷火玄　覃一：　㟏火含

　　　　　　談一：　蚶火談　鹽二：　嚴火斬　陷二：　䫡火陷

　　霍虎郭　禡二合：　化霍霸

上字	被切字				
曉	況許妨	虞丑：訏況于	麌丑：詡況羽	元子合：暄況袁	阮子合：咺況晚
		職丑合：洫況逼			
匣	黃胡光	泰一合：會黃帶	霰四合：縣黃練		
	王雨方	微子合：幃王非	文子合：雲王分	物子合：颶王物	眞合B：筠王鹽
		月子合：越王伐	仙合B：員王權	線合B：瑗王眷	養丑合：往王兩
		藥丑合：籰王縛			
	爲蓮支	紙合B：蔿爲委	祭合B：衛爲劌	震合B：韻爲捃	敬子合：詠爲柄
		緝B：煜爲立			
	榮永兵	寘合B：爲榮僞	旨合B：洧榮美	梗子合：永榮丙	職丑合：域榮逼
	雲王分	阮子合：遠雲晚			
	云王分	未子合：謂云貴	問子合：運云問	有丑：有云久	
	洧榮美	脂合B：帷洧悲	至合A：位洧冀		
	韋王非	尾子合：鬒韋鬼	元子合：袁韋元		
	蔿爲委	支合B：爲蔿支			
	筠王鹽	葉B：曄筠輒			
	永榮丙	庚子合：榮永兵			
羊	營余傾	昔丑合：役營隻			

以上一共 36 個合口的反切上字（其中匣類佔 11 個），72 個小韵，平均每個上字管兩個小韵。其中 56 個小韵合口（31 個反切下字合口，18 個脣音，7 個開口）佔總數 78%。14 個獨韵（下加橫線），佔 19%。2 個開口（下加浪線），佔 3%。

據上節，宋跋本一共有 425 個反切上字，3617 個小韵。減去脣音字，有 351 個上字（其中合口字佔 10% 強），3105 個小韵（其中拯無反語，拿合口字做反切上字的佔 2% 強），平均每個上字管 8.8 個小韵。

四　反切下字

每個韻類的反切下字請看單字音表。

向來都認爲反切上字定被切字的聲母，反切下字定被切字的韵母，包括等，開合跟四聲。大體上說，這句話是不錯的。我們說"大體上說"，表示這句話有例外。這些例外的大部分，只要把反切上下字合起來看，就得到很自然的解釋。反切固然有疏漏的地方，但是我們研究反切的人卻不可造好框子，硬拿反切往裏頭塡。

下文§41表示開合韵脣音字的反切下字不定，有時是脣音字，有時是開口字，有時是合口字。固然有些韵專用某一類字，就整個說，脣音字不能憑反切下字分開合口。脣音字無所謂開合，同時又可開可合。§42跟§43是脣音字做開，合口字的反切下字總表。§44跟§45（a，b）表示被切字的等跟開合有時由反切上字決定，而不是由反切下字決定。只有§45（c）才是反切之"疏"。我們寫單字音表的原則是盡量少改動反切。

41　開合韵脣音字的反切下字分類統計表

聲類	小韵數	反　切　下　字		
		脣音	開口	合口
幫	93	34	41	18
滂	72	36	28	8
並	99	39	48	12
明	98	33	53	12
合計	362[①]	142	170[②]	50

---

① 原書作361。——編者
② 原書作169。——編者

42　脣音字作開口韵的反切下字總表

紙開 B：綺_{墟彼}

未子開：旣_{居未}

廢子開：刈_{魚肺}

蟹二開：豸_{宅買}　解_{加買}　覵_{牛買}　蟹_{䩦買}

卦二開：膭_{竹賣}　債_{側賣}　曬_{所賣}　嫛_{苦賣}

怪二開：鏘_{所拜}　誡_{古拜}

夬二開：芥_{古邁}

質開 B：乙_{於筆}

沒一開：麧_{下沒}

願子開：建_{居万}

旱一開：旱_{何滿}

翰一開：炭_{他半}　漢_{呼半}

末一開：鬏_{姊末}

潸二開：赧_{奴板}　酇_{側板}　狻_{初板}　虥_{士板}　潸_{數板}　僩_{胡板}

襉二開：莧_{侯辦}

黠二開：札_{側八}　齜_{初八}　殺_{所八}　䩓_{苦八}　黠_{胡八}

線開 A：羨_{似面}

線開 B：彥_{魚變}

庚二開：趟_{竹盲}

梗子開：影_{於丙}

敬二開：倀_{猪孟}　更_{古孟}　鞕_{五孟}　諻_{許孟}　行_{胡孟}

敬子開：敬_{居孟}

陌二開：蹃_{女白}　宅_{根百}　嘖_{側陌}　齚_{鋤陌}　格_{古陌}　客_{苦陌}　額_{五陌}　啞_{烏陌}

諍二開：掌_{丑迸}　諍_{側迸}

德一開：䰝_{乃北}　餩_{愛墨}

43　脣音字作合口韵的反切下字總表

紙合A：㵎隨婢　踓去弭

寘合A：恚於避

脂合B：帷洧悲

旨合B：洧榮美

至合A：瞚許鼻

微子合：幃王非　威於非

廢子合：𡚖丘吠　穢於肺

蟹二合：枴孤買

卦二合：卦古賣

怪二合：聵五拜

夬二合：夬古邁

隊一合：對都佩　誨荒佩

文子合：雲王分

吻子合：䰦魚吻　抎于粉　惲於粉

問子合：運云問　醞於問

物子合：矛久勿　居區物　倔衢物　颭許物　颮王物　鬱紆勿

軫合B：殞于閔

質合A：橘居蜜

質合B：颭于筆

混一合：畽他本　㥥盧本　忖倉本　鱒徂本　損蘇本　䐀古本　閫苦本　混胡本　穩烏本

慁一合：困苦悶

沒一合：咄當沒　𪏻勒沒　卒則沒　猝麤沒　捽昨沒　頩烏沒

阮子合：㩮求晚　咺況晚　遠雲晚

願子合：圈臼万　遠于万

月子合：越王伐

潸二合：睆戶板　綰烏板

襉二合：幻胡辨

切 韵 音 系

黠二合：倄呼八　滑戶八　嚃烏八

獮合A：撰士免

線合A：饌士戀

線合B：貏丘弁

歌丑合：韡希波

禡二合：坬古罵　化霍霸

陽丑合：王羽方

養丑合：怳許昉　柱紆罔

漾丑合：誑九忘　狂渠放　況許放　迋于放

藥丑合：玃居縛　矆許縛　籰王縛　攫憂縛

鐸一合：郭古博

庚二合：橫胡盲

庚子合：榮永兵

梗二合：礦古猛　䁝烏猛

梗子合：永榮丙

敬二合：蝗胡孟

敬子合：詠爲柄

陌二合：虢古伯　謋虎伯　嚄胡伯

陌子合：躩于陌　韄乙百

耕二合：宏戶萌

諍二合：轟呼迸

麥二合：驥呼麥　獲胡麥

職丑合：淢況逼　域榮逼

44　反切下字和被切字等不同總表

這一節的三等包括子類，丑類和寅類。

a.　反切上字一等，反切下字三等，被切字一等。

腫一：湩都隴

b.　庚部莊初崇生四聲類字全跟“庚，梗，更，格”同韻母（二等），不跟“京，警，敬，戟”同韻母（三等）。

	庚	梗	敬	陌
莊				嘖，側陌反
初	鎗，楚庚反		瀙[illegible]，楚敬反	柵，惻戟反
崇	傖，助庚反			齚，鋤陌反
生	生，所京反	省，所景反	生，所更反	索，所戟反

從表面看這些字可以分爲兩類，一類的反切下字是二等的“庚，更，陌”，一類的反切下字是三等的“京，景，敬，戟”。實際上出現機會互補，應該是一類，就是説莊組字沒有二三等的區別。麻部二三等同韻，莊組字的反切下字全是二等。我們認爲庚部莊組字全跟“庚，梗，更，格”同韻母是參照麻部跟耕部定的。宋跋本“生，所京反”（廣韻“所庚切”）跟“所（原作生，據唐韵，廣韵改）更反”（廣韻“所敬切”）又讀單純是平聲去聲的不同，並非韵母有什麼差別。宋跋本跟廣韵的不同，也單純是表面的。（參看下文葉 127 § 73。）

c.　反切上字三等，反切下字一等，被切字三等。

送丑：　鳳馮貢[①]

鍾丑：　恭駒冬（宋跋本在冬韵，看葉 8 通攝單字音表附注 5。）

海丑開：茝昌殆

歌丑開：虵夷柯

歌丑合：鞾希波　嗵于戈

漾丑開：防扶浪

① 廣韵“豐，敷空切”也是同類的例子。

d.　反切上字三等，反切下字二等，被切字三等。

　　馬丑開：炟徐雅　礊車下

　　敬子開：敬居孟　迎魚更

　　陌子合：嚄于陌　虢乙百

e.　反切上字三等，反切下字四等，被切字三等。

　　齊丑開：杝成西　䲮人兮

　　魏了翁吳彩鸞唐韵後序云："此書別出杝（當作杝）䲮二字爲一部。注云，陸與齊同，今別。"[1]

　　宋跋本海韵："啡，疋愷反：俖，普乃反"，桥韵："趝，紀念反：兼，古念反"，這兩組大概不是三等跟一等，三等跟四等的對立，集韵分別歸併成兩個小韵。

---

[1]　四部叢刊本鶴山先生大全集卷五十六葉二。

45　反切下字和被切字開合不同總表

a.　反切上字開口，反切下字合口，被切字開口。

　　清丑開：騂息營

　　收 [-ŋ]，[-k] 的開合韵（宕曾梗三攝）合口限見系字。

b.　反切上字合口，反切下字開口，被切字合口。

　　支合 B：爲薳支

　　寘合 B：僞危賜

　　至合 B：位洧冀

　　泰一合：會黃帶

　　霰四合：縣黃練

　　養丑合：往王兩

　　昔丑合：役營隻

c.　反切上字獨韵，反切下字開口，被切字合口。

　　佳二合：媧姑柴（切三同，項跋本 "柴" 作 "紫"，"柴" 和 "紫" 同音。廣韵古蛙切，蛙合口。）

　　宕一合：曠苦浪　荒呼浪　潢胡浪

　　勁丑合：夐虛政

　　青四合：滎胡丁

　　迥四合：泂古鼎　扃戶鼎

　　徑四合：熒胡定　鎣烏定

　　也許有人會說，如果把 "姑，苦，呼，胡，古，虛，戶，烏" 這些字全認爲合口，這一類就跟上一類可以併成一類了。這種意見有困難的地方。如上文§37所說，拿合口字做反切上字的小韵，大多數是合口。有九個小韵，上字合口，下字開口，其中倒有七個（爲，僞，位，會，縣，往，役）是合口，只有兩個（曁，講）是開口。開口字拿遇攝字做反切上字的很多，要是遇攝合口，開口字不能老拿遇攝字做反切上字。

五 高本漢構擬的切韵音

切韵的研究有兩方面：一是根據韵書反切跟等韵圖表，區分音類；二是根據方言跟對音，構擬每個音類的音值。第一章到第四章區分音類，說明反切的作用。六七八三章要討論聲母跟韵母的音值。本章列出高本漢構擬的聲母跟韵母，① 做下文討論的參考。

51 高本漢構擬的切韵聲母表

幫組	幫$^{p}_{pj}$	滂$^{p'}_{p'j}$	並$^{b'}_{b'j}$	明$^{m}_{mj}$			——單純 ——j 化
端組	端 t	透 t'	定 d'	泥 n			

來$^{l}_{lj}$ ——單純
——j 化

知組	知 ȶ	徹 ȶ'	澄 ȡ'	娘 ń			
精組	精 ts	清 ts'	從 dz'		心 s	邪 z	
莊組	莊 tṣ	初 tṣ'	崇 dẓ'		生 ṣ		
章組	章 tś	昌 tś'	船 dź'		書 ś	常 ź	
日組			日 ńź				
見組	見$^{k}_{kj}$	溪$^{k'}_{k'j}$	羣 12g'j	疑$^{ŋ}_{ŋj}$	曉$^{x}_{xj}$	匣 γ	影$^{ʔ}_{ʔj}$ 羊〇——單純 云 j —— j 化

---

① 根據他寫的：

Étueds sur la Phonologie Chinoise,1915,1916,1926（羅常培等譯，中國音韵學研究，1940 年商務印書館出版）；

Analytic Dictionary of Chinese,1923；

The Reconstruction of Ancient Chinese, 通報 1922；

Grammata Serica,Script and Phonetics in Chinese and Sino-Japanese,BMFEA1940；

Compendium of Phonetics in Ancient and Archaic Chinese,BMFEA1954.

52　高本漢構擬的切韻韻母表

（拿平聲包括上去入三聲；-m，-n，-ŋ 包括 -p，-t，-k）

攝	開　　口					合　　口				
	一	二	三α	三β	四γ	一	二	三α	三β	四γ
止			支 jiĕ 脂 ji 之 ji	微 jĕi				支 jwiĕ 脂 jwi	微 jwĕi	
蟹	泰 âi 咍 ậi	夬 ai 佳 ai 皆 ăi	祭 iäi	廢 iɐi	齊 iei	泰 uâi 灰 uậi	夬 wai 佳 wai 皆 wăi	祭 iwäi	廢 iwɐi	齊 iwei
臻	痕 ən		眞 iĕn 臻 iɛn	欣 iən		魂 uən		諄 iuĕn 眞 iwĕn	文 iuən	
山	寒 ân	刪 an 山 ăn	仙 iän	元 iɐn	先 ien	桓 uân	刪 wan 山 wăn	仙 iwän	元 iwɐn	先 iwen
果	歌 â					戈 uâ		戈 iwa		
假		麻 a	麻 ia				麻 wa			
宕	唐 âŋ		陽 iaŋ			唐 wâŋ		陽 iwaŋ		
曾	登 əŋ		蒸 iəŋ			登 wəŋ		職 iwək		
梗		庚 ɐŋ 耕 ɛŋ	清 iäŋ	庚 iɐŋ	青 ieŋ		庚 wɐŋ 耕 wɛŋ	清 iwäŋ	庚 iwɐŋ	青 iweŋ
通						東 uŋ 冬 uoŋ		東 iuŋ 鍾 iwoŋ		
江		江 áŋ								
遇						模 uo		魚 iwo 虞 iu		
效	豪 âu	肴 au	宵 iäu		蕭 ieu					
流	侯 əu		尤 iəu 幽 iĕu							
深			侵 iəm							
咸	談 âm 覃 ậm	銜 am 咸 ăm	鹽 iäm	嚴 iɐm	添 iem				凡 iwɐm	

以上兩葉用的音標，有幾點需要說明的。

[ṭ]，[ṭ']，[ḍ'] 表示前舌面塞音。

[ń] 表示前舌面鼻音。

[tṣ]，[tṣ'][dẓ'] 表示舌尖後塞擦音，即捲舌塞擦音。塞擦音用第二個音標定發音部位。

[ṣ]，[ẓ] 表示舌尖後擦音，即捲舌擦音。

[tś]，[tś']，[dź'] 表示前舌面塞擦音。塞擦音用第二個音標定發音部位。

[ś]，[ź] 表示前舌面擦音。

[i̯] 表示輔音性的 [i] 介音。

[ĕ] 表示作主要元音的短 [e]。

[e̯] 表示不作主要元音的 [e]。

[ə̯] 表示不作主要元音的 [ə]。

[a] 表示前 [a]。

[ă] 表示短的 [a]。

[â] 表示後 [ɑ]。

[â̯] 表示短的 [â]，即短的 [ɑ]。

[ȧ] 表示後半低圓脣元音，即國際音標 [ɔ]。

[ɐ] 表示 [ə] 和 [a] 之間的元音。

[ä] 表示前半低不圓脣元音，即國際音標 [ɛ]。

[ɜ] 表示 [ä] 和 [a] 之間的元音，即國際音標 [æ]。

['] 放在輔音音標後面，表示送氣。

[^] 放在輔音音標 [t]，[d] 上頭表示前舌面音。

[′] 放在輔音音標 [n]，[s]，[z] 上頭表示前舌面音。

[.] 放在輔音音標底下表示舌尖後音，即捲舌音：放在元音音標底下表示短元音。

[˘] 放在元音音標上頭表示短元音。

[-] 放在 [i] 底下表示輔音性 [i] 介音；放在 [e] 和 [ə] 底下表示不是主要元音。以後用到別的音標，必要的時候隨文說明。

六　[j] 化問題，前顎介音，四等主要元音

61　[j] 化問題

高本漢構擬的切韵系統本來有四種前顎介音，後來改成兩種：

等	韵	例字（反切）	舊說[1]	新說[2]
二	刪	姦（古顏）	k^{i}an	kan
三 α	仙	甄（居延）	kjiän	kjiän
三 β	元	建（居万）	kjän	kjiɐn
四 γ	先	堅（古賢）	kian	kien

舊說三四等元音相同，它們的不同就在介音上頭，所以介音的區別是辨字的。新說把辨字的區別從介音移到元音。四等的介音是強的元音性的 [i]，三等的介音是弱的輔音性的 [i]。在 [i] 前頭的聲母都不 [j] 化，在 [i] 前頭的聲母都 [j] 化，只有 [ts] 等跟 [tṣ] 等是從來不 [j] 化的。

我們先引高本漢 [j] 化說的理由：

Schaank 有一個大功勞就是他提出了 [j] 化（一種軟化）的觀念，[j] 化現象在中國古音中無疑的佔很重要的地位。在這一點上就可以看出他是一個很聰敏的語言學家了。

現在我們從另一方面，應用反切，來走近這個問題。

我們先把只有一行聲母（見，溪等）那幾欄的一三等比較一下，就可以看見這兩等的字從來不用同樣反切上字來切的，它們的反切上字清清楚楚分成兩套。這個區別在什麼地方呢？要把這個區別適用於所有各樣的聲母，選擇的機會就很有限了。因爲它既然不能是指送氣的力量，像 [k],[k'] 那類聲母所表示的，那麼我們很自然的就會想到 [j] 音的有無了。這個假設再加上了底下兩個情形就可以變成確定的了。

1. 在三等字的主要元音前頭總有一個 i 介音；

2. 分析這兩等反切用字的性質。

---

[1] 中國音韵學研究原本葉 628，631；譯本葉 477，478。

[2] 中國音韵學研究譯本葉 474，477，478。

例如：

	k	k'	h
一等	古公工……	苦口康……	呼荒……
三等	居舉九……	去丘豈……	許盧……

這些一等的字在現在的官話都是硬音，三等的字在現代官話都變成顎化的塞擦音或擦音。

所以我們就可以穩穩當當的假定中古跟近古漢語的一等是單純的聲母，三等是 [j] 化的

聲母。①

這些個理由都是有問題的。[j] 化說在方言裏頭沒有根據。拿見母字說吧。見母字廣州一律念 [k]，無論 [j] 化不 [j] 化。見母字北京在 [i]，[i-]，[y]，[y-] 前一律念 [tɕ] 不念 [k]；在其他元音前一律念 [k] 不念 [tɕ]。哪些字念 [k]，哪些字念 [tɕ]，完全跟着後面的韻母走，跟 [j] 化不 [j] 化不相干。現在拿見母的 "高，交，驕，澆" 四字作例：

例字（反切）	等	高本漢意見	廣州音	北京音
高（古勞）	一	不 [j] 化	˳kou	˳kau
交（古肴）	二	不 [j] 化	˳kau	˳tɕiau
驕（舉喬）	三	[j] 化	˳kiu	˳tɕiau
澆（古堯）	四	不 [j] 化	˳kiu	˳tɕiau

拿 "居，舉，九" 這些字在現代官話裏讀顎音做 [j] 化說的根據是不合適的，見母四等的 "雞、澆、兼、堅、經" 北京也完全讀 [tɕ]。反過來，高本漢認爲 [j] 化的見母三等字，只要韻母不是 [i]，[i-]，[y]，[y-]，北京也是 [k]，跟高本漢認爲不 [j] 化的見母四等字一樣。例如：

例字（反切）	等	高本漢意見	北京音
龜（居追）	三	[j] 化	˳kuei
歸（俱韋）	三	[j] 化	˳kuei
鱖（居衛）	三	[j] 化	kuei°
桂（古惠）	四	不 [j] 化	kuei°

---

① 中國音韵學研究譯本葉 29，30。

我們已經指出北京話見母字是否顎化，是拿現在的元音做條件的，跟 [j] 化與否無關。三等字的主要元音前頭總有一個 [i] 介音，也不能幫助支持 [j] 化說。高本漢說強的元音性的 [i] 介音前頭的聲母不 [j] 化，弱的輔音性的 [i] 介音前頭的聲母 [j] 化。兩個鄰近的語音常常相互影響，弱的 [i] 介音能影響前頭的輔音讓它 [j] 化，強的 [i] 介音何以反而沒有這種能力。他在這地方很難自圓其說，反而令人懷疑他的整個前顎介音系統有問題。這一層下文還要提到。

現在我們要考查反切是否支持 [j] 化說。

首先，我們要指出，他所根據的反切不是整部廣韵的反切，只是三千多個常用字的反切。並且，他根據的不是廣韵原書，而是康熙字典。我們知道，康熙字典上的唐韵或廣韵反切，和廣韵是有出入的。拿三千多個常用字來調查方言的音系是夠的，拿來研究反切却不免粗枝大葉。不錯，反切上字是有分組的趨勢，一二四等是一組，三等是一組。可是，事實並不像他所說的那麼簡單。如上文第三章反切上字表所說，一二四等字也有拿三等字做反切上字的，三等字也有拿一二四等做反切上字的。

其次，我們要指出，高本漢分單純和 [j] 化的那些個聲母，反切上字固然有分組的趨勢，就是他不分單純和 [j] 化的精，清，從，心四母，反切上字也有分組的趨勢。他說法不一致的緣故是他遷就自己的語音學說。他在 The Reconstruction of Ancient Chinese 葉 37 裏頭懷疑 [j] 化的 [nj] 跟舌面的 [ń] 同時存在而又有不同演變的可能性（看下文§72日母），他既把章等構擬成 [tś] 等，就不能再把精等分為單純的 [ts] 等和 [j] 化的 [tsj] 了。同樣根據反切的趨勢，高氏分四十七聲類，曾運乾分五十一聲類，[1] 道理就在這地方。

反切上字只有分組的趨勢，並不像高本漢所說清清楚楚分成兩類，如果我們根據簡單的反切理論來解釋複雜的反切事實，有些反切就不合理論，變成例外，令人無法對付。比方說江攝脣音字：

	江	講	絳	覺
幫	邦，博江反			剝，北角反
滂	胮，匹江反		胖，普降反	璞，匹角反
並	龐，蒲江反	棒，步項反		雹，蒲角反
明	厖，莫江反	佲，武項反		邈，莫角反

---

① 曾運乾，切韵五聲五十一紐考，東北大學季刊第一期葉 14—21，1927。

如果根據反切上字說 "胇，璞，优" 三個小韵 [j] 化，別的小韵不 [j] 化，好像不會有這種事情。如果根據二等字聲母不 [j] 化的說法，說這些字全是不 [j] 化的，那麼這三個小韵的反切上字是例外。看上文第一章單字音表，第三章反切上字前五節，例外可多極了。

如果我們拿整部韵書的反切做立論的根據，我們就不能拿 [j] 化說來解釋反切上字分組的趨勢了。

"Distinctive and Non-Distinctive Distinctions in Ancient Chinese"[1] 批評了 [j] 化說，並且提出一個新的說法來替代它。這篇文章主要的意思有兩點：

1. 高本漢根據一二四等跟三等的反切上字不同，一二四等用一套反切上字，三等用另外一套，把若干聲母分成單純的跟 [j] 化的兩類。其實一二四等有用三等做反切上字的，三等也有用一二四等做反切上字的。他分別單純跟 [j] 化的聲母，反切上字固然有分組的現象，他不分別單純跟 [j] 化的 "精，清，從，心"，反切上字也有分組的現象。所謂單純的跟 [j] 化的聲母出現的機會是互補的，這種區別不是辨字的。反切上字分組的現象，可以用介音和諧說來解釋，就是反切上字跟反切下字的介音，有求相同的趨勢，各聲類的程度不同。

2. 三 α 等有羊類，也有云類，"由，以周反" [i̯ɐu] 跟 "尤，羽求反" [ji̯ɐu] 對立，羊云兩類的不同是辨字的。高本漢的單純聲母都不跟三α等拼，只有羊類是例外。他的云類 [j] 跟他的匣類 [ɣ] 是互補的，切三 "雲，戶分反"，"越，戶伐反"，云類字用匣類字做反切上字，云類應當歸入匣類。

關於介音和諧說，我們想提一下，在反切語（民間的秘密語）裏頭有介音屬聲屬韵的問題。有些反切語 [i] 介音兩屬，就是本字有 [i] 介音，"聲母字" 跟 "韵母字" 都要有 [i] 介音。有些反切語 [i] 介音屬聲母。有些反切語 [i] 介音屬韵母。[2]

現在我們再回頭看上文第三章反切上字跟第四章 § 44c，d，e 各節，我們就可以看到，拿反切上下字是否跟被切字同屬三等或非三等做標準，有些反切三等介音兩屬，有些反切三等介音屬下字（韵母字），有些反切三等介音屬上字（聲母字）。反切上字雖然有分組的趨勢，卻並不清清楚楚的分成兩類。所以我們把高本漢的 [j] 化聲母全併入相當的單純聲母，云類 [j] 併入匣類 [ɣ]。

---

[1] Harvard Journal of Asiatic Studies，第五卷第三第四分合刊，葉 203—233，1941。原文題目誤作 Distinctions within Ancient Chinese，今據抽印本所附更正表。下文簡稱 Distinctions。

[2] 反切語八種，前歷史語言研究所集刊第二本第三分葉 312—354，1931。

62　前顎介音

高本漢以爲一等無前顎介音，二等也無前顎介音，三等有弱的 [i̯] 介音，四等有強的 [i] 介音。如果說他的 [j] 化說是多餘的，那麼他的三四等的區別是不够的。在大多數方言裏頭，四等的讀音都跟同攝的三等混合起來了，所以他認爲三四等全有前顎介音。前顎介音分强弱的根據是高麗譯音山咸兩攝三四等見組字的讀音。他說這些韵的主要元音一樣是 [ə]，見組三等無 [i] 介音，四等很規則的都有 [i] 介音。例如：

	三 α 等		三 β 等		四 γ 等	
山攝	仙	件 kən	元	建 kən	先	見 kiən
咸攝	鹽	儉 kəm	凡	欠 kəm	添	兼 kiəm

高本漢在中國音韵學研究葉 473（原本葉 627）有兩條脚注：

（1）在這兒我們先不管影喻（＝本文的羊＋云）兩母的字，它們表現些個特別並且有趣味的現象。

（2）三α等韵裏只有三個讀音是有 i 的：遣 kiən，絹 kiən，鉗 kiəm

爲着了解脚注（1）的意思，我們先看：

	因姻茵洇印	殷慇	隱	癮
高麗	in	ɯn	ɯn	
吳音	in	on	on	
汕頭	in	ɯn	ɯn	in
福州	iŋ	yŋ	yŋ	

“因，姻，茵，洇，印” 是眞韵影母字，“殷，慇，隱，癮” 是殷韵影母字。高本漢把 “殷，慇” 誤作眞韵字，就在原本葉 784 加長注，假定它們許是三等 [ʔji̯ĕn]，跟四等 “因” [ʔi̯ĕn] 不同。後來 [ʔji̯ĕn] 的 [j] 吞沒 [i̯] 成爲 [ʔjĕn]，[ʔi̯ĕn] 的 [i̯] 保留，這樣來解釋高麗，吳音，汕頭，福州的讀音，認爲這是四等 [i̯] 介音（注意不是 [i] 介音）强的證據。[①] 在這地方，高本漢把三α等跟四γ等混起來了。換言之，就是把他的輔音性的 [i̯]

---

① 參看中國音韵學研究譯本葉 617 譯注（一）。

介音和元音性的 [i] 介音混起來了。其次，我們看看山咸兩攝三等影，羊，云三類字的
高麗譯音：

攝	等	韵	影	羊	云
山	三 α	仙開 合	焉 ən	延筵演 iən 緣沿捐 iən 悅閱 iəl	員圓院 uən
	三 β	元開 合	謁 al 冤苑怨 uən 宛婉 uan		轅援園遠 uən
咸	三 α	鹽	厭 iəm 淹掩閹 əm	鹽閻豔焰 iəm 葉 iəp	炎 iəm
	三 β	嚴	醃 əm		

裏頭有不少讀音是有 [i] 介音的，加上高本漢脚注（2）原有的例外，高麗譯音怕不能
確定前顎介音問題。

現在我們從反切上字分組趨勢跟切韵的聲韵配合情形來看這個問題。上節已經討
論過，反切上字有拿一二四等跟三等做條件分成兩組的趨勢。假定：一等"干" [kân]，
二等"姦" [kan]，三 α 等"甄" [kiän]，三 β 等"建" [kiɐn]，四 γ 等"堅" [kien]，反
切分組的趨勢會傾向於"干，姦，堅"一組，"甄，建"一組，而不是"干姦"一組，
"甄建堅"一組嗎。有 [i] 介音的字有一個趨勢，要拿有 [i] 介音的字做反切上字。何
以有 [i] 介音的字沒有這種趨勢。集韵就有這種趨勢。例如："繭"，切三，宋跋本，
敦煌本並古典反，廣韵古典切，集韵吉典切。"經"，切三，宋跋本，項跋本並古靈反，
廣韵古靈切，集韵堅靈切。[①] 所以反切上字分組的趨勢對四γ等有 [i] 介音的說法是不利
的。

就聲韵配合的情形來說，三 α 等的介音是弱的前顎介音 [i]，能跟前顎音章 [tś] 組
配合，四γ等的介音是強的前顎介音 [i]，何以不能跟章 [tś] 組配合？ 三 β 等也不跟章 [tś]
組配合，可是三β等的反切上字分組的趨勢跟三 α 等一樣。四 γ 等的反切上字分組的趨
勢既然跟一二等相同，又都不跟前顎音章 [tś] 組拼。這一點也跟四 γ 等有 [i] 介音的說
法不利。在現代方言裏，聲母跟韵母的配合情形大概看聲母各組發音的部位跟韵母的

---

① 參看白滌洲"集韵聲類考"葉 184，前歷史語言研究所集刊第三本第二分葉 159—236，1931。

開齊合攝來定的。北京話裏頭，[tɕ]，[tɕ']，[ɕ] 只跟 [i]，[i-]，[y]，[y-] 韵母拼，不跟 [ei] 等別的韵母拼。如果我們說，在切韵音系裏四等沒有 [i] 介音，主要元音是 [e]，反切分組的趨勢跟聲韵配合的情形，這兩個困難全可以避免。一二四等全沒有 [i] 介音，三等有 [i] 介音，所以反切上字爲求介音和諧，有分組的趨勢。一二四等全沒有 [i] 介音，所以不跟前顎音章 [tɕ́] 組拼。我們取消四等的 [i] 介音，照樣可以解釋方言的音變。據高氏說法，[i] 介音後面的主要元音總是 [e]，主要元音 [e] 前頭總有 [i] 介音，[ie] 老在一塊兒，[ie] 能解釋的方言音變，[e] 也能解釋。

四等沒有 [i] 介音，切韵音系裏頭只有三等有 [i] 介音，就不必寫作 [i] 了。

63　四等主要元音

我們取消高本漢四等的 [i] 介音，主要元音 [e] 卻沒有更動的必要。高本漢舊說，三四等主要元音相同而介音不同，高本漢音韵學原本葉 628 脚注說輔音性 [i] 之後的元音是較開的。新說照這個意思把仙韵寫作 [iän]，先韵寫作 [ien]。並且說：這兩韵的區別除去 [i] 介音有輔音性跟元音性的不同以外還有主要元音的不同，那是必然無疑的。[1]現在取消 [i] 介音，輔音性介音之後元音較開，元音性介音之後元音較關的理論就落空了，保留四等的主要元音 [e]，要補充一點證據。法顯到地婆訶羅梵文字母 "e" 的對音如下：[2]

東晉法顯（417 年）	咽（烏前，烏見二反）
北涼曇無讖（414—421 年）	喔（集韵咽或作喔）
劉宋慧嚴等（424—432？年）	喔
梁僧伽婆羅（518 年）	瑿（烏鷄，於計二反）
隋闍那崛多（587—591 年）	喔
唐玄應（649—655 年）	瑿（烏鷄反，原注烏奚反）
唐地婆訶羅（683 年）	翳（烏鷄，於計二反）

括弧中反語除引集韵跟 "原注" 外，全據宋跋本。他們全用四等字去對梵文字母 "e"。大唐西域記卷三 "阿縛盧枳低濕伐羅菩薩像" 注云："唐言觀自在。合字連聲，梵語如上。分文散音，卽阿縛盧枳多，譯曰觀；伊濕伐羅，譯曰自在。"[3] 阿縛盧枳多是 avalokita 伊濕伐羅是 iśvara，合字連聲 ta + i = te，用低字去對，低字當穤反，是四等字。從法顯（417 年）到地婆訶羅（683 年）二百六十多年當中，譯梵文字母的人一直用四等字對 "e"，西域記注又特別說明 "多 ta＋ 伊 i＝ 低 te"，這證據是強有力的。每一種韵尾都只有一類四等韵：

---

[1]　中國音韵學研究譯本葉 473。

[2]　出處見附錄二。人名後括弧中注明譯經或撰作年代。

[3]　大正藏卷五十一葉 883。

攝	韵尾	四 等			
		平	上	去	入
蟹	i	齊	薺	霽	
效	u	蕭	篠	嘯	
咸	m	添	忝	㮇	
	p				怗
山	n	先	銑	霰	
	t				屑
梗	ŋ	青	迥	徑	
	k				錫

這些韵跟聲母配合的情形又是相同的，① 可以說它們的主要元音全是 [e]。

有一點要附帶提一下，梵文 "e" 在連讀音變的時候是 "ai"，可是梵文 "e" 讀單元音不讀複合元音，在波你尼以前，Prātiśākhyas 著者時代卽已如此。②

---

① 獨韵及開合韵的開口韵有十九個聲母: 幫滂並明端透定泥來精清從心見溪疑曉匣影; 開合韵的合口韵有六個聲母: 見溪疑曉匣影。（作者旁批一個 "疑" 字。因發現《切韵》系韵書合口四等韵中沒有疑母，故批。——編者）

② W. D. Whitney, A Sanskrit Grammar, § 28。

七　聲母的討論

71　並定澄羣從崇船七母送氣問題

711　送氣說述評

切韵的音韵系統就發音方法說，有三套塞音聲母，一套不送氣清音，一套送氣清音，一套濁音，向來把濁音寫作 [b]，[d]，[g] 等，不說送氣不送氣，不過沒有送氣符號，好像代表不送氣是的。高本漢舉出四條理由，以爲是送氣濁音。[①]

（1）[g] > [k] > [k'[②]] 不能解釋見母讀 [k]，羣母讀 [k'] 的方言，[g] > [k'] 直接的變化不可能，所以羣母是送氣的 [g']，不是不送氣的 [g]。

（2）在廣韵裏頭我們已經遇見許多不定的讀法的例，同一個字可以又放在送氣清聲母下，又放在濁聲母下。[gi]：[k'i] 又讀不可能，所以羣母是 [g']。

（3）蒙古譯音以清音對漢語濁音，濁音對漢語清音，這現象要用 [g'] 才能解釋。

（4）吳語濁塞音有一種濁音的送氣，這無疑是古代送氣的遺跡，所以羣是 [g']。

後來他在 The Reconstruction of Ancient Chinese[③] 裏又補充一條：

（5）Maspero（馬伯樂）假設切韵本是不送氣的 [b]，[d]，[g] 等，到唐朝才變成 [b']，[d']，[g'] 等。這一點我不能跟他同意。要是依 Maspero 所相信的，日譯漢音所以譯 "其" [g'ji] 爲 [ki]，譯 "定" [d'ien] 爲 [tei] 等等是因爲送氣的緣故，讓外國人把 [b']，[d']，[g'] 當做 [p]，[t]，[k]，就是不比切韵晚的高麗譯音也是如此：其 [kəi]，定 [tien]。

這些理由全是有問題的，現在分條討論：

（1）[g] > [k] > [k'] 不能解釋羣母讀 [k'] 的方言，上半句是不錯的；[g] > [k'] 直接的變化不可能，下半句我們就不知道是根據什麼說的。在現代歐洲的語言裏，清塞音送氣不送氣不是辨字的，全寫作 "p, t, k" 等。如果認爲 "p, t, k" 一律不送氣，例子當然難找。如果注意它們的讀音，例子就有了。古印歐語的 "d"（保存在梵文跟拉丁裏）變成古日耳曼語的 "t"（保存在英文裏），例如梵文 dva, 拉丁 duo, 英

---

① 中國音韵學研究譯本葉 251—254，356—360。
② 原書送氣符號作 " ' "，現改作 " ' "。——編者
③ 通報 1922 年葉 38。

文 two。英文 two 的 "t" 是送氣的。（這是事實，我們不能因爲英文裏清塞音送氣不送氣是一個音位，就忽略這事實。）即使我們承認高氏 [g] > [k'] 不可能的說法，[g] > [g'] > [k'] 這一條路也是可能的。[1]

（2）[gi]: [k'i] 又讀不可能這句話有反證，中國音韵學研究譯本葉 252 譯者注（一）說："南昌 [g]:[k] 常常隨便換讀。"據 H.E.Palmer 的觀察，朝鮮人日本話學得很好，可是日本話 gakkō（學校）有時念 gakkō，有时念 k'akkō（用送氣 k'），沒有分別；全不注意到兩個讀音有什麼不同。[2] 廣韵又讀的理論，一定要滿足底下兩個必要條件才有效：一，[gi]:[k'i] 又讀眞不可能，剛才說過這句話有反證。二，廣韵裏頭只有送氣清聲母跟濁聲母又讀，沒有不送氣清聲母跟濁聲母又讀。事實上，廣韵裏固然有前一種又讀。如 "徒紅切" 下，"潼" 又通衝二音；也有後一種又讀，如 "九容切" 下，"共" 又渠容切；高本漢只看見事實的一部分。

（3）用高本漢自己的話說：

> 元朝蒙古譯音裏所保存的語言，……其實已經演變到那種程度，我們不妨叫他作 "老官話" 了。……要具體的研究現代的方言，跟它們從古代語言的演變，蒙古譯音的價值是很平凡的。[3]

切韵成書在隋仁壽元年（601 年），現存蒙古文最早紀錄是十三世紀初年所立碑，老官話的對音不能決定切韵濁塞音是否送氣。其實呢，有蒙漢對音時候的 "老官話" 已經沒有濁塞音，只有兩套塞音，一套清音不送氣，一套清音送氣。根據 Marian Lewicki 的 "華夷譯語研究" 葉 81，漢語清塞音相當於蒙語濁音，漢語送氣塞音相當於蒙語清音。[4]

（4）大體上說，切韵濁塞音聲母在方言裏頭的讀音可以分爲下列九派，現在拿定母做例子說。

a. 定母讀送氣濁音 [d'] ≠端 [t] ≠透 [t']，如吳語（"現代吳語的研究"[5] 葉 27 說定母讀清音濁流 [tɦ]）。不過吳語也不可一概而論，也有讀不送氣濁音 [d] 的。

---

[1] 參看附錄三，皇極經世十聲十二音解。

[2] The Principles of Romanization 10，東京，1931。

[3] 中國音韵學研究譯文 237，原文 340。

[4] La Iangue mongole des transcriptions chinoises du xive siècle,Le Houa-yi yi-yu de 1389. Wroclaw,1949。參看 N. Poppe 在 JAOS 第七十一卷第三分（1951）的書評葉 188。

[5] 1928 年北京出版。

b. 定母讀送氣濁音 [d'] ＝透 [d'] ≠端 [t]，如蒲圻，通城（"湖北方言調查報告" [①]）。

c. 定母讀送氣清音 [t'] ＝透 [t'] ≠端 [t]，如廣東梅縣，江西臨川（"臨川音系" [②]），大冶，咸寧，陽新，崇陽（並見湖北方言調查報告）。

d. 定母讀送氣清音 [t'] ＝透 [t'] ≠端 [t]，不過仄聲送氣限於白話，仄聲文言不送氣＝端≠透，如京山（湖北方言調查報告）。

e. 定母平上去讀送氣清音 [t'] ＝透 [t'] ≠端 [t]，入聲讀不送氣清音＝端≠透，如監利（湖北方言調查報告）。

f. 定母平聲讀送氣清音 [t'] ＝透 [t'] ≠端 [t]，上去兩聲讀不送氣清音 [t] ＝端≠透，入聲不定，如浠水，黃梅，廣濟（並見湖北方言調查報告）。

g. 定母平聲讀送氣清音 [t'] ＝透 [t'] ≠端 [t]，仄聲讀不送氣清音 [t] ＝端 [t] ≠透 [t']，如北京等大部分官話（湖北方言大部分在內，看湖北方言調查報告）。

h. 定母讀不送氣清音 [t] ＝端 [t] ≠透 [t']，如通山（湖北方言調查報告），福州，廈門。

i. 定母讀不送氣濁音 [d] ≠端 [t] ≠透 [t']，如湖南零陵。"中國年鑑"第七本"語言"一章裏頭說：湘語主要的分佈在湖南，古濁塞音照例保留眞濁輔音讀法，長沙方言例外。[③]

吳語是送氣濁音，湘語是不送氣濁音。我們不能在兩者之間有所取捨，吳語並不能支持高氏送氣說。蒲圻，通城，大冶，咸寧，陽新，崇陽透定跟端對立，可是六縣中間的通山卻是端定跟透對立，我們也不能有所取捨。

（5）據高本漢中國音韻學研究，日譯漢音跟高麗譯音把見，溪，羣三母全譯成 [k]，只能幫助我們決定切韻這三母的發音部位，不能決定濁塞音羣母等送氣不送氣。[④]

---

① 丁聲樹等，湖北方言調查報告，1948 年上海商務印書館出版。

② 羅常培，臨川音系，1940 年上海商務印書館出版。

③ "中國年鑑"第七本，1944—1945 年度，葉 129—137 "語言"，1946 年上海出版。

④ 上文引 H.E.Palmer，說朝鮮人不辨 [k'] 跟 [g]。據 D. Jones 的觀察，現在朝鮮語的雙脣音，除鼻音外有五個，強送氣 [p]（[ph]），弱送氣 [p]（[p']），不送氣 [p]，不爆發 [p]，濁音 [b]。研究這五個音出現的條件，可以歸納成三個音位。[ph]，[p'] 跟不送氣 [p] 全在字首出現，所以構成三個不同的音位。[b] 只能在字中出現，[ph] 跟不送氣 [p] 也在字中出現，可是 [p'] 不是字中出現。因此有把 [p'] 跟 [b] 歸納成一個音位的必要。不爆發 [p] 只在字尾跟輔音前頭出現，別的四個音全不在這兩個地位出現。因此不爆發 [p] 可以歸納到上述三個音位當中任何一個裏頭。因爲不爆發 [p] 跟不送氣 [p] 比較接近，Jones 主張把不爆發 [p] 歸納到不送氣 [p] 音位裏（The Phoneme，§ 194，1950）。因此，高麗譯音如何處理漢字的清濁跟送氣不送氣，是值得深入研究的問題。

712　由梵文字母對音證不送氣說

討論並定羣等聲母是否送氣，梵文字母對音是很好的資料。

梵文有兩套濁塞音，一套不送氣，一套送氣，我們只有一套濁音去對譯，所以對譯單字的時候，漢語一套對梵文兩套，沒有區別：

buddha	佛陀	並母字對 b
guṇabhadra	求那跋陀羅	並母字對 bh
deva	提婆	定母字對 d
dhūta	頭陀	定母字對 dh
guṇabhadra	求那跋陀羅	羣母字對 g
ghoṣa	瞿沙	羣母字對 gh

這些對音只能告訴我們並定羣是濁音，却不能決定送氣不送氣。可是在對譯梵文字母的時候，好些譯者用各種方法區別送氣不送氣：[①]

	ga	gha	ja	jha	da	dha	da	dha	ba	bha
西晉竺法護（286 年）	迦	迦何	闍		咤	吒	陀	陀呵	波	披何
東晉法顯（417 年） 劉宋慧嚴等（424—432？年）	伽	重音伽	闍	重音闍	茶	重音茶	陀	重音陀	婆	重音婆
北涼曇無讖（414—421 年）	伽	唒	闍	膳	茶	祖	陀	彈	婆	滼
梁僧伽婆羅（518 年）	伽	恆	闍	禪	陀	檀	輕陀	輕檀	婆	梵
隋闍那崛多（591 年）	伽	唒	闍	社	茶	嗏	陀	咃	婆	嘙

竺法護的譯音最早，也最有意思。"ga"是"迦"，"gha"是"迦何"。宋跋王王韵："迦，居呿反，佛名。"只有見母一讀。廣韵："迦，釋迦，出釋典，居伽切，又音伽。"[②]伽字宋跋本"求迦反"，廣韵"求迦切"，可見迦亦讀羣母。"da"是"陀"，"dha"是"陀呵"。陀字是定母。假設定是 [d]，羣是 [g]，陀對"da"，迦對"ga"

很妥貼。何字是匣母，是舌根濁摩擦音 [ɤ]；呵字是曉母，是舌根清摩擦音 [x]，都是拿來代表送氣的。根據"二合"的理論，"迦何"[gɤa] 對"gha"，"陀呵"[dxa] 對"dha"，不能不算是好辦法。要是羣母本來是送氣濁音，像高本漢所說的，"在 g 除阻後有一種強的濁氣流，就是完全跟梵文的音素"gh"[gɦ] 相似，"[①] 何以不用迦字來對"gha"，反而用來對"ga"，另外造一個雙料的 [g'ɤa] 去對"gha"？這實在是送氣說最大的弱點。"波"對"ba"，"披何"對"bha"，"波，披"都是清音，可能是錯字。竺法護用波字對"pa"，頗字對"pha"，不該又用清音對濁音。"披何"的"何"對濁送氣，情形和"迦何"的"何"對濁送氣一樣。"咤"對"ḍa"，"吒"對"ḍha"，我不知道該如何解釋。"闍"是常（禪三）母字，對"ja"很合適。梵文字母對音分圓明字輪跟四十九根本字兩派，竺法護屬於前一派。圓明字輪一派並不是對譯全部梵文字母的，所以沒有 [jh] 母，對音也比較的不嚴格，同派的西晉無羅叉，姚秦鳩摩羅什，東晉佛馱跋陀羅，都不區別兩套濁音。[②] 隋以前根本字一派的對音沒有不區別兩套濁音的。看上表，不送氣濁音就用濁聲母開尾韵去對，困難全在送氣濁音上頭。法顯，慧嚴不送氣濁音無說明，送氣濁音注明重音。曇無讖，僧伽婆羅用開尾字對不送氣濁音，梵文字母輔音總跟着一個短"a"，用開尾字是常例；用鼻音韵尾字對送氣濁音，"gha"用收 [ŋ] 的字對；"jha"，"ḍha"，"dha"都用收 [n] 的字對；"bha"用收 [m] 的字對。曇無讖所用"嘔"字的口旁，"湺"字的水旁都是特別的。僧伽婆羅對音，"ṭ"組加"輕"字，拿來跟不加輕字的"t"組區別：

ṭa 多	ṭha 他	ḍa 陀	ḍha 檀	ṇa 那
ta 輕多	tha 輕他	da 輕陀	dha 輕檀	na 輕那

這一點跟送氣不送氣無干。闍那崛多除用"社"字對"jha"外，送氣濁音都用口旁字去對。總結起來，隋以前對譯梵文字母，送氣濁音用二合，加說明，鼻音韵尾字，加偏旁各種很勉強的辦法去對，可見漢語濁塞音本來不是送氣的；不送氣字就用普通的濁音開尾字去對，不加說明，不特別加偏旁，可見漢語濁塞音本來是不送氣的。

　　以上所論，限於隋以前，唐以後不具論。不過有一點值得注意，唐朝自從善無畏，不空以後，常用

---

① 中國音韵學研究譯文葉 254，原文葉 378。
② 看附錄一。

漢語		對譯	梵文
鼻音聲母，鼻音韵尾字			鼻音
鼻音聲母，無鼻音韵尾字			不送氣濁塞音
濁口塞音聲母，或舌面濁摩擦音聲母字			送氣濁塞音

現在舉脣音字做例子。[①]

	p	ph	b	bh	m
善無畏（724年）	波	頗	摩	婆	莽
不空（771年）	跛	頗	麼	婆去	莽（鼻聲呼）
智廣（780—804？年）	波（盋下反音近波我反）	頗（破下反音近破我反）	婆（罷下反輕音餘國有音麼）	婆（重音薄我反）	麼（莫下反音近莫可反餘國有音莽）
般若（798年）	跛	頗	婆（摩我反）	婆（蒲我反）	莽
慧琳1（788—810年）	跛（波可反）	頗（叵）	麼（莫可反）	婆（取去聲）	莽（莫朗反）
慧琳2（788—810年）	跛（波可反）	頗（陂我反）	麼（莫我反無鼻音）	嗲（婆賀反去聲重）	麼（忙膀反鼻音）

這種現象可以從兩個方向去解釋：

（1）所對梵音是某種方言，鼻音後面的元音變成鼻化元音，所以善無畏等用“莽”[maŋ] 對“ma”，智廣說：“麼，餘國有音莽。”不送氣濁塞音變成相當的鼻音，所以善無畏等用“摩”或“麼”[ma] 去對“ba”，般若用“婆”，注云“摩我反”，“摩”是鼻音，智廣說：“婆，餘國有音麼。”留下一套濁塞音就用“婆”[ba] 去對，現在是一套濁塞音對一套濁塞音，送氣不送氣就沒有辨字性了。至於智廣所對的當然不是餘國音，他區別送氣不送氣的辦法是注明“重音”跟“輕音”，參看上文法顯，慧嚴用“重音”對送氣濁音。智廣悉曇字記序引南天竺沙門般若云：

南天祖承摩醯首羅之文，此其是也。而中天兼以龍宮之文，有與南天少異，而綱骨必同。

健馱羅國憙多伽文獨將尤異。而字之所由，皆悉曇也。[②]

表示各地有方音差別。

（2a）對音所根據的某種漢語方言，鼻音聲母變成相配的口塞音，如果還有鼻音

韵尾，聲母不變。所以"莽"[maŋ] 對"ma"，"摩"[ma] > [ba] 對"ba"。濁塞音變成送氣的。所以"婆"[ba] > [b'a] 對"bha"。

（2b）要是鼻音聲母變成帶鼻音的口塞音，"摩"[ma] > [mba] 對"ba"。賸下來的一套"bha"就用婆 [ba] 去對，那就不必假定婆 [ba] >送氣的 [b'a] 了。慧琳² 特別適合這一種假設，用"麼"[mba] 對"ba"注明"無鼻音"，"麼"[mba] 對"ma"注明"鼻音"，"啓去聲重"表示送氣，還是法顯他們的老辦法，可見 [ba] 沒有變 [b'a]。①

---

① 參看羅常培，唐五代西北方音（1933 年上海出版），葉 142 "明，泥，疑三母的讀音"：
在前面所引的四種藏音裏，凡明母字之不附 -n 或 -ṅ(=ŋ)收聲者皆對以 'b，泥母字之不附 -m 或 -ṅ收聲者皆對以 'd，而疑母字則不論收聲是什麼一律都變成 'g：這類聲母的變讀要算是唐五代西北方音的一種特徵。我在上文已經證明這個 'd，'d，'g 前面的 ['] 號是含有鼻音成素的，因此我覺得這三母的讀音應該同現代文水興縣，平陽的 [mb,nd,ŋg] 相近。在我們從前所有的方言材料裏除去上面所舉的三個山西方言以外，其他陝西，甘肅的方言還沒有同樣的佐證，最近白滌洲先生赴陝西調查，發現陝北的安塞，延川，清澗，吳堡，綏德，米脂等處也有類似的讀法，這便是從唐五代沙洲附近的方音一脈相傳下來的。

713 由龍州僮語漢語借字證不送氣說

漢語的並，定，羣等母，在龍州僮語的漢語借字裏讀不送氣清音。"龍州土語"[①]
葉 26 云：

> 從上面聲母表看起來，漢語的古濁母如羣，定，並，澄，從（除去牀）都變成不送氣的清
> 塞音或塞擦音，這一點與官話及我們知道的粵語如廣州，博白等都不同。例外的字如奇，皮，
> 婆等平聲字可以是近來自官話或粵語借來的；舅，姤是粵語的借字，廣州話這兩個字也讀
> 送氣聲母（廣州陽上全濁白話照例是讀送氣）。姤集韻入去聲，但廣州話讀上聲，這裏也
> 是上聲。綢，朝讀 [ɕ–] 也跟奇讀 [k'–] 是類似的現象。

例如定母借字（同書葉 24）：

> 臺袋大題蹄第地桃道調條頭荳簟段堂特停斷定動獨（又讀）讀毒銅同桐筒但彈渡（原書尚
> 有"頓"字，當改列端母下。）

三十一個全讀 [t]，跟端母借字"都"等讀 [t] 相同，跟透母借字"兔"等讀 [t'] 不同。
原注云：

> 此外，糖（定）讀 [t'] 陰平，似乎是從透母來的。

牀母一共三個字（崇類："事，牀"；船類："神"），都讀清邊音 [ɬ]，跟照母（莊
類："阻"等；章類："賁"等）讀 [tɕ]，穿母（初類："叉"等；昌類："處"等）
讀 [ɕ] 都不同。照穿牀鼎立，不是穿牀跟照對立，牀母讀音並不跟別的現象衝突，端定
跟透對立等現象是可以信賴的證據，所以我們主張並，定，羣等母是 [b]，[d]，[g] 等，
不是 [b']，[d']，[g'] 等。

---

① 1940 年上海商務印書館出版。

714　由廣西傜歌證不送氣說

廣西傜歌記音^①葉 6 云：

> 本篇所記傜歌，嚴格說起來，其實不是傜歌，乃是傜人唱的漢歌。

又葉 150 聲母比較討論云：

> 1.……關於發音方法上，傜的帶音 [b] 與古清濁沒有關係，不論幫，滂，並都有讀 [b] 的。古全清跟全濁在傜音除少數讀帶音外都讀不帶音不送氣（全清），這個非但幫並如此，在端定，知澄，照牀都是如此。
>
> 2.……端定多數讀 [t]，透讀 [t']，跟幫並與滂對待的情形一樣。
>
> 4. 精組的精清從心邪在傜音都是一律看待，多數讀摩擦音 [θ]，少數讀 [ð]。
>
> 6.……在發音方法上見羣與溪的對待跟端定與透一樣。同樣知澄，照牀也讀不帶音不送氣（全清），但古送氣的徹穿不讀破裂摩擦（卽塞擦）吐氣而讀純摩擦，因而跟審母併。

例如並母

> 伴（又讀）白皮箔貧便平傍旁別芙飯房逢

十四個字讀 [p]，

> 步伴（又讀）拌

三字讀 [b]。

精組的字全混起來了，如 “借，村，在，塞，隨” 等多數讀 [θ]，“早，齊，散” 等少數讀 [ð]，不是清從跟精對立，從母讀音不跟別的現象衝突，幫並跟滂對立等現象是可以信賴的證據，所以我們主張並，定，羣等母是 [b]，[d]，[g] 等，不是 [b']，[d']，[g'] 等。

---

①　1930 年北京出版。

72 日母

高本漢認爲切韵日母是 [ńź]，Maspero[1] 認爲七世紀時，日母是 [ñ]（= [ń]）。從梵文字母對音看起來，Maspero 的修正比較好些。唐以前梵文字母 "ña" 對音如下：[2]

隋以前　　竺法護（286 年）用 "惹" 字，佛馱跋陀羅（418—820 年）用 "壤"
　　　　　字，無羅叉（291 年），鳩摩羅什（403—404 年），法顯（417 年），
　　　　　曇無讖（414—421 年），慧嚴等（424—432 年），僧伽婆羅（518 年），
　　　　　闍那崛多（587—591 年）都用 "若" 字。

唐　甲　　玄應（649—655 年），玄奘（660—663 年），智廣（780—804？年），
　　　　　都用 "若" 字，地婆訶羅（683，685 年），實叉難陀（695—699 年），
　　　　　善無畏（724 年）都用 "壤" 字。

唐　乙　　不空（771 年），般若（798 年），慧琳（788—810 年）都用 "孃" 字。

"壤，若" 都是日母字。宋跋本，廣韵都沒有 "惹" 字，它的讀音可能跟若字一樣。（宋跋本，廣韵都有 "惹" 字，"惹" 是日母字。龍龕手鏡，57 惹，俗音惹，亂也；65 惹，人者反，亂也，又音若，誽也。誽音於欠反 [廣韵，梵韵誽於劍切]。集韵，惹，爾者切，詭也，誽也，絓也，或書作惹。）"孃" 是泥母三等，普通算它是 "孃" 母。唐甲除智廣外，都比唐乙早。善無畏譯音（724）以前，都用日母字對 "ña"，不空譯音（771）以後才改用 "孃" 字，可見切韵日母是 [ń]。

高本漢在 "The Reconstruction of Ancient Chinese"[3] 葉 37 反駁 Maspero 的說法：
切韵另外有泥 [n-] 母，它跟見 [k] 母一樣，在某些地位是 [j] 化的。舌面的 [ń] 跟 [nj] 聽起來幾乎不能分別，發音很相近（看 Rousselot 所著各書）。所以我們很疑惑，第一，反切的作者能夠這樣嚴格的區別出來，第二，要是 [ń] 跟 [nj] 曾經同時存在，後來會有這樣分岐的演變。如果日 [ńź] 母是從 [ń] 音變來的，我想這是很可能的，那個 [ń] 變 [ńź]，一定在某些輔音在輔音性介音 [i̯] 跟主要元音 [i] 前頭顎化 [ki̯än] > [kji̯än]，[ki] > [kji]，[ni̯än] > [nji̯än]，[ni] > [nji] 之前，就是說在有 [nj] 之前。這變化一定比切韵早得多，所以六世紀

---

① Le dialecte de Tch'ang-ngan sous les T'ang，葉 34，BEFEO，20，1920。
② 出處見附錄一和附錄二。人名後括弧中注明譯經或撰作年代。
③ 通報，1922。

中國北方日母已經是 [ńʑ]。

據上文所述，[j] 化說靠不住，[ni] 跟 [ńi] 在同一個語言裏存在並沒有什麼困難，（浙江溫嶺 "你" [ni] ≠ "擬" [ńi]）。並且反切有些時候也把泥母 [n] 跟日母 [ń] 給弄混了。如宋跋本王韵馬韵 "惹，人者反" 下云："惹，又奴灼反"，"惹" 又見藥韵 "若而灼反" 下，"奴" 是泥母，"而" 是日母。在 Grammata Serica 裏，高本漢把孃母寫作 [ń]。所謂泥孃兩母出現機會是互補的，在方音演變上並沒有不同，所以 "Distinctions" 那篇文章就主張併成一類。

如果切韵日母是 [ńʑ]，娘是 [nj] 或 [ń]，何以善無畏（724 年）以前全用日母字對梵文 "ña"，到不空（771 年）才用 "孃" 字。依照我們的說法，日母一直是 [ń]，所以善無畏以前都用來對梵文 "ña"，到不空那時候，日母的音變了，才用孃 [niaŋ] 去對梵文 "ña"。

有一點要提一下，日母字調類的演變跟明泥疑三母相同，跟船常兩母字不同。

在這兒附帶說一下孃母的地位，端透定泥是同部位的。到切韵的時候，端透定裏頭分化出來的知徹澄跟端透定已經有對立，所以切韵的局面是：

端　透　定　泥

知　徹　澄

知徹澄沒有相當的鼻音，碰巧另外有個日母，沒有相當的口音，截長補短，就拿日配知徹澄，敦煌掇瑣第一百號 "守溫撰論字音之書" 云：

舌音 端透定泥是舌頭音
知徹澄日是舌上音

後來的人認爲知徹澄配日不妥當，便造出一個娘母來：

端　透　定　泥

知　徹　澄　孃

　　　　　　　　日

我們說造出來，因爲無論就切韵系統或者方言演變說，孃母都是沒有地位的。

73　端知精莊章五組

高本漢莊組只有莊初崇生四類，根據反切和韵圖，我們把"俟，漦"兩個小韵從崇母分出來，獨立成爲俟母。俟跟莊初崇生同部位，跟邪常同方法，應該是 [ẓ]。這樣一來，精莊章三組就完全平行了。它們鼎立的情形，可以從梵文字母對音證明。向來用心，生，書三母分別對梵文的 "sa，ṣa，śa，" 從西晉竺法護（286 年）到唐慧琳（810 年），對音所用字如下：[①]

梵	漢	
sa	娑，[②]縒	——心母字
ṣa	沙，灑，屣	——生母字
śa	奢，赦，賒，捨，嗏	——書母字

對譯單字的時候，就沒有字母對音那末嚴格，"ṣ"跟"ś"有混淆的。

端知兩組出現情形大體互補，不過切韵裏已經有對立。端組是 [t] 等沒有問題。高本漢以爲知組是舌面音 [ȶ] 等。他當初主張二等有微弱的 [i] 介音，後來從 Maspero 說取消，舌面音的說法便有困難。羅先生"知徹澄孃音值考"以爲知組是捲舌音 [ṭ] 等。[③][t]跟莊組 [tṣ] 等跟 [i] 拼就部位上說有困難，雖然梵文有 "ṭi" "ṣi" 一類組合。別的聲母，三等（有 [i] 介音）跟非三等（無 [i] 介音）的反切上字爲求介音和諧，有分組的趨勢。知莊兩組出現於二等跟丑類寅類，可是反切上字並無分組的趨勢。麻庚兩韵二三等同韵，可是知組莊組聲母字並無二三等對立。庚韵莊組聲母字反切下字用二三等不定。可見在知莊兩組聲母後，[i] 介音不十分顯著。要解釋這現象，我們可以說知莊兩組的發音部位近於 [ʃ]。這假定可以避免舌面音跟捲舌音兩種說法的困難。如果我們的心是 [s]，生是 [ʃ]，書是 [ś]，另外沒有 [ṣ]，只好用 [ʃ] 對梵文 "ṣ"，解釋對音也沒有困難。把這一點交代清楚，我們還是保持 [ȶ]，[tṣ] 等寫法（跟 [ʃ] 同部位的塞音沒有適當的符號）。

---

① 譯者和出處見附錄一和附錄二。人名後括弧中注明譯經或撰作年代。

② "娑"或作"婆"，是鈔刊之誤。

③ 前歷史語言研究所集刊第三本第二分葉 121—159。

74　切韵聲母表

§51 高本漢構擬的聲母表有好些不妥當的地方，我們有五點修正：

a. [j] 化聲母併入相當的單純聲母。取消羣的 [j]。云併入匣。孃併入泥。

b. 取消並定澄從崇船羣七個濁塞音的送氣。

c. 日母改成 [ń]。

d. 崇母裏頭分出"俟，漦"兩個小韵，獨立爲"俟"母，是崇母相配的濁摩擦音。

e. 知莊兩組的部位可能同是 [ʃ]。

結論如下表：

幫組	幫 p	滂 p'	並 b	明 m				
端組	端 t	透 t'	定 d	泥 n				來 l
知組	知 t̂	徹 t̂'	澄 d̂					
精組	精 ts	清 ts'	從 dz		心 s	邪 z		
莊組	莊 tṣ	初 tṣ'	崇 dẓ		生 ṣ	俟 ẓ		
章組	章 tś	昌 tś'	船 dź		書 ś	常 ź		
日組			日 ń					
見組	見 k	溪 k'	羣 g	疑 ŋ	曉 x	匣 ɤ	影 ʔ	羊 ○

八 韵母的討論

81 獨韵和開合韵

切韵指掌圖①跟經史正音切韵指南②把韵分爲獨韵跟開合韵兩類，對照列表如下：

切韵指掌圖			經史正音切韵指南		
一	獨	高交驕驍	12③	効攝外五	獨韵
二	獨	公○弓○	1	通攝內一	此攝指掌作獨韵。獨韵者，所用之字，不出本圖之內。
三	獨	孤○居○	5	遇攝內三	獨韵
四	獨	鉤○鳩樛	21	流攝內七	獨韵
五	獨	甘監○兼	23	咸攝外八	獨韵（第一行）　合口呼（末行）
			24	咸攝外八	
六	獨	○○金	22	深攝內八	獨韵
七	開	干姦犍堅	10	山攝外四	開口呼
八	合	官關勸涓	11	山攝外四	合口呼
九	開	根○斤○	8	臻攝外三	開口呼
十	合	昆○君均	9	臻攝外三	合口呼
十一	開	歌加迦○	13	果攝內四	假攝外六　開口呼
十二	合	戈瓜○○	14	果攝內四	假攝外六　合口呼
十三	開	剛○薑○	15	宕攝內五	開口呼
十四	合	光江○○	16	宕攝內五	合口呼
			2	江攝外一	見幫曉喻屬開，知照來日屬合。此攝指掌亦作獨韵。
十五	合	觥肱○局	18	曾攝內六	合口呼
			20	梗攝外七	合口呼
十六	開	揯庚驚經	17	曾攝內六	開口呼
			19	梗攝外七	開口呼
十七④	開	該皆○○	6④	蟹攝外二	開口呼
十八	開	○○基雞	3	止攝內二	開口呼
十九	合	傀○歸圭	4	止攝內二	合口呼
二十	合	○乖○○	7	蟹攝外二	合口呼

---

① 四部叢刊續編本及墨海金壺本。

② 明正德十一年（1516 年）刊本。

③ 阿拉伯數字表示原來列圖次序。

④ 以下四圖，兩書大略相配。

切韵指掌圖"辨獨韵與開合韵例"云：

> 總二十圖。前六圖係獨韵，應所切字不出本圖之內。其後十四圖係開合韵，所切字多互見。
>
> 如眉箭切面字，其面字合在第七干字圖內明字母下，今乃在第八官字圖內明字母下，蓋干
>
> 與官二韵相爲開合。他皆倣此。

切韵指南"通攝內一"注云：

> 獨韵者，所用之字，不出本圖之內。

這兩段話，要略加解釋。獨韵的被切字與反切下字，同在一圖，所以說"不出本圖之內"。開合韵之開合，係指非脣音字而言。就脣音字說，開合韵也是獨韵。開合韵之脣音字無所謂開合，可開可合。所以開合韵之脣音字，有時用開口字作反切下字，有時用合口字作反切下字。反過來，開合韵之非脣音字，無論開口合口，都可以拿脣音字作反切下字。除非開合兩圖脣音字重出，被切字與反切下字要是有一個（而且只有一個）是脣音字，就發生被切字與反切下字不同圖現象。這就是切韵指掌圖說的所切字多互見。

切韵指南"江攝外一"注云：

> 此攝指掌亦作獨韵。

這個跟今日所見切韵指掌圖江入第十四光字圖內不合。

陳澧切韵考外篇卷二"二百六韵分倂爲四等開合圖攝考"也分獨韵跟開合韵。陳澧的分法大致跟上列兩書相同，咸攝完全算是開口，江韵圖末云：

> 右江韵，切韵指掌圖入陽養漾合口圖內；四聲等子則以江腔嵸邦胮龐厖牻肛牻諸字入宕攝開口圖內（上去入倣此），椿蠢幢瀧肉淙雙瀧諸字入宕攝合口圖內（上去入倣此）；切韵指南則自爲江攝一圖，而分開合與等子同。

宋跋本王韵江攝反切下字系聯情形如下：

> 江韵　江古雙反，雙所江反，別的小韵都拿江做反切下字。
>
> 講韵　講古項反，項胡講反，別的小韵都拿項做反切下字。
>
> 絳韵　絳古巷反，巷胡降反，別的小韵拿巷或降做反切下字。
>
> 覺韵　覺古岳反，嶽五角反，覺角同音，嶽岳同音，別的小韵都拿角做反切下字。

可見江攝是獨韵。拿聲母做條件分化成開口跟合口是後來的事。

所謂開合韵是有開合口對立的韵，如果我們用大寫 [V] 表示任何元音，用 [u] 表示合口介音，那末開口韵是 [V]，合口韵是 [uV]，[u] 介音的有無是辨字的。

獨韵裏頭，嚴凡大體上是互補的，不過上入兩聲溪母有對立：

	广	范	業	乏
溪	敆，丘广反	凵，丘范反	怯，去劫反	猲，起法反

向來都認爲嚴凡開合對立。不過有好些事實令人懷疑這種對立的可靠性。請看葉71單字音表嚴凡兩韵跟聲母配合情形，尤其是“醃，埯，腌”屬嚴，“俺”屬凡。（宋跋本梵韵“劒，欠，俺”三個小韵，項跋本都在 [去聲] 嚴韵。）范韵“范”小韵注云：

> 苻凵反。人姓，又草。陸無反語，取凡之上聲。四。

底下還有凵，叏兩個小韵。可能切韵原本范韵本來就只有一個小韵。唐寫本唐韵殘卷業韵“怯”小韵注云：

> 去劫反。一。加。

好像切韵本來沒有怯字，不過入聲韵目作

> 魚業
> 怯

所以這一條證據是可以懷疑的。宋跋本乏韵“猲”小韵注云：

> 起法反。恐受財。史記曰：“恐猲諸侯。”二。

底下一個是“妧”字，注云：

> 好皃，止妙也。（妙字原文不甚清楚。）

唐韵“猲”小韵完全相同，不過沒有“止妙也”三個字。項跋本“猲”小韵注云：

> 起法反，又虛割反。恐受財，史記云，諸侯也。一。

沒有“妧”字。承唐先生指示，知引史記語見蘇秦列傳。南宋黃善夫本史記卷六十九葉六至七云：

> 恐愒諸侯

注云：

> 愒音呼曷反〇索隱曰：恐音起拱反，愒音呼曷反，謂相恐脅也。鄒氏愒音憩，義疎。

舊注並無“起法反”一音。並且從曷聲的字（曷從匃聲）上古音是祭部（韵尾是舌尖音）開口，到切韵系統反而變成收脣音 [-p] 的合口字，多少讓人有點兒不放心。所以嚴凡的兩組對立，都是有問題的。現在姑且保留舊說。

　　除此以外，猲韵是沒有開合口對立的。韵鏡、康熙字典等韵切音指南把猲韵也分成開口跟合口，通志七音略的“重中重”跟“重中輕”相當于開，“輕中重”跟“輕中輕”相當於合，也等於猲韵分開合。開合韵的開合口跟猲韵的開合口在性質上是不同的。高本漢漠視這種區別，^①根據切音指南開合口構擬切韵音系的開合，開口無[u]（或[w]）介音，合口有[u]（或[w]）介音或拿[u]做主要元音。假定是開合韵的開合口，或者是獨韵的"開口"，都沒有問題。假定是獨韵的"合口"，他的辦法就有問題了。通遇兩攝是獨韵的"合口"，沒有跟它們相配的開口，所以它們的"合口"介音不能分辨字。就高本漢構擬古音的方法說，通遇兩攝的主要元音是根據方言定的，通遇兩攝的[u]（或[w]）介音是根據切音指南寫的。（[i]介音跟我們現在討論的問題無關。）如果我們區別開合韵的合口跟獨韵的"合口"當中的差別，認爲開合韵合口的元音是[uV]，跟相當的開口[V]對立；獨韵的"合口"不是[uV]，而是[V]，不過這個[V]可能是[u]或其他圓脣度較高的元音。這樣子，通遇兩攝的[u]（或[w]）介音可以取消。對於方言的演變，[uoŋ]，[iwoŋ]，[uo]，[iwo]能解釋的，[oŋ]，[ioŋ]，[o]，[io]都能解釋。[uŋ]，[iuŋ]，[iu]的[u]是主要元音，保留。魚虞模的元音下文還要討論。

我們的說法最大的好處在於解釋切韵音系聲韵配合的情形。在現代方言裏，有介音的韵母跟沒有介音的韵母，同聲母配合的情形是不同的。拿[u]做主要元音的韵母，跟拿[u]做介音的韵母配合的情形不見得一樣。例如廣州話帶[u]介音的韵母只能和[k]，[k']，[○]拼，主要元音是[u]的韵母就不限於這三個聲母。

現在我們來看看切韵收[-ŋ]，[-k]的通江宕梗曾五攝的韵母跟聲母配合的情形。表中橫線表示聲韵配合的關係，圓圈表示切韵音韵系統裏不可能的字。

聲母＼韵母	通攝	江攝	宕梗曾三攝	
	獨韵合	獨韵開	開合韵開	開合韵合
幫　　　　組	—	—	—	
端知精莊章日　六組	—	—	—	○
見　　　　組	—	—	—	—

從上表可以看到兩點：

1. 獨韵跟聲母配合的關係沒有限制，無所謂開合的分別。（這兒把因等的不同而引起的聲韵配合限制丟開不論。）

2. 開合韵的合口跟聲母的配合關係是有限制的。（也不論因等的不同引起的限制。）

---

① 參看中國音韵學研究譯本葉462—466。

把現代方言聲韵配合的知識運用到切韵上去，結論是很明顯的：開合韵的開口是 [V]，開合韵的合口是 [uV]，獨韵無所謂開合口，一律是 [V]，這個 [V] 可能是 [u] 或其他圓脣元音。

高本漢有兩個合口介音，一個是強的元音性的 [u] 介音，一個是弱的輔音性的 [w] 介音。他的理由有兩點：

1. 廣韵開合口分韵，如寒韵 [ân]，桓韵 [uân]，桓韵的合口介音是強的 [u]；廣韵開合口同韵，如唐韵 [âŋ]，[wâŋ]，唐韵的合口介音是弱的 [w]。

2. "官"，古音 [kuân] ＞廣州 [kun]，強的合口介音吞沒原來的主要元音。"關"，古音 [kwan] ＞廣州 [kuan]，弱的合口介音不吞沒原來的主要元音。

"Distinctions" 215 針對這兩點提出批評：

> 高本漢根據分韵和近代方言的演變，分別元音性的 [u] 介音跟輔音性的 [w] 介音。比方說，
> "剛" 跟 "光" 都在唐韵，所以寫成 [kâŋ]（＞廣州 [kɔŋ]）跟 [kwâŋ]（＞廣州 [kuɔŋ]）；
> "干" 跟 "官" 分別見於寒韵跟桓韵，所以寫成 [kân]（＞ [kɔn]）跟 [kuân]（＞ [kun]！）。
> 可是分韵跟方言兩個理由都有困難。在切韵殘卷裏，分韵跟同韵的區別不一定存在。廣韵
> 戈韵 [uâ] 的字切韵殘卷併入歌韵 [â]。同樣的，桓韵 [uân] 併入寒韵 [ân]，諄韵 [iuěn] 併入
> 眞韵 [iěn]。所以，同韵不同韵不能再做 "光" [kwâŋ]："剛" [kâŋ] 跟 "官" [kuân]："干" [kân]
> 分別處置的理由。（原注：高本漢後來也看到這一點，說韵的分合是趣味問題。參看他的
> The Reconstruction of Ancient Chinese，通報 21（1922）.20。）說到近代方言的演變，困
> 難的是證明得太多。因爲廣州 "仙" [sjän] 跟 "宣" [sjwän] 變成 [sin] 跟 [syn]，正和 "干" [kân]
> 跟 "官" [kuân] 變成 [kɔn] 跟 [kun] 一樣。事實上，從歌韵分出戈韵可以認爲是後來元音的
> 變遷，完全跟從仙韵 [sin] 分出宣韵 [syn] 一樣，雖然前者比後者早。沒有別的證據，這兩
> 條理由都不能證明切韵古音裏的區別。

高本漢的 [u] 介音跟 [w] 介音又不是辨字的區別，他自己也說："切韵每韵正常只有一種合口。"[①] 原注云：

> 我構擬的切韵音系只有一個例外；我在音韵學中構擬的 "尹" [jiuěn][②]："隕" [jiwěn]（以
> 解釋不同韵）實在是我的系統中一大弱點。這是不可能的，要重新考慮。

[①] Shī King Researches，葉 126。

[②] 高本漢舉的例子，"尹" 是羊母字，依他的系統當作 [iuěn]，跟 "隕" 聲母不同，不如改成 "均" [kjuěn]："麇" [kjwěn]，它們的區別不是合口介音的區別，看下文葉 140—141。

　　高本漢分 [u]，[w] 的理由不可信，並且這種分別又不是辨字的，我們可以給改成一個符號。本來 [u] 跟 [w] 都是一樣的，不過 [u] 又可以當主要元音，又可以當介音用，[w] 當主要元音用不便，所以我們老用 [u] 寫切韵開合韵合口的介音。[①]

　　現在我們討論開合韵裏頭脣音字的開合問題。大體上說，開合韵開合的對立限於非脣音聲母，就脣音聲母說，開合韵也是獨韵，即脣音字沒有開合的對立。（法語 ma[ma]:moi[mwa] 可以說是開合的對立。）拿陽韵做例子說：

	開口	脣音	合口
幫		方，府長反	
滂		芳，敷方反	
並		房，符方反	
明		亡，武方反	
澄	長，直良反		
溪	羌，去良反		匡，去王反
羣	強，巨良反		狂，渠王反
匣			王，雨方反

“長，羌，強，良”是開口，沒有問題。“匡，狂，王”是合口，也沒有問題。脣音字無所謂開合口。如果脣音字也要分開合，麻煩就多了。“方，府長反”，“長”字開口，所以“方”字也是開口；“王，雨方反”，“王”字也是開口；“匡，狂”都拿“王”做反切下字，也是開口。單純系聯反切下字定開合的辦法顯然行不通。可行的辦法是把脣音字跟別的字分開，脣音字可開可合，不分開合，別的字才分開合。所以，脣音字可以拿開口字或合口字做反切下字，開口字跟合口字都可以拿脣音字做反切下字。有時，反切上下字完全相同，被切字卻有開合的不同：

	開口	合口
宋跋本，項跋本	芥，古邁反	夬，古邁反
宋跋本	行，胡孟反	蝗，胡孟反
切三	格，古陌反	虢，古陌反
唐韵（廣韵同）	格，古伯反	虢，古伯反
廣韵	企，丘弭切	跬，丘弭切
廣韵	棧，士免切	撰，士免切

碰着這些情形，我們就要參考聲韵配合情形，等韵圖表，上古音來源，方言演變來決

---

① 參看中國音韵學研究譯本葉 170—172。

定哪個字開口，哪個字合口。

開合口不分韵的開合韵，情形都跟陽韵類似。

開合口分韵的開合韵，脣音字也沒有對立。不過這裏有一個例外：

	咍	灰	海	賄	代	隊
幫		杯_{布回}				背_{補配}
滂		肧_{芳杯}	啡_{㾒憒} 佋_{普乃}			配_{普佩}
並	陪_{扶來}	裴_{薄恢}	倍_{薄亥}	琲_{薄罪}		佩_{薄背}
明		枚_{莫盃}	穤_{莫亥}	浼_{武罪}	穤_{莫代}	妹_{莫佩}

好些人（包括作者在內）都懷疑咍灰脣音字開合對立的可靠性。切三沒有"陪"小韵。高本漢說方言證倍爲合口，[1] 在 Grammata Serica 裏就寫成合口。"Distinctions" 葉 220 說"倍"常假作"背棄"之"背"，例如孟子滕文公篇："師死而遂倍之"，很難說"加倍"的"倍"跟"倍棄"的"倍"當中有開合口的不同。"倍"小韵還有"蓓"字，注云"黃蓓草。""琲"小韵還有"痱"字，注云"痱瘟。""瘟"字注云："痱瘟，皮外小起。"玉篇"蓓蕾，花綻兒。""蓓，又黃蓓草名。""蓓蕾"跟"痱瘟"可能是同音的。現在我們看一看宋跋本王韵的又讀：

沃韵："瑁，莫沃反，又莫再反。"

隊韵"妹莫佩反"小韵："瑁，璹瑁，又盲督反。"

代韵"穤莫代反"小韵："帽，冒圭四寸，又莫沃反，亦作瑁。"

看起來好像"瑁"＝"帽"，有兩個讀音：

莫沃反＝盲督反

莫再反＝莫佩反＝莫代反

代韵"穤"小韵的"胶，背肉"跟隊韵"妹"小韵的"胸，背肉"恐怕是一個字。"穤"字跟"妹"小韵的"黴"字可能也是一個字。廣韵"妹"小韵也有"穤"字，注云："禾傷雨則生黑班也。"這些都要影響"穤"和"妹"的對立的可靠性，同時影響"穤"和"浼"的對立。也許有人從來源着眼，認爲那些對立的字，"裴，浼，妹"是上古微部字，"啡，琲"的聲旁也是上古微部字，"倍"是上古之部字，"陪佋"的聲旁也是上古之部字。原來元音相同，微部韵尾 [d]，之部韵尾 [g]，韵尾變成 [i] 以後切韵系韵書安排得不妥當。

---

① 中國音韵學研究譯本葉 582（原本葉 749）注。

這樣一來，帶便把"啡，疋愷反：俖，普乃反"對峙的問題也解決了。[①]有的人乾脆否認"咍"和"灰"是開合口對立，因此根本取消咍灰脣音字對立問題。這個辦法很利害，可是切韵前後詩文用韵情形不允許我們否認"咍"和"灰"開合相配。

最後說到開合韵脣音字的寫法。開合口不分韵的脣音字一律以開口論。這麼寫有兩個理由，第一是宕梗曾三攝開口韵拼脣音以外聲母無限制，合口韵限見系字，獨韵（開合韵就脣音字說是獨韵）跟聲母配合情形同開口韵，第二是求簡單。文魂脣音字寫合口介音。本來爲求一致化，文魂的脣音也可以全作開口，沒有不便。只因爲我們不能完全走出咍灰脣音字對立的困難，文魂脣音字也寫 [u] 介音才合適。要是我們願意"不謹嚴"一點兒，認爲咍灰對立的脣音字是不可靠的，應該是同音的，切韵音系脣音字的 [u] 介音全可以取消。凡韵也可以不寫合口介音，完全跟嚴韵一樣。

重脣音變輕脣音的條件是個困難問題。高本漢接受 Edkins, Volpicelli, Schaank 跟 Maspero 的說法，認爲雙脣音變齒脣音的條件是三等合口。[②]脣音字不能分開合，倒過來就說變輕脣音的是合口，這樣子就走入循環論證的圈子。"Distinctions"葉 223—227 提出重脣變輕脣的條件是三等，主要元音是央元音或後元音，把微改成 [i（w）əi]，幽改成 [iěu]。這個說法很吸引人。可是後來走進庚韵的死胡同，只好說，除列舉廢，凡，元，陽，虞，微，尤，文，東丑，鍾十韵[③]雙脣音變齒脣音外，沒有別的辦法。

在離開本題之前，還有一件事要提一下。反切上下字 [i] 介音有求和諧的趨勢，合口 [u] 介音有沒有這種趨勢呢？脣音字無所謂開合口，沒有這個問題。反切上字獨韵字用得最多，獨韵字無所謂開合口，也可以說對開合口是中立的。反切上字裏頭合口字很少，看上文§37。反切上下字對開合口的關係可以分成下列七項：

1. 反切上字開口，下字開口，被切字開口。

2. 反切上字開口，下字合口，被切字合口。例外：騂，息營反，"營"字合口，"騂"字開口。

3. 反切上字合口，下字開口，這種情形一共只有九個小韵，其中七個小韵（爲，僞，

---

① 可能"啡，疋愷反，出唾聲，一"="俖，普乃反，不肯，一"。"啡"和"俖"是"一個字"，"出唾"表示"不肯"，是一件事的兩方面。它們都是 [d]，[g] 韵尾變 [i] 以後才有的字形。

② 中國音韵學研究譯本葉 37。

③ 這十韵的"幫，滂，並"分別變成"非，敷，奉"。凡，元，陽，虞，微，文六韵的"明"變成"微"。尤，東丑兩韵的明母依舊是明母，不變"微"母。廢，鍾兩韵根本沒有明母字。

位，會，縣，往，役）是合口，兩個（罯，講）是開口。

4. 反切上字合口，下字合口，被切字合口。這種情形一共有三十一個小韵。

5. 反切上字合口，下字脣音，被切字合口，這種情形一共有十八個小韵。

6. 反切上字獨韵，下字開口，被切字開口。例外："媧，曠，荒，潢，复，祭，泂，扃，焭，鋻"十個小韵合口。

7. 反切上字獨韵，下字合口，被切字合口。

關於獨韵字沒有開合（困難是嚴凡兩部上入兩聲溪母有對立），開合韵就脣音字說也是獨韵（困難是咍灰兩部有對立），開合韵拿脣音字做反切下字的時候開合不定，上文都提過了。

有人喜歡簡單而又容易記憶的說法。我們可以說，開合韵非脣音字只要反切上下字當中有一個是合口，就是合口，例外只有"騂，罯，講"三個小韵。

82　通江宕梗曾五攝

　　爲方便起見，下文討論拿平聲包括上去入三聲。平上去三聲收元音各韵無相配的入聲。平上去三聲收 [-m]，[-n]，[-ŋ] 的韵相配的入聲收 [-p],[-t],[-k]，介音和主要元音四聲相同。四聲相承見上文第一章單字音表，跟§23韵類表。

　　通攝只要加上兩點修正就行，[i̯] 介音改 [i]，冬鍾的合口介音取消。結果是：

東一 uŋ　　　　　東丑 iuŋ

冬　oŋ　　　　　鍾 ioŋ

冬韵和鍾韵一三等相配，冬韵"恭，蚣，樅"三小韵從反切看起來是三等，"恭"是見母，"樅"是清母，"蚣"是心母，鍾韵另外沒有見清心三母字，"恭"和"攻"又是對立，所以根據廣韵併入鍾韵。參看葉8通攝單字音表附注5。

　　江攝不必改動：

江　aŋ

宕攝只要把三等 [i̯] 介音改成 [i] 就行了：

唐開 âŋ　　　　唐合 uâŋ

陽開 iaŋ　　　　陽合 iuaŋ

開合韵同韵的，脣音字一律以開口論，這一點以下不再提。

　　梗攝青韵的 [i] 介音取消，庚清兩韵的 [i̯] 介音改 [i]，耕韵的元音從"上古音韵表稿"[1]改成 [ä]，可以節省一個符號。結果是：

庚二開 ɐŋ　　庚子開 iɐŋ　　耕開 äŋ　　清開 iäŋ　　青開 eŋ

庚二合 uɐŋ　　庚子合 iuɐŋ　　耕合 uäŋ　　清合 iuäŋ　　青合 ueŋ

曾攝跟宕攝一樣，把三等介音 [i̯] 改成 [i]：

登開 əŋ　　　　蒸開 iəŋ

登合 uəŋ　　　　職合 iuək

---

[1]　"上古音韵表稿"葉104，前歷史語言研究所集刊第十八本，1948。

83　果假兩攝

中國音韵學研究跟 Grammata Serica 沒有果丑，Analytic Dictionary[①] 把果丑的元音都寫得跟假攝 [a] 一樣。要是果丑的元音跟假攝一樣，這些字應該歸麻韵不歸歌韵。看"鞾（靴）"字用韵，也是屬歌不屬麻的。梁簡文帝詩文用韵，歌（包括廣韵分立的戈）麻分而不混，"靴"入歌不入麻。于海晏漢魏六朝韵譜齊梁陳隋譜葉 75 "歌戈"下云：

簡文帝　　河波_{烏棲妻之一}　珂跎河靴多波莎過_{西齋行馬}　羅過波多歌和_{箏賦}　柯荷跎多過蛾_{對燭賦}　歌和_{七勵之四}　和歌_{七勵之四}

又 76，77 "麻"下云：

簡文帝　　花華斜家車_{棐荑女}　鴉賒斜花家_{金樂歌}　賒花_{有所思之三}　車家_{烏棲曲之三}　斜琶花紗家_{詠內人畫眠}　瑕賒牙霞花斜花車嗟_{孌童}　華車霞花嗟_{守東華門開}　葩花芽_{薔薇}　華嘉霞_{臨後園}　斜花_{詠藤}　加麻筇賒_{阻歸賦}　華花_{鴛鴦賦}　嘉華葩花_{七勵之二}　家華花霞_{七勵之四}　華嘉芽花_{玄圃園講頌}　華斜沙花_{行雨山銘}

又 77 "馬"下云：

簡文帝　　寡社_{連珠}　　下野假_{智傅法師墓誌}

因此果丑不能併入假丑。假丑 [i̯] 介音改作 [i] 結果是：

歌一開 â　歌一合 uâ　歌丑開 iâ　歌丑合 iuâ

麻二開 a　麻二合 ua　麻丑開 ia

<hr>

① 11，60，122 三葉。

84 一二等重韵問題和寅類韵的重紐問題

所謂一二等重韵是同攝同等，除去開合口對立外，還有兩個或三個不同的韵類。高氏認爲東 [uŋ] 冬 [uoŋ]，庚 [ɐŋ] 耕 [ɛŋ] 是音質不同，別的一二等重韵都是音量長短的區別：

咍 âi　覃 âm　合 âp　皆 ǎi　　　咸 ǎm　洽 ǎp　山 ǎn　鎋 ǎt

泰 âi　談 âm　盍 âp　佳 ai　夬 ai　銜 am　狎 ap　刪 an　黠 at

"上古音韵表稿"[①] 批評高氏的說法，並且根據這些韵上古跟 [*a] 類韵有關係，還是跟 [*e]，[*ə] 類韵有關係，修正如下：

咍 âi　覃 êm　合 êp　佳 äi　皆 ǎi　咸 em　洽 ɐp　山 än　黠 ät

泰 âi　談 âm　盍 âp　　　夬 ai　銜 am　狎 ap　刪 an　鎋 at

從 "上古音韵表稿" 葉 112 原注看起來，[ê] 相當於 Jespersen 的央 [ʌ]，在國際音標 [a] 跟 [ɑ] 之間。除咍跟佳兩韵下文還要提到外，別的都可以接受。

所謂寅類韵的重紐是說支脂祭眞仙宵侵鹽八部，牙喉音聲母逢開合韵可能有兩組開口，兩組合口，逢獨韵也可能有兩組對立，脣音聲母（開合韵對脣音字講也是獨韵）也可能有兩組對立，等韵一組列三等，另一組列四等。"廣韵重紐試釋"[②] 提出下列兩點：

a. 支脂祭眞仙宵六部重紐來源不同，演變也不全一樣。

b. 這六部的韵母可以分成兩類：

　　1 類——包括所有的舌齒音與韵圖置於四等的脣牙喉音；

　　2 類——包括韵圖置於三等的脣牙喉音。

本文管 1 類叫 A 類，2 類叫 B 類。不過有一點要注意，匣₃（＝喻₃＝云＝于）跟羊（＝喻₄）的對立同時又是聲母的不同，和別的重紐性質不一樣。AB 兩類音值怎麼不同很

---

① 前歷史語言研究所集刊第十八本葉 75—79，103，104，112，113 等處。

② 前歷史語言研究所集刊第十三本葉 1—20。

難說，我們只作類的區別。①A 類除了沒有匣母外，跟聲母配合的關係和沒有重紐的丑類一樣。B 類跟聲母配合的關係完全和子類相同。上文我們說三等介音是 [i]，子類和丑類完全寫作 [i]，寅類 A 也寫作 [i]，寅類 B 寫作 [j]。侵鹽兩韵雖然只有影母有重紐，也按等韵列圖分 AB（參看葉 79）。

---

① 支脂祭眞仙宵六部幫滂並明見溪羣疑曉影十母的重紐字，韵圖分別列在"三等"和"四等"。從又音上可以看出"三等"和"四等"的不同。韵圖上列"三等"的重紐字又音是純三等韵（子類），韵圖上列"四等"的重紐字又音是純四等韵（齊蕭添先青五部）。例如：

	韵圖三等	韵圖四等
幫		編 卑連反，仙韵，重紐四等 布千反，先韵，純四等韵
見	蹶 紀劣反，薛韵，重紐三等 居月反，月韵，純三等韵	
溪		缺 傾雪反，薛韵，重紐四等 苦穴反，屑韵，純四等韵

作者另外有文章討論這問題。

85　蟹攝

泰韵和夬韵的構擬不必改動。

高本漢的 [â] 是從 [*ə] 變來的，據他的 "The Reconstruction of Ancient Chinese" 葉 29，[ɐ] 是帶點 [ə]，[ä] 性質的 [a]，我們把 [â] 全改成 [ê]，所以咍韵是 [êi]。

皆韵和佳韵依 "上古音韵表稿" 的說法都是 [äi]，我們把佳再改成 [ä]。支韵和佳韵上古音同部，韵尾 [*-g]，支的韵尾失落，高本漢作 [jiě]，佳的韵尾如果假定跟支一樣也失落了，至少跟皆有個寫法的區別。王了一先生 "南北朝詩人用韵考"① 葉 790：

> 支佳同用者，則有：顏延之赭白馬賦：儀街螭奇羈馳枝離；皇太子釋奠：儀街馳猗。
>
> 鮑照園葵賦：委灑靡解。江淹空青賦：施娃離儀虧。王僧孺詠寵姬：罷屣解買。
>
> （原注：佳韵字下加一畫。）佳韵的字太少，又有幾個常用的字像 "崖涯差" 等是同時屬於支韵的，令我們把支佳的界限分不清。如果我們把 "崖涯差" 也認爲佳韵字，那麼，支佳同用的例子就更多了。

這是比切韵略早的事。說佳是 [ä]，跟支通押比較好些。不過這麼一來，蟹攝的字就不全收 [i] 了。

祭韵和廢韵的 [i] 介音改成 [i]，祭韵 B 的 [i] 介音寫作 [j] 作標類的符號。

齊韵的 [i] 介音取消。

海丑跟齊丑兩類的情形同歌丑一樣，所以是 iêi，iei。高本漢並沒有把這兩類從海齊兩韵分出來。

加上這些改動以後得到：

泰開 âi	夬開 ai	祭 A 開 iäi	祭 B 開 jäi	廢開 iɐi
泰合 uâi	夬合 uai	祭 A 合 iuäi	祭 B 合 juäi	廢合 iuɐi
咍　êi	皆開 äi	海丑開 iêi		
灰　uêi	皆合 uäi			
	佳開 ä	齊丑開 iei	齊四開 ei	
	佳合 uä		齊四合 uei	

---

① 清華學報第十一卷第三期葉 783—842。

86 止攝

高本漢以爲止攝主要元音是 [i]，它前頭的聲母是要 [j] 化的，跟輔音性 [ɪ] 介音前頭的聲母要 [j] 化相同，跟元音性 [i] 介音前頭聲母不 [j] 化不同，所以他在這一攝韵母前頭都寫一個 [j]，碰到他以爲不能 [j] 化的聲母（精，清，從，心，邪；莊，初，崇，生），就不要它。他在 Analytic Dictionary 葉 9 說 [i] 前頭的 [j] 可以省去不寫，止攝字不能省去 [j]。我們不承認他的 [j] 化說，所以把韵頭的 [j] 完全取消。

高本漢支韵是 [jiɛ]，根據是寄字等福州讀 [-ie]，汕頭，廈門讀 [-ia]，我們改成 [ie]，解釋方言一樣方便。支 [ie] 的主要來源是 [*ieg]，韵尾 [*-g] 失落，並不元音化成 [i]。

高本漢微韵是 jɐi，根據是日譯吳音微開口讀 [-e] 溫州話 "機，譏，幾" 也讀 [-e]，閩語中有把 "機衣幾氣" 等字讀作 [-ui] 的。"Distinctions" 224 把微韵改訂作 iɐi，說解釋方言一樣的好，解釋來源 *iəd 更好。我們把 ɪ 改成 i 就得到 iəi。微韵原來的韵尾 [*-d] 元音化成 [i]。

高本漢脂之兩韵都是 [ji]。我們用類推辦法，之的來源是 [*iəg]，假定 [*-g] 尾跟支韵一樣失落，之韵就是 iə。脂韵的主要來源是 *ied，假定脂韵的 [*-d] 尾跟微韵一樣變成 [i]，兩個 [i] 吞沒了當中的 [e] 成爲 [i]。

支 B[ie] 改作 [je]，脂 B[i] 寫作 [ji]，作標類的記號。

結果是：

支 A 開 ie　支 B 開 je　脂 A 開 i　脂 B 開 ji　之 iə　微開 iəi

支 A 合 iue　支 B 合 jue　脂 A 合 ui　脂 B 合 jui　　　微合 iuəi

以上說的分別皆佳兩韵的辦法，分別脂之兩韵的辦法都有點勉強，不過一時還沒有甚麽好辦法。皆韵的主要來源是 [*ed]，[*ed] > [äi]，佳的來源是 [*eg]，[*eg] > [ä]。皆脂兩韵都有一部分是從 [*（i）əg] 來的。

87　山臻咸深四攝

高本漢沒有注意到寅類韵的重紐問題。切韵眞部跟脂部一樣有兩組開口，兩組合口，廣韵分出一組合口諄部，因此高本漢要分別眞開，眞合，諄三類。這三類跟廣韵質術臻櫛四類，他的構擬經過好些次變化，在 Grammata Serica 裏寫作：

眞開 iĕn　質 iĕt　諄 iuĕn　術 iuĕt　眞合 iwĕn　臻 iɛn　櫛 iɛt

諄跟眞合 [u]:[w] 的區別他在 Skï King Researches 葉 126 說要重新考慮，諄跟眞合的關係就是脂 A 合跟脂 B 合的關係。臻跟眞 A 開互補，櫛跟質 A 開互補，我們就把臻櫛分別歸入眞質。高本漢一度主張："臻作 [tṣiĕn] 而瑟作 [ṣiĕt] 可以算是頂穩健的猜度。"[①] 這意見比較合適。

隱韵 "齔，初謹反"，隱是子類韵，不該有初母。戴震聲韵考以爲 "齔" 是跟臻櫛相配的上聲。臻櫛本身跟眞質互補，軫韵又沒有初母字，"齔，初謹反"可以算是軫韵字，這樣一來，"齔，初謹反"跟震韵的 "齔，初遴反"單純是上聲跟去聲的又讀了。

嚴凡大體互補，就是上入兩聲溪母有對立。最保守的辦法是嚴開凡合。

此外一二等重韵據 "上古音韵表稿"[②] 改，[i] 介音改動情形同以前各攝。

結果是：

山攝	寒開 ân	刪開 an	仙 A 開 iän	仙 B 開 jän	先開 en
	寒合 uân	刪合 uan	仙 A 合 iuän	仙 B 合 juän	先合 uen
	元開 iɐn	山開 än			
	元合 iuɐn	山合 uän			
臻攝	痕 ən	殷 iən	眞 A 開臻 iĕn	眞 B 開 jĕn	
	魂 uən	文 iuən	眞 A 合 iuĕn	眞 B 合 juĕn	
咸攝	談 âm	銜 am	鹽 A iäm	鹽 B jäm	添 em
	覃 ɐm	咸 ɐm	嚴 iɐm	凡 iuɐm	
深攝			侵 A iəm	侵 B jəm	

---

① 前歷史語言研究所集刊第一本第四分葉 488。

② 前歷史語言研究所集刊第十八本葉 1—249。

88　遇流效三攝

梵文字母 u，ū，o 的對音在隋唐之交有變動，我們可以從這裏看出遇流兩攝的主要元音來：[①]

	u	ū	o
法顯（417 年）	短憂	長憂	烏
曇無讖（414—421 年）	郁	優	烏
慧嚴等（424—432？年）	短憂	長憂	烏
僧伽婆羅（518 年）	憂	長憂	烏
闍那崛多（591 年）	優		嗚
玄應（649—655 年）	塢烏古反	烏	污
地婆訶羅（683 年）	烏上聲	烏	烏
不空（771 年）	塢	污引	污
不空（771 年）	塢上	污	污
智廣（780—804？年）	短甌上聲聲近屋	長甌長呼	短奧去聲近污
慧琳（810 年）	塢烏古反或亦作鄔亦通	污塢固反引聲牙關不開	污襖固反大開牙引聲雖卽重用污字其中開合有異

上表所用字都是影母字。"憂，優"尤韵字，"郁"屋韵三等，"甌"侯韵字，別的都是模韵字。入聲跟"短"表示短音，"長"跟"引"表示長音。上聲平聲對立的時候，上聲表示短音，平聲表示長音。

從表裏頭我們可以看到，東晉至隋，尤屋兩韵的主要元音是 [u]，模韵的主要元音是 [o]。唐朝模韵由 [o] 變 [u]，所以模部字兼對 [o]，[u]。慧琳的注大有意思，"牙關不開"跟"大開牙"是相對的，"其中開合有異"是指開口度的大小不同。

侯尤兩韵是相配的一三等，所以切韵侯韵是 [u]，尤韵是 [iu]。

模虞兩韵是相配的一三等，所以切韵模韵是 [o]，虞韵是 [io]。

梵文詞彙的對譯，條理當然沒有字母對譯來得齊整，不過趨勢是很清楚的。這兒

---

① 出處見附錄一和附錄二。人名後括弧中注明譯經或撰作年代。

舉幾個例，來說明侯尤模虞四韵的元音在隋唐之交的變動。

a. 大唐西域記卷一，大正藏卷五十一葉 869 中：北拘盧洲，舊曰鬱單越，又曰鳩樓，訛也。原文 Kuru。

b. 同上：信度河，舊曰辛頭河；訛也。原文 Sindhu。

c. 西域記卷四，大正藏卷五十一葉 890 中：羅怙羅，舊曰羅睺羅，又曰羅云，皆訛也。原文 Rāhula。

"拘"和"鳩"同是見母字，"拘"虞韵，"鳩"尤韵。"盧"和"樓"同是來母，"度"和"頭"同是定母，"怙"和"睺"同是匣母，"盧，度，怙"是模部字，"樓，頭，睺"是侯部字。舊譯用尤侯部字對 u，西域記改用雙聲的虞模部字去對，注裏並且說舊譯訛也。理由是很顯然的，隋 [o] > 唐 [u]，隋 [u] > 唐 [əu]。[u] 變成複合元音，[o] 舌位上升。原文沒有變，漢字音變了，因此要改譯，舊譯當然"訛也"。這三個例子沒有別的音韵問題在裏頭，從這三個例子出發，再看：

d. 西域記卷二，大正藏卷五十一葉 877 中：戍陀羅，舊曰首陀，訛也。原文 śūdra。

e. 西域記卷九，大正藏卷五十一葉 919 下：鄔波索迦，唐言近事男，舊曰伊蒲塞，又曰優波塞，又曰優婆塞，皆訛也。原文 Upāsaka。

"戍，首"同是書母字，"戍"虞部，"首"尤部。"鄔，優"同是影母字，"鄔"模部，"優"尤部。這些都是侯尤改模虞的例子。"切韵魚虞之音讀及其流變"[①] 收集的梵漢對譯的例子很多，可以參看。

現在我們可以解釋智廣的對音了，他用"甌"對 [u]，是他所根據的方言侯部字保留 [u]，沒有變 [əu]。他用"短奧去聲近污"對 [o] 要跟他用"長奧依字長呼"對 [au] 合起來看才能明白。唐以前一直用豪部字對 [au]。梵文 [o] 在連讀變化時是 [au]，[au] 在連讀變化時是 [āu]，兩個是長短相配的。所以智廣用"短奧"是求系統整齊，注明"去聲近污"是表示讀音的。他根據的方言 [u] 沒有變 [əu]，[o] 也沒有變 [u]。

把本文的說法跟高本漢的比較一下：

	本文	高本漢		本文	高本漢
侯	u	ə̯u	尤	iu	i̯ə̯u
模	o	uo	虞	io	i̯u

---

① 前歷史語言研究所集刊第十三本葉 119—152，1948。

高本漢魚韵作 [iwo]，模韵配魚韵不配虞韵，這是錯誤的。模韵配虞韵除梵文對音兩韵的情形相同外，還有種種證據。"魚虞模三韵，依南北朝的韵文看來，虞模是一類，魚獨成一類；當虞模同用的時候，魚還是獨用的。"① 廣韵韵目"魚"下注"獨用"，"虞"下注"模同用"，上去聲同。通志七音略跟韵鏡裏頭，魚韵都獨成一圖（內轉第十一），虞模兩韵合成一圖（內轉第十二），這些都是模配虞不配魚的證據。切韵指掌圖（第三圖），四聲等子（遇攝內三），經史正音切韵指南（遇攝內三），康熙字典等韵切音指南（遇攝內三）都把魚虞合起來配模，魚虞不分，就不能決定那一個本來配模，那一個本來不配了。

這些韵都是獨韵，所以高本漢構擬的模魚兩韵合口介音都得取消。他在 Shï King Researches 葉 141 竭力替他這兩韵的構擬辨護。他先說模魚兩韵相配，例如：

模	魚
古 kuo	居 kịwo
吾 ŋuo	語 ŋiwo
盧 luo	驢 lịwo
都 tuo	諸 tśịwo
途 dʻuo	余（d）iwo

他認爲很確定的，兩韵在一起。要末"古"是 [kuo]"居"是 [kịwo]，要末"古"是 [ko]"居"是 [kịo]。沒有第三種可能。他再說日本譯音表現得很清楚，模有合口介音。模韵字有聲母的時候，合口介音略去，例如"古"[ko]。但是沒有聲母的時候，介音就出現了，例如"烏，枅，汙"等漢音作 [uo]。"古，盧，都，途"跟"烏"是一類，魚韵跟模韵相配，所以模是 [uo]："古"[kuo]，魚是 [iwo]："居"[kịwo]。

諧聲跟漢音這兩個證據都是有問題的：

上古魚部字中有虞韵字，這部分虞韵字也跟模諧聲。模跟虞諧聲的例子（也用高本漢的構擬）：

模	虞
圃 puo	甫 piu
膴 xuo	無 miu
吳 ŋuo	虞 ŋiu
汙 ʔuo	于 jiu

---

① 王力，南北朝詩人用韵考，葉 784。

就諧聲看，模韵字諧魚韵字，也諧虞韵字，看不出模魚相配，模虞不配。高本漢只看見一方面。我們關於模配虞不配魚的理由，上文已舉。

關於漢音的證據，請看漢音：

唐		鐸		模		東		屋	
剛	光	各	郭	古	烏	公	翁	谷	屋
kō	kuō	kaku	kuaku	ko	uo	kō	uō	koku	uoku

剛各是開口，漢音無 [u] 介音，光郭是合口，漢音有 [u] 介音。古公谷獨韵，漢音無 [u] 介音。烏翁屋獨韵，漢音有 [u] 介音。高本漢認爲有聲母時介音省去，無聲母時介音出現，只能解釋 "古，公，谷，烏，翁，屋" 的讀音而不能解釋 "剛，各，光，郭" 的讀音。"光" 和 "郭" 有聲母，何以不省 [u] 介音。現在我們換一個解釋：獨韵有聲母保留單元音，沒有聲母主要元音分裂（Brechung，breaking），生出一個 [u] 來，我們可以從方言裏找些旁證。北京公讀 [kuŋ]，翁讀 [uəŋ]，這是誰都知道的。湖北鍾祥方言：

> o 韵沒有開口合口的分別，賀，貨同音。（這韵在沒有聲母字如我臥等字略帶合口音，近似 uo，在 k，k'，x 聲母也有，但是合口不很顯，在其他聲母是純 o 音。）[1]

現在我們把模虞兩韵裏頭的合口介音取消，模韵是 [o]，虞韵是 [io]。模韵是 [o] 沒有問題。虞配模上文已經證明，所以虞韵是 [io]。魚部字見於梵漢對音的不多，就方言看，魚的圓脣程度，舌位高度不如虞，所以定爲 [iȧ]。

高氏也看到尤部字對梵文 u 的現象，不過他只看見事實的一部分，解釋是很勉強的。他先說： "虞等的主要元音顯然是一個介乎前顎後顎之間的 u，或者應該寫作 u/y。" 接着又說：

> 這個說法在古代的譯音上得到可貴的根據。我們看見外國的 u 音中國人不大用遇攝字來譯，而往往拿流攝字來譯，尤其是佛經的譯名裏是如此。佛教徒之所以常常用 kjjəu 來寫外國的 ku 而不用 kjjụ（中國那時沒有簡單的 ku），那是因爲 kjjụ 字裏 u 的特別音彩。[2]

高氏是從方言出發的。他解釋方言，沒有注意到尤侯的主要元音變成複合元音，魚虞模的舌位升高，魚虞元音受了 [i-] 音變的影響向前移動，都是切韵以後的事。我們舉一些保持切韵舊讀的事實：

---

① 鍾祥方言記葉 12，1939 年上海商務印書館出版。
② 中國音韵學研究譯本葉 521，原文葉 683。

a. 在高麗譯音，日譯吳音裏，侯尤都是 [u]，並沒有變成複合元音，如"鉤" [ku]，"油" [iu]。

b. 在高麗譯音，日譯漢音，安南譯音裏，模都是 [o]，如"古" [ko]。

c. 在日譯吳音裏，模韻字大部分讀 u，如"古" [ku]，脣音字有保留 [o] 的，如"模" [mo]。虞韻字，據漢和大字典全作 [u]；據漢和大辭林，見組字全作 [o]，幫組字有 [o] 有 [u]，其他全作 [u]。大辭林作 [o] 的字如"拘，驅" [ko]，"懼，愚" [go]，"羽" [uo]，"甫，敷" [po]，"附" [bo]（[uo] 改 [u]，其他 [o] 改 [u] 即得大字典讀音）。[①]

d. 日譯吳音模魚舌位上升，讀音變了，保持原有距離，如"古" [ku]，"居" [ko]。

e. 日譯漢音虞魚舌位上升，讀音變了，保持原有距離，如"拘" [ku]，"居" [kio]。

到這裏爲止，遇流兩攝除幽韻以外都討論過了。高本漢在中國音韻學研究裏以爲幽韻是 [iə̯u]，後來改成 [iə̯u]，跟尤韻相同[②]。幽韻跟尤韻的不同是脣音字不變輕脣。例如北京"否"讀 [fou]，"富"讀 [fu]，"彪"讀 [piau]。"Distinctions" 225 把幽韻擬作 [iĕu]。我們把介音改作 [i]，幽韻就是 [iĕu]。

總結上文所說，遇流兩攝韻母是：

遇攝　　模 o　虞 io　魚 iä

流攝　　侯 u　尤 iu　幽 iĕu

我們對效攝的更動限於介音，蕭韻 [i] 介音取消，宵韻用 [i]，[j] 分別 AB。結果是：

豪 âu　　肴 au　　宵 A iäu　宵 B jäu　蕭 eu

*　　　　　*　　　　　*

在切韻系統裏頭，止蟹果假遇效流七攝收尾全是元音，只有平上去三聲，沒有相配的入聲。深咸兩攝平上去收 [-m]，相配的入聲收 [-p]。臻山兩攝平上去收 [-n]，相配的入聲收 [-t]，通江宕梗曾五攝平上去收 [-ŋ]，相配的入聲收 [-k]。

---

① Grammata Serica 葉 82。

② Grammata Serica 葉 417。

89 切韵韵母表

（拿平聲包括上去入三聲；–m,–n,–ŋ, 包括 –p,–t,–k ）

攝	一	二	子	丑	寅	四
			開 口			
止			微 iəi	之 iə	支 ie 脂 i	
蟹	泰 âi 哈 êi	夬 ai 佳 ä 皆 äi	廢 iɐi	海 iêi 齊 iei	祭 iäi	齊 ei
臻	痕 ən		殷 iən		眞 iěn 臻 iěn	
山	寒 ân	刪 an 山 än	元 iɐn		仙 iän	先 en
果	歌 â			歌 iâ		
假		麻 a		麻 ia		
宕	唐 âŋ			陽 iaŋ		
曾	登 əŋ			蒸 iəŋ		
梗		庚 ɐŋ 耕 äŋ	庚 iɐŋ	清 iäŋ		青 eŋ
			獨 韵			
通	東 uŋ 冬 oŋ			東 iuŋ 鍾 ioŋ		
江		江 åŋ				
遇	模 o			虞 io 魚 iå		
效	豪 âu	肴 au		宵 iäu		蕭 eu
流	侯 u			尤 iu 幽 iěu		
深				侵 iəm		
咸	談 âm 覃 êm	銜 am 咸 ɐm	嚴 iɐm 凡 iuɐm	鹽 iäm	添 em	

一	二	子	丑	寅	四
		合		口	
		微 iuəi		支 iue 脂 ui	
泰 uâi 哈 uêi	夬 uai 佳 uä 皆 uäi	廢 iuɐi		祭 iuäi	
					齊 uei
魂 uən		文 iuən		眞 iuěn	
寒 uân	刪 uan 山 uän	元 iuɐn		仙 iuän	先 uen
歌 uâ			歌 iuâ		
	麻 ua				
唐 uâŋ			陽 iuaŋ		
登 uəŋ			職 iuək		
	庚 uɐŋ 耕 uäŋ	庚 iuɐŋ	清 iuäŋ		青 ueŋ

附注　開合韵除灰，魂，文三部外，幫組字以開口論。

　　　寅類韵表上僅列 A 類；脂 B 開是 [ji]，脂 B 合是 [jui]，

　　　其他各韵逢 B 類 [i] 介音改 [j]。

九　聲調的討論

91　四聲三調說

切韵音系韵母跟四聲的關係如下表：

四聲	沒有輔音韵尾的韵母	收 –m, –n, –ŋ 的韵母	收 –p, –t, –k 的韵母
平	平	平	
上	上	上	
去	去	去	
入			入

收 [-p], [-t], [-k] 的韵母只有入聲，別的韵母只有平上去三聲。現在我們看看，入聲的調值跟平上去有沒有關係。比較各方言本身各調類的調值，在好些方言裏可以看到平行的事實，就是去聲入聲的調值常常符合。爲解釋這種現象，可以有一個假設，就是切韵平上去入四聲，論調值只有三個調位（toneme），平聲是一類，上聲是一類，去聲入聲是一類。去聲入聲的不同是韵尾的不同，去聲收濁音，入聲收清音，樂調是一樣的。這個假設我管它叫四聲三調說，可以幫助我們了解歷史上許多事實，就是去聲入聲的關係何以特別密切。

我們的證據有安南譯音，龍州僮語漢語借字，廣西傜歌，跟漢語方言當中保存古音性質最多的粵語，閩語，吳語。證據分佈的範圍這樣廣，很難說是偶然的巧合。

在援引的方言當中，四聲大多數因古聲母的清濁分出陰陽調。有些方言陰陽調完全符合，有些只有陰調或陽調符合，當是後來演變的分岐。有好多方言全濁上聲讀同濁去聲，這現象很早就有。李涪"刊誤"[1]不分全濁上去聲，批評切韵分全濁上去聲是吳音。

---

[1] 學津討原本李氏刊誤卷下葉八至十"切韵"條云："然吳音乖舛，不亦甚乎！上聲爲去，去聲爲上。……又恨怨之恨，則在去聲；很戾之很，則在上聲。又言辯之辯，則在上聲；冠弁之弁，則在去聲。又舅甥之舅，則在上聲；故舊之舊，則在去聲。又皓白之皓，則在上聲；號令之號，則在去聲。又以恐字苦字俱去聲。令士君子於上聲呼很，去聲呼恐，得不爲有知之所笑乎！"案"很：恨"，"辯；弁"，"舅：舊"，"皓：號"，這四對字都是全濁上去分不分的問題。這番話證明作者全濁上去不分。"苦"字宋跋本，切三，廣韵並"康杜反（切）"，項跋本"枯戶反"。宋跋本，項跋本"苦"字無去聲讀法。唐韵，廣韵"苦"字有去聲讀法，唐韵注明是後加的。"杜"和"戶"都是全濁上聲，李涪說陸法言以"苦"字爲去聲，可見李涪全濁上聲變去聲。"恐"字一項和全濁上去問題無干。"恐"字跋本上聲"墟隴反"和去聲"區用反"兩讀，李涪的方言大概只有去聲一讀，所以有此批評。（"苦""恐"都和全濁上去問題無干。李涪認爲二字都不該讀去聲。——編者）

依照我們的假設，四聲三調說，切韵音系調類跟韵母的關係如下表：

調　　類	沒有輔音韵尾的韵母	收 –m，–n，–ŋ 的韵母	收 –p，–t，–k 的韵母
一	平	平	
二	上	上	
三	去	去	入

92 安南譯音 [①]

切韵	四聲	平		上			去		入	
	聲母	清	濁	清	濁		清	濁	清	濁
					次	全				
安南國語		bang	huyen	hoi	nga	nang	sac	nang	sac	nang

　　安南譯音的價值特別大，一則因爲它很古；二則它的叫名不是漢語叫名的翻譯，那麽它的叫名一定根據譯音時的調值。清去清入用一個名稱，濁去濁入用一個名稱，表示因清濁分調後仍舊保持去入同調的舊局面，全濁上同濁去當是譯音所據方言已有的演變。

　　安南譯音（東京音）的調值如下：

	Bonet	Maspero
清平	橫	中橫
濁平	降	低橫（在河內）
清上	疑問	低升
次濁上	升	高轉或折（rompant superieur）
清去	有尖的，尖銳	高升
濁去全濁上	重，低，有分量	低轉或折
清入	有尖的，尖銳	高升
濁入	重，低，有分量	低橫

　　前六種收元音或鼻音（舒收）；後兩種收清塞音 [-p],[-t],[-t],[-k]（促收）。

　　Bonet 清去＝清入，濁去全濁上＝濁入，跟叫名一致，當爲舊讀反映。Maspero 清去＝清入還是舊局面，濁入＝濁平，不跟叫名一致。

---

① 據高本漢，中國音韵學研究譯本葉 444—445 引 Bonet,Dictionaire annamite-français，葉 vi；Maspero，Études sus la phonétique historique de la langue annamite，葉 11。安南國語表示調類的元音附加符號從略。

93　龍州僮語漢語借字 ①

切韵	四聲	平		上			去		入			
	聲母	清	濁	清	濁(次)	濁(全)	清	濁	清		濁	
龍州	元音								長	短	長	短
	調值	33:	31:	24:	31:	11:	55:	11:	55:	55:	21:	21:
		˧	˧˩	˨˦	˧˩?	˩	˥	˩	˥	˥	˨˩	˨˩
	例字	分 pan	牌 pa:i	本 po:n	馬 ma?	道 ta:u	拜 pa:i	敗 pa:i	百 pa:k	北 pak	白 pe:k	墨 mək

　　清去清入調形相同。濁去 11:，濁入 21:，好像差一點，"龍州土語"葉 16 說寫作 11: 的低平，"尾更降低如廣州的陽平"，實在還是一樣的。去入調形相同，不同在韵尾。全濁上同濁去。

---

① 據 "龍州土語" 葉 16—23 及字彙，1940 年上海商務印書館出版。

94　廣西傜歌 [①]

切韵	四聲	平		上				去			入	
	聲母	清	濁	清	濁			清		濁	清	濁
					次	全		不送氣	送氣及摩擦			
傜音	調類	平		上	平	陽去	陽去	高去	升去	陽去	平	陽去
	調值	42:		53:				55:	35:	11:		
		˩˨		˥˧				˥	˧˥	˩˩		
	例字	夫 pɔu	貧 pien	丙 peŋ	馬 ma	買 ma:i	亥 hai	拜 pa:i	破 pʼua	話 ya	百 pɛ	白 pɛ

濁去濁入是一個調，連長短的區別都沒有，跟下文要提到的吳語溫州話一樣。

---

① 據“廣西傜歌記音”葉164—168，1930年北京出版。參看“中國字調跟語調”（前歷史語言研究所集刊第四本第二分葉121—134）葉122。

95　廣州

切韵	四聲	平		上			去		入		
	聲母	清	濁	清	濁		清	濁	清		濁
					次	全					
廣州						白話陽上，文言陽去			短元音	長元音	
	調類	陰平	陽平	陰上	陽上		陰去	陽去	上陰入	中陰入	陽入
	調值	53:	21:	35:	23:		33:	22:	5:	33:	2:, 22:
		˥˧	˨˩	˧˥	˨˧		˧	˨	˥	˧	˨
	例字	夫 fu	扶 fu	虎 fu	婦 fu		富 fu	附 fu	北 pek	百 pak	白 pak

陰去調形同中陰入，陽去調形同陽入，因舒收促收而有長短之別。

傳統看法把舒收促收算作分"聲"（字調）條件，便把舒促不同而調形相同的現象遮掩了。光看去聲入聲，無法曉得它們的關係。安南譯音便很清楚的告訴我們，去入同調而收尾不同。廣州的調類叫名遮掩了調值的關係，撇開舒收促收分"聲"的傳統，說法就是另外一個樣子了。

Daniel Jones 分廣州字調爲六類 ①:

一高降（或最高橫）	不收 p,t,k	本地叫上平	案卽本文陰平。
	收 p,t,k	本地叫上入	案卽本文上陰入。
二高升	不收 p,t,k	本地叫上上	案卽本文陰上。
	收 p,t,k	本地無叫名	原注，本調收 p,t,k 字限於口語，如 "日" jat 讀高升調是口語。案 "日" 讀高升調本地叫 "變音"。
三高橫	不收 p,t,k	本地叫上去	案卽本文陰去。
	收 p,t,k	本地無叫名	案本地叫中入，卽本文中陰入。
四低降		本地叫下平	原注，本調不收 p,t,k。案卽本文陽平。
五低升		本地叫下上	原注，本調不收 p,t,k。案卽本文陽上。
六低橫	不收 p,t,k	本地叫下去	案卽本文陽去。
	收 p,t,k	本地叫下入	案卽本文陽入。

D.Jones 說入聲不是特別的調類，它們的樂調分別跟上平（陰平），[上去（陰去），]下去（陽去）相同。上入（上陰入）跟上平（陰平），[中入（中陰入）跟上去（陰去），]下入（陽入）跟下去（陽去）之間的不同是發音的不同，不是樂調的不同（differences of *articulation*, not of musical tone）。

不講傳統，從語音觀點論，說陽入陽去是一個調類，是無可非議的。陽去陽入長短的不同沒有辨字性，不構成不同的調位（non-tonemic），因爲它們的不同是完全由韻尾決定的。其他準此。

---

① Daniel Jones and Kwing Tong Woo 胡絅堂，A Cantonese Phonetic Reader, Introduction, xiv-xviii. London,1913。

96　福州①　廈門②

切韵	四聲	平		上			去		入	
	聲母	清	濁	清	濁(次)	濁(全)	清	濁	清	濁
福州廈門	調類	陰平	陽平	上　　聲		陽去	陰去	陽去	陰入	陽入
福州	調值	44:	52:	22:			12:	242:	13:	4:
	例字	音 iŋ	人 iŋ	飲 iŋ	引 iŋ		印 eiŋ	詠 eiŋ	壹 eik	亦 ik
廈門	調值	55:	24:	51:			11:	33:	32:	4:
	例字	新 sin	神 sin	哂 sin		腎 sin	信 sin	慎 sin	失 sit	食 sit

　　福州陰去陰入調形相近，都是低升。

　　廈門陰去陰入都是低降調，字母式聲調符號簡化過甚，把陰去弄成低平。請看廈門音系葉 22 樂譜：

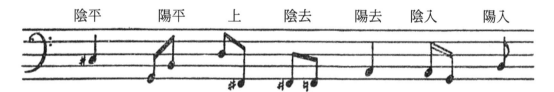

陰平　　陽平　　上　　陰去　　陽去　　陰入　　陽入

　　所以 le Maître Phonétique1930 年葉 38—40 所記的廈門音以陰入爲陰去的短調，以陽入（介於陽去和陰平之間）爲陰平的短調。

　　總結一句，陰去陰入福州都是低升調，廈門都是低降調，可以認爲一個調，長短由舒收促收規定。

---

① 福州據陶燠民，"閩音研究"葉 451，前歷史語言研究所集刊第一本葉 445—470。參看"中國字調跟語調"葉127，同刊第四本葉 121—134。

② 廈門據羅常培，廈門音系，1930 年北京出版。

97　吳語①

古四聲 分合條件 例字 方言		平			上			
		清	濁		清	濁		
			次濁	全濁		次濁		全濁
				文　白		文	白	
		江　天	來　名	同 / 前	懂 好 土 草	也文 永文	有白 老	是 稻
丹陽	城内	平 ＝ 2ᵇ1		＝去？	陰上 ⌒ 44#			＝陽去
	永豐鄉	早 ＝ 2ᵇ1			陰上 ⟋ 1#4			＝陽去
武進	城内 鯽談	陰平 ＝ 4	陽平 ⟋ 1⌢3②		陰上 ＝ 5　＝陽平			＝陽去
	城内 街談				陰上 ⟋ 35			
寶山	霜草墩	陰平 ⟍ 53	陽平 ⋀ ¹31		陰上 ＝ ⁴35　＝陰上			＝陽去
	羅店				＝陽上			
杭縣	城内	陰平 ⌣ 2#1#2	陽平 ⌣ #11#		陰上 ⟋ 51			＝陽去
黄巖	城内	陰平 ⌢ 32#4	陽平 ⌣ 212		陰上 ⋁ 4#24			陽上 ⟍ 2#1#2#
永嘉	城内	陰平 ＝ 4##	陽平 ⟍ ³41#		陰上 ⟍ 53ᵇ			陰上 ⌢ 241

---

① 據"現代吳語的研究",第四表:聲調表,1928 年北京出版。

② 原書作⌢73。——編者

去		入		調類總數	原調絕對音高	發音者資格
清	濁	清	濁			
對 叫 去 太	事 大 夢 外	不 各 脫 出	六 學 白 石			
陰去 $1^{\#}3$	陽去 $1^{\#}3$	入 3^{b} 或 $1^{\#}3$		5 ?	1=F#	女
去? 34 ?=?	陽去 $34^{\#}$	陰入 $4^{\#}$	陽入 $34^{\#}$	5? 6?	1=c	成
陰去 $51^{\#}2^{\#}$	陽去 $\widehat{24}$	陰入 5	陽入 24	7	1=F	成
陰去 $44^{\#}$	陽去 $^{2}1^{\#}4$	陰入 $44^{\#}$	陽入 $3^{b}5$	7	1=F#	成
陰去 $2^{\#}$	陽去 $1^{\#}2^{\#}$	陰入 5	陽入 12	7	1=F	女
陰去 5	陽去 $\widehat{1^{\#}5}$	陰入 4	陽入 $1^{\#}2^{\#}$	8	1=G	成
陰去 $\widehat{41}$	陽去 $2^{b}13^{b}$	陰入 $\widehat{32^{\#}4^{\#}}$	=陽去	7	1=e	女

---

① 丹陽永豐鄉清去簡譜原誤作54。

丹陽城內清去濁去同調，去聲入聲調形相同，只有跟着舒促走的長短之差。

丹陽永豐鄉濁去濁入調形相同，只有跟着舒促走的長短之差; 清去清入調形很相似。

武進陽去陽入甚相近，陽去因舒收之故，尾部變平。

寶山陰去陰入只有長短不同，調形相同。

杭縣陽去陽入極相似；陰去陰入都是橫調，此外更無橫調。

黃巖陰去陰入極相似；陽入是升調，陽去先橫後升是舒收的影響。 "現代吳語的研究" 葉 79 云：

　　溫州的陽入跟陽去一樣，因爲它的音很長，所以算它併入陽去。

別地方入聲常常是短調，所以卽使調形同去聲，也給分開了。

丹陽，武進，寶山，杭縣全濁上都同濁去。黃巖次濁上歸陰上，全濁上是陽上。溫州的陰陽完全跟着清濁走，最有規律。

附錄一　圓明字輪譯文表
附錄二　根本字譯文表

羅先生"梵文顎音五母之藏漢對音研究"[①] 葉 275 云：

> 泰縣繆子才先生篆在他的字平等性語平等性集解後面列過一個悉曇字母表，我就他所收的
> 材料加以增訂，改成四十九根本字及圓明字輪諸經譯文異同表，附錄在本篇之末，以供研
> 究華梵對音的人們參考。

底下兩個表就是根據羅先生兩個表畫的。凡是有方便查到大正新修大藏經的，表中所
列就根據大正藏，否則根據羅先生原表。表左一欄"大正藏"下阿剌伯數字，是大正
藏種數。種數下漢字，是大正藏卷數。卷數下阿剌伯數字，是那一卷葉數。葉數下括
弧中的譯經或撰作年代，有*號的根據支那內學院刊本開元釋教錄，其他根據羅先生"知
徹澄孃音值考"[②] 葉 123、124。

圓明字輪諸家次序可能不完全相同。如佛馱跋陀羅，地婆訶羅，實叉難陀的"吒"
跟"侘恥加反"的位置，恐怕要對掉一下才合適。這一點可能還有形近而誤的原因在裏頭。
前二人的"室者"當移到"多娑"的位置。其他不列舉。不單如此，恐怕字輪內容各
家也略有差別。請參看大正藏卷十葉 804，805。

玄奘譯圓明字輪"辣他"跟"薄"當中有"呵"字，羅先生表注云：

> 案他經陀羅尼門皆四十二句，獨玄奘譯大般若波羅蜜多經四十三句，繆篆云："字輪第
> 二十八字後衍'入呵字門悟一切法因性不可得故'十四字"。是也。今從之。

故略去"呵"字不錄。

大正藏有校語處，本表或從正文，或從校語，不另加注。

法顯根本字"ga"字對音，大正藏卷十二葉 888 云：

> 迦者藏也。一切眾生有如來藏，是故說伽。

疑"迦"當作"伽"，表上即列"伽"字。智廣根本字"ña"字對音注"餘國有音ㄗ講反。"ㄗ
是梵字，表上據羅先生表作"魚"。其他雖有錯字，亦不校改。如慧琳圓明字輪"ga"
字注"迦隹上音"，"隹"當作"准"。

---

① 前歷史語言研究所集刊第三本第二分葉 263—275。
② 前歷史語言研究所集刊第三本第一分葉 121—157。

附錄三 皇極經世十聲十二音解

　　涵芬樓影印道藏太玄部第七百零五冊（而上）至第七百十八冊（貴上）爲邵雍皇極經世，凡十二卷。卷第七至卷第十討論聲音，在音韵史或音韵學史上都有相當的價值。宋史卷四百二十七道學列傳一云：

> 邵雍字堯夫，其先范陽人。父古，徙衡漳，又徙共城。雍年三十，游河南，葬其親伊水上，遂爲河南人。雍少時自雄其才，慷慨欲樹功名，於書無所不讀。始爲學，卽堅苦刻厲，寒不爐，暑不扇，夜不就席者數年。已而歎曰，昔人尚友於古，而吾獨未及四方。於是踰河汾，涉淮漢，周流齊魯宋鄭之墟。久之，幡然來歸。曰，道在是矣。遂不復出。（中略）熙寧十年（1077年）卒，年六十七。

由卒年上推，邵雍生於大中祥符四年（1011年）。根據他的說法，可以考知十一世紀中葉的若干音韵現象，以及當時的音韵學知識。

　　原書甚煩瑣，今歸納成下表，[①]以便觀覽。下文稱引，橫稱行，縱稱列。

---

① 參看宋元學案卷十"經世聲音圖"。

		平上去入 日月星辰			開發收閉 水火土石
一聲	闢 日	多可个舌	一音	清 水	古甲九癸
	翕 月	禾火化八		濁 火	□□近揆
	闢 星	開宰愛○		清 土	坤巧丘弃
	翕 辰	回每退○		濁 石	□□乾虯
二聲	闢 日	良兩向○	二音	清 水	黑花香血
	翕 月	光廣況○		濁 火	黃華雄賢
	闢 星	丁井亘○		清 土	五瓦仰□
	翕 辰	兄永瑩○		濁 石	吾牙月堯
三聲	闢 日	千典旦○	三音	清 水	安亞乙一
	翕 月	元犬半○		濁 火	□爻王寅
	闢 星	臣引艮○		清 土	母馬美米
	翕 辰	君允巽○		濁 石	目皃眉民
四聲	闢 日	刀早孝岳	四音	清 水	夫法□飛
	翕 月	毛寶報霍		濁 火	父凡□吠
	闢 星	牛斗奏六		清 土	武晚□尾
	翕 辰	○○○玉		濁 石	文万□未

			平上去入				開發收閉
			日月星辰				水火土石
五聲	闢	日	妻子四日	五音	清	水	卜百丙必
	翕	月	衰○帥骨		濁	火	步白萯鼻
	闢	星	○○○德		清	土	普朴品匹
	翕	辰	龜水貴北		濁	石	旁排平瓶
六聲	闢	日	宮孔衆○	六音	清	水	東丹帝■
	翕	月	龍甬用○		濁	火	兌大弟■
	闢	星	魚鼠去○		清	土	土貪天■
	翕	辰	烏虎兔○		濁	石	同覃田■
七聲	闢	日	心審禁○	七音	清	水	乃妳女■
	翕	月	○○○十		濁	火	內南年■
	闢	星	男坎欠○		清	土	老冷呂■
	翕	辰	○○○妾		濁	石	鹿犖离■
八聲	闢	日	●●●●	八音	清	水	走哉足■
	翕	月	●●●●		濁	火	自在匠■
	闢	星	●●●●		清	土	草采七■
	翕	辰	●●●●		濁	石	曹才全■

切韵音系

		平上去入					開發收閉	
		日月星辰					水火土石	
九聲	關 日	● ● ● ●	九音	清 水	思三星■
	翁 月	● ● ● ●		濁 火	寺□象■
	闢 星	● ● ● ●		清 土	□□□■
	翕 辰	● ● ● ●		濁 石	□□□■
十聲	關 日	● ● ● ●	十音	清 水	■山手■
	翁 月	● ● ● ●		濁 火	■士石■
	闢 星	● ● ● ●		清 土	■□耳■
	翕 辰	● ● ● ●		濁 石	■□二■
			十一音	清 水	■莊震■
				濁 火	■乍□■
				清 土	■叉赤■
				濁 石	■崇辰■
			十二音	清 水	■卓中■
				濁 火	■宅直■
				清 土	■坼丑■
				濁 石	■茶呈■

邵氏所謂聲是韵類，音是聲類。表中虛○虛□相當於韵鏡序例"列圍"條的"有聲無形"，實●實■相當於"無聲無形"。後者是用來湊湊數，滿足某種理論的要求的，聲韵系統中本無此音。前者表示聲韵系統中可能有此音，碰巧沒有代表這音的字。皇極經世計算聲音配合，數虛○虛□不數實●實■，一共一百十二聲，一百五十二音，兩數相乘得一萬七千零二十四，代表一切可能的聲音配合。

宋祝泌觀物篇解^①卷四曰：

> 聲之位百六十，去不用之四十八，故止百十二，所以括唐韵內外八轉而分平上去入。音之
> 位百九十二，去不用之四十，故止百五十二，所以括切字母脣舌牙齒喉而分開發收閉也。

內外八轉者，切韵指掌圖^②"辨內外轉例"云：

> 舊圖以通止遇果宕流深曾八字括內轉六十七韵，江蟹臻山效假咸梗八字括外轉一百三十九韵。

就是說內轉八攝，外轉八攝的意思。^③一聲日月兩行是果假兩攝，星辰兩行是蟹攝。二聲日月兩行是宕攝，星辰兩行是曾梗兩攝。三聲日月兩行是山攝，星辰兩行是臻攝。四聲日月兩行是效攝，星行是流攝。五聲日月辰三行是止攝，不過妻是蟹攝齊韵。切韵指掌圖止蟹兩攝也是混合的。六聲日月兩行是通攝，星辰兩行是遇攝。七聲日行是深攝，星行是咸攝。表中沒有江攝字，從果假，曾梗合併看來，原意恐怕是舉宕賅江。以上是就平上去三聲說的，邵氏以入聲配陰韵不配陽韵是一大特點，七聲月辰兩行僅有入聲。韵鏡^④和通志七音略^⑤入聲配陽韵，不配陰韵，不過七音略藥鐸兼配效宕兩攝。祝泌觀物篇解附皇極經世解起數訣，^①切韵指掌圖，四聲等子，^⑥經史正音切韵指南^⑦都是入聲兼配陰陽。入聲配陽韵是切韵以來的傳統，入聲配陰韵表示語音有了變化。在上列各書裏，配陰韵的入聲限於切韵收 [-t],[-k] 的，沒有收 [-p] 的。可見 [-t],[-k] 失落或變成 [-i],[-u] 的時候，[-p] 還是保留未變。

就"開合韵"止蟹臻山果假宕梗曾九攝論，表上的"闢"就是"開"，"翕"就是"合"。可見邵氏系統裏，"開合韵"開合的對立，還保持切韵的規模。"獨韵"通江遇效流

---

① 四庫全書珍本初集本。
② 四部叢刊續編本及墨海金壺本。
③ 參看附錄四，轉與攝的關係。
④ 古逸叢書本。
⑤ 北京大學影印元至治本。
⑥ 咫進齋叢書本。
⑦ 明正德十一年（1516 年）刊本。

深咸七攝本來沒有開合的對立，有的是"闢"，有的是"翕"。效攝以非脣音字爲"闢"，脣音字爲"翕"。流攝平上去有"闢"無"翕"。通攝以東爲"闢"鍾爲"翕"。遇攝以魚爲"闢"模爲"翕"。侵咸兩攝平上去有"闢"無"翕"，入聲有"翕"無"闢"。開合韵對脣音字講也是獨韵，表中脣音字一律以"翕"論。入聲分配"闢翕"除剛才說的以外，看入聲字在切韵系統中所配陽韵而定。江攝入聲有岳字，跟宕攝入聲霍字"闢翕"對峙，可見邵氏實舉宕該江。

＊　　　　　　＊　　　　　　＊

以上討論十聲，現在開始說十二音。十二音各有二清二濁，共四十八類，減去九音"無形"的土石兩行，共四十六類。這四十六類跟切韵聲類及三十六字母都不同。就發音方法講，後兩者都有三套塞音（包括塞音和塞擦音），一套清音不送氣，一套清音送氣，一套濁音。這一套濁音在湘語吳語保持濁音，閩語大部分念不送氣清音，贛語客家語大部分念送氣清音，官話平聲念送氣清音，仄聲不送氣，粵語同官話，不過廣州並定羣等母古上聲今音讀陽上就送氣，讀陽去就不送氣。這些濁塞聲何時清化，送氣不送氣對立始於何時，均待考究。

邵氏十二音最大的價值是告訴我們，濁塞音平聲送氣仄聲不送氣對立的現象最晚始於十一世紀中葉。請看上表一音，五音，六音，八音，十一音，十二音，水行是不送氣清音，土行是送氣清音，水行與火行，土行與石行清濁相配。一套濁塞音要跟兩套清塞音相配。水土兩行清音中，平上去入四聲的字都有。火行濁音與水行不送氣清音配，限於仄聲。石行濁音與土行送氣清音配，限於平聲。全表羣，並，定，從，崇，澄各類一致，沒有例外。十一音石行濁音是辰字，相配土行清音是赤字，把辰字當濁塞擦音看待。因此，我們可以假設，十一世紀中葉時，邵雍所根據的方言，濁塞音有兩種不同讀法，平聲送氣，仄聲不送氣。在清音裏，送氣不送氣是一種"辨字性的區別"（phonemic distinction）。兩個字在讀音上可以一切都相同，只有這一點不同。所以不送氣清塞音跟送氣清塞音是兩個不同的音位（phonemes）。在濁音裏，送氣不送氣是"非辨字性的區別"（non-phonemic distinction）。我們不能找出兩個字，在讀音上一切都相同，只有濁音送氣不送氣之別，因爲送氣的限於平聲，不送氣的限於仄聲。所以不送氣濁塞音跟送氣濁塞音是屬於同一個音位的兩個"有條件的變值"（conditional variants 或 contactual variants）。後來，濁塞音清化，仄聲併入不送氣清音，平聲併入送氣清音。取消了清濁的區別，送氣不送氣一律是"辨字性的區別"。

切韻聲類與三十六字母，就發音方法的清濁送氣說，只有一套鼻音，一套邊音，都是濁的。可是，邵氏十二音裏頭，疑母（二音土石兩行），明母（三音土石兩行），微母（四音土石兩行），泥母（七音水火兩行），來母（七音土石兩行），日母（十音土石兩行），都是清濁相配的。其中清音是上聲，濁音是非上聲，沒有例外。

這現象可以用鼻音字邊音字調類的演變來解釋。現在舉官話方言的北京話為例：

（1）古平聲依古聲母清濁分成今陰平陽平，鼻音字邊音字的調類跟別的濁音聲母字相同。例如"湯（透母），糖（定母），狼（來母）"都是古平聲字，現在"湯"讀陰平，"糖，狼"讀陽平。

（2）古上聲字的古濁塞音塞擦音摩擦音聲母字變成今去聲，其他讀今上聲，鼻音字邊音字的調類演變跟清音聲母字相同，不跟其他濁音聲母字相同。例如"倘（透母），蕩（定母），朗（來母）"都是古上聲字，現在"倘，朗"讀上聲，"蕩"讀去聲。

（3）古去聲字一律讀今去聲，看不出聲母發音方法對調類演變的影響。例如"燙（古字形作湯，透母），宕（定母），浪（來母）"都是古去聲字，現在一律讀去聲。

（4）古入聲字的清音聲母字今調類無規則，鼻音字邊音字讀今去聲，濁塞音塞擦音摩擦音聲母字讀今陽平。例如"託（透母），博（幫母），索（心母），作（精母），鐸（定母），落（來母）"都是古入聲字，其中"託，博，索，作"是清音聲母字，現在"託"讀陰平，"博"讀陽平，"索"讀上聲，"作"讀去聲，"鐸"讀陽平，"落"讀去聲。

總起來說，古鼻音字邊音字調類的演變，只有在古上聲是跟着清音聲母字走的。平去入三聲的鼻音邊音字除了完全不分發音方法的去聲，都不跟清音聲母字走。在邵康節的時候，鼻音字邊音字的讀法一定依上聲或非上聲而有所不同。吳語黃巖、溫嶺的鼻音字邊音字平去入三聲字帶濁流，上聲字聲門緊縮，不帶濁流，可以引為旁證。

在切韻聲類，三十六字母裏，摩擦音曉匣，心邪，審禪分別清濁相對。上表也是如此，請看二音，九音，十音的水火兩行。不過有兩點還得解釋一下。第一，雄與香相對，是喻₃入匣一個佐證。（雄字切二，王仁昫切韻並羽隆反，廣韻羽弓切，集韻胡弓切。）這問題討論的人甚多，我們只簡單的說一說。匣母與喻₃這兩類跟韻母配合的關係是互補的，根據切三，"雲戶分反"，"越戶伐反"（廣韻"雲王分切"，"越王伐切"），二類可以系聯，互補而又可以系聯，這兩類可以併成一類。第二，照穿牀審分為"二等"和"三等"兩類，上表也是如此，"二等"歸發列，"三等"歸收列。邵氏的表不收"禪二等"，禪只有三等一類，上表歸收列。上表十音士與山清濁對立，把士字當濁摩擦音看待。這和上文所說十一音把辰字當濁塞擦音看待，都是古濁塞擦音與濁摩擦音參差的問題。還有好些類似的現象。① 廣韵的反切把漦俟兩字混入崇類。廣韵支韵"示巨支切，又時至切"，至韵"示神至切"，時字是常類，神字是船類。又祭韵"貰舒制切，又時夜切"，禂韵"貰神夜切"，情形也一樣。黄淬伯"慧琳一切經音義反切考"以爲慧琳牀三等與禪同類，從邪有混合現象。② 白滌洲"集韵聲類考"③葉174、175 指出，在集韵裏頭，牀三與禪反切上字可以系聯。古濁塞擦音摩擦音在現代方言裏，讀音也有混合的現象。牀三，禪與邪北京平聲讀塞擦音摩擦音不定，仄聲讀摩擦音。牀禪從邪在吳語裏的讀法"一處一個樣子"。有的一律念成摩擦音，例如上海，有的有破裂摩擦（即塞擦音）跟摩擦兩種，但是各處的分法不一致，既與古音的分法不同，又與國音不同。④

舊說喉音四類，影曉匣喻。曉匣清濁相配，上文已提，韵鏡序例以爲"喉音雙飛"。影清喻濁，並不相配，韵鏡序例以爲"喉音二獨立"，影是喉塞音，喻三和喻四在邵氏的時候大概都是元音起頭。邵氏十四音全部清濁相配，這裏發生了困難，喉塞音不能有相配的濁音，元音起頭也不能有相配的清音。三音水行是影母字，清音，火行是匣喻兩母字，濁音，這種配合方法是不得已的辦法。

四音水行是非母字，火行奉母字，土石微母字。全是所謂輕脣音。切韵聲類無非敷奉微四類，分別併入幫滂並明。土石兩行上聲非上聲對立，表示微母讀鼻音。非奉清濁對立，只有兩套，跟別的摩擦音一樣，不跟塞音二清二濁四套的相同，表示非奉是摩擦音 [f]，[v]（微當是同部位 [齒脣] 鼻音）。表中沒有敷母字，從非母讀摩擦音看來，摩擦音很少有送氣不送氣的區別，因此我們可以假設，當時敷已併入非，都讀 [f]。慧琳聲類，非敷合一，脣音共七類，正與此相同。⑤ 集韵聲類，據白滌洲所考，脣音幫滂並明非敷奉微共八類。⑥ 非敷混成一類，可以引一則笑話做旁證，高彥休唐闕史"李可及戲三教"條云：

咸通中（公元八六〇至八七三年），優人李可及者，（中略）自稱三教論衡。其隅坐者問曰：

---

① 參看本書葉 92，93。

② "慧琳一切經音義反切考"葉 14，19，20，1931 年上海出版。

③ 前歷史語言研究所集刊第三本第二分葉 159—236。

④ "現代吳語的研究"葉 29。

⑤ "慧琳一切經音義反切考"葉 20—22。

⑥ "集韵聲類考"葉 170，171，179 等處。

"既言博通三教，釋迦如來是何人？"對曰："是婦人。"問者驚曰："何也？"對曰："金
剛經云：敷座而坐。或非婦人，何煩夫坐，然後兒坐也。"（下略）①

這是利用敷夫兩字同音，而兒兩字同音取笑。夫敷都是虞韵字，敷字是敷母，夫字是非母，
可見非敷同音。

　　還有所謂孃母，上表併入泥母，不另成一類。孃母在切韵，廣韵裏與泥母無對立，
反切上字又不能分成兩系，顯然只有一類。慧琳聲類不分泥孃，②集韵聲類也不分泥孃，③
現代方言泥孃又無分別。所以孃母實在未曾存在過，是字母學家造來湊足整齊的系統的。
非敷對立也有問題，可能也是人爲的。

　　總起來說，在邵氏十二音裏，一律清濁相配。塞音四套，濁音不送氣是仄聲，送
氣是平聲。鼻音邊音二套，以上聲爲清，非上聲爲濁。泥孃不分。摩擦音清濁相配，
非奉對立，是兩套不是四套，表示非奉已變成摩擦音。無敷母，大概讀音與非母同。
影母無相配濁音，與匣喻配。因此總數共四十六，加上兩類空位是四十八類。邵氏拿
聲調不同分濁塞音鼻音邊音爲二類，桐鄉勞乃宣首先注意到，等韵一得外篇葉 5 說：

　　隋唐以來，反切無出三十六母外者。江慎修謂三十六母不可增減，洵篤論也。惟音則實有
　　未備，故康節增之。然所列之字，透類之濁皆北音濁平，而其字實皆戛類之濁；捺類之清
　　皆上聲，而其字皆濁上；與古書皆不合。

不過沒有解釋。

　　開發收閉大略相當於一二三四等。特別要提到的有一點，"自思寺"三字歸入開列，
與切韵指掌圖 "茲雌慈思詞"歸入一等情形相類似。宋元學案卷十引

　　袁清容答高舜元問邵子聲音之學及字母淵源曰：（中略）邵子聲音之學，出于其父，名古，
　　號伊川丈人，有圖譜行于世。溫公切韵，皆源于此。

邵氏聲音之學跟切韵指掌圖之間不知道有甚麼關係。④

---

① 知不足齋叢書本卷下葉 7。又見說郛三二唐高擇羣居解頤。
② "慧琳一切經音義反切考"葉 17。
③ "集韵聲類考"葉 166—168。
④ 參看四庫全書總目提要卷一百十一觀物篇解提要。

附錄四　轉與攝的關係

　　韻鏡[①]與通志七音略[②]各分四十三圖，圖首標明內轉或外轉。七音序兩次提到"內外轉圖"，沒有說起多少轉。韻鏡張麟之紹興辛巳（1161 年）序云："既而得友人授指微韻鏡一編，且告以大略曰，'反切之要，莫妙於此，不出四十三轉而天下無遺音。'"又嘉泰三年（癸亥，1203 年）序例"調韵指微"條"莆陽鄭先生云"以下略七音序之要語曰，"作內外十六轉圖，以明胡僧立韵得經緯之全"。（原文作"又述內外轉圖，所以明胡僧立韵得經緯之全"。）下文又提到"學者能由此以揣摩四十三轉之精微"。宋祝泌觀物篇解[③]卷四云，"聲之位百六十，去不用之四十八，故止百十二，所以括唐韵內外八轉而分平上去入"。四聲等子序云，"分八轉之異"。一共有四十三轉，十六轉，八轉三種說法。

　　韻鏡與七音略每圖標明內外轉而沒有解釋，根本沒有提到攝這回事。切韵指掌圖[④]共二十圖，第一圖至第六圖獨韵：第一圖相當於效攝，第二圖相當於通攝，第三圖相當於遇攝，第四圖相當於流攝，第五圖相當於咸攝，第六圖相當於深攝；第七圖至第二十圖開合韵：七八兩圖相當於山攝，九十兩圖相當於臻攝，十一十二兩圖相當於果假兩攝，十三十四兩圖相當於宕江兩攝，十五十六兩圖相當於曾梗兩攝，十七圖相當於蟹攝開口，十八圖相當於蟹止兩攝開口，十九圖相當於蟹止兩攝合口，二十圖相當於蟹攝合口。入聲兼配陰韵陽韵。圖上不標攝及內外轉。圖前檢例有"辨內外轉例"云：

　　　　內轉者，取脣舌牙喉四音，更無第二等字，唯齒音方具足。外轉者，五音四等都具足。舊

　　　　圖以通止遇果宕流深曾八字括內轉六十七韵，江蟹臻山效假咸梗八字括外轉一百三十九韵。

四聲等子[⑤]亦共二十圖，今錄其標目於下，並冠以列圖次序。

---

① 古逸叢書本。
② 北京大學影印元至治本。
③ 四庫全書珍本初集本。
④ 四部叢刊續編本及墨海金壺本。
⑤ 咫進齋叢書本。

四聲等子列圖次序及標目

一	通攝內一	重少輕多韵			
二	效攝外五	全重無輕韵			
三	宕攝內五	陽唐重多輕少韵江全重		開口呼	內外混等
四	宕攝內五				內外混等
五	遇攝內三	重少輕多韵			
六	流攝內六	全重無輕韵			
七	蟹攝外二	輕重俱等		開口呼	
八	蟹攝外二	輕重俱等韵		合口呼	
九	止攝內二	重少輕多韵		開口呼	
十	止攝內二	重少輕多韵		合口呼	
十一	臻攝外三	輕重俱等韵		開口呼	
十二	臻攝外三	輕重俱等韵		合口呼	
十三	山攝外四	輕重俱等韵		開口呼	
十四	山攝外四	輕重俱等韵		合口呼	
十五	果攝內四	重多輕少韵	假攝外六	開口呼	內外混等
十六	果攝內四	重多輕少韵	麻外六①	合口呼	內外混等
十七	曾攝內八	重多輕少韵	梗攝外八	啓口呼②	內外混等
十八	曾攝內八	重多輕少韵	梗攝外二	合口呼	內外混等
十九	咸攝外八	重輕俱等韵			
二十	深攝內七	全重無輕韵			

---

① "麻外六"就是"假攝外六",因爲假攝只有一個麻韵。

② "啓口呼"就是"開口呼"。

　　四聲等子列圖次序與所標內外之次序不相應，蓋四聲等子作者別有所據，變其列圖次序而未更原來標目。今案四聲等子所標內一至內八，外二至外六，次序與切韵指掌圖所謂舊圖相同。舊圖江爲"外一"，四聲等子失標。四聲等子梗攝啓（卽開）口呼作"外八"而合口呼作"外二"，咸攝亦作"外八"。兩個"外八"必有一個當作"外七"，而何者爲"外七"現在不能斷定。第十八圖"梗攝外二"一定是錯的，當從開口作"外八"或"外七"。

　　經史正音切韵指南①共二十四圖，列圖次序與圖首所標轉次一致，大體與"舊圖"相同而稍有違異，列表於下。

舊圖	切韵指南
內一至內五相同	
流內六	曾攝內六
深內七	流攝內七
曾內八	深攝內八
外一至外六相同	
咸外七	梗攝外七
梗外八	咸攝外八

　　"舊圖"究爲何圖，不可考。試以十六攝部署韵鏡與七音略，結果出人意料，蓋舊圖之次序與後者完全符合而與前者小異，如下表。

---

① 明正德十一年（1516 年）刊本。

舊　圖	七音略　　　　　　　　　　韵鏡
內一通	內轉第一東，第二多鍾。
外一江	外轉第三江。
內二止	內轉第四第五支，第六第七脂，第八之，第九第十微廢。（廢是蟹攝，韵鏡標明"去聲寄此"。七音略廢韵"刈"字在第九，其他在第十六，第十第十五並有目無字。）
內三遇	內轉第十一魚，第十二模虞。
外二蟹	外轉第十三第十四咍灰皆齊祭夬，第十五第十六佳泰祭。（七音略作"內轉第十三"，"內"字誤，當從本書第十四及韵鏡作"外"。）
外三臻	外轉第十七第十八痕魂臻眞諄，第十九欣，第二十文。
外四山	外轉第二十一第二十二山元仙，第二十三第二十四寒桓刪仙先。
外五效	外轉第二十五豪肴宵蕭，第二十六宵。
內四果	內轉第二十七第二十八歌戈。
外六假	外轉第二十九第三十麻。（韵鏡作"內轉第二十九"，"內"字誤，當從本書第三十及七音略作"外"。）

舊　　圖	七音略	韵鏡
外七咸	外轉第三十一覃咸鹽添，第三十二談銜嚴鹽，第三十三凡。	
內五宕	內轉第三十四第三十五唐陽。	內轉第三十一第三十二唐陽。
外八梗	外轉第三十六第三十七庚清，第三十八第三十九耕清青。（七音略作"內轉三十七"，"內"字誤，當從本書第三十六及韵鏡作"外"。）	外轉第三十三第三十四庚清，第三十五第三十六耕清青。
內六流	內轉第四十候尤幽。	內轉第三十七候尤幽。
內七深	內轉第四十一侵。	內轉第三十八侵。
外七咸		外轉第三十九覃咸鹽添，第四十談銜嚴鹽，第四十一凡。
內八曾	內 轉 第 四 十 二 第 四 十 三 登 蒸 。	

现在我们综合比较五种韵图的次序如下。

舊圖與七音略	四聲等子標目	韵鏡	經史正音切韵指南
內一通	同左	同左	同左
外一江	同左	同左	同左
內二止	同左	同左	同左
內三遇	同左	同左	同左
外二蟹	同左	同左	同左
外三臻	同左	同左	同左
外四山	同左	同左	同左
外五效	同左	同左	同左
內四果	同左	同左	同左
外六假	同左	同左	同左
外七咸	外八咸[①]	外七梗	同左
內五宕	同左	同左	同左
外八梗	外八梗開[①] 外二梗合[①]	外八咸	同左
內六流	同左	同左	內六曾
內七深	同左	同左	內七流
內八曾	同左	同左	內八深

---

① 兩個"外八"一定有一個是"外七"。"外二梗合"的"二"是錯字，當從"梗開"作"七"或"八"。

今日所見的各種切韵寫本與廣韵，若以十六攝部署之，同攝之韵不必列在一起，當中可以被別的韵隔開。例如：

宋跋本王仁昫刊謬補缺切韵	廣韵	攝
二 十 殷	殷第二十一	臻
二十一元	元第二十二	山
二十二魂	魂第二十三	臻
二十三痕	痕第二十四	臻
二十四寒	寒第二十五	山

殷魂同攝，當中被異攝的元隔開。元寒同攝，當中被異攝的魂痕隔開。韵書次序不同時，參差的地方拿韵作單位。例如：

宋跋本王仁昫刊謬補缺切韵	廣韵	攝
三十四麻	麻　第　九	假
三十五覃		咸
三十六談		咸
三十七陽	陽　第　十	宕
三十八唐	唐第十一	宕
三十九庚	庚第十二	梗
四 十 耕	耕第十三	梗
四十一清	清第十四	梗
四十二青	青第十五	梗
	蒸第十六	曾
	登第十七	曾
四十三尤	尤第十八	流
四十四侯	侯第十九	流
四十五幽	幽第二十	流
四十六侵	侵第二十一	深
	覃第二十二	咸
	談第二十三	咸
四十七鹽	鹽第二十四	咸
四十八添	添第二十五	咸
四十九蒸		曾
五 十 登		曾
五十一咸	咸第二十六	咸

兩書覃談蒸登四韵的次序不同。

韵鏡與七音略據韵書列圖，相符處固然拿攝做單位，參差的地方也拿攝做單位。廢韵的處置不一，是因爲"去聲寄此"，寄人籬下，才攪出毛病來的。上列五種韵圖次序的異同一律拿攝做單位。韵鏡與七音略列圖次序以攝爲單位，僅有攝的觀念，尚無標目。舊圖以十六字括二百六韵，此十六字就是後來的十六攝，已經有標目，不知有無攝的名稱。四聲等子與經史正音切韵指南才有攝的名稱。這是攝成立的歷史。

轉是拿攝做單位講的，不是拿韵做單位講的。一攝一圖的不必說，如果一攝分列若干圖，一定同爲內轉或外轉。韵鏡與七音略"外"誤爲"內"的凡三處，校勘見上文。一書錯的另一書是對的，一圖錯時本書相配的開合口是對的。（我們要注意，個別的"外"字可能錯成"內"字。內外各八轉，共十六轉，數字不會錯的。）因爲轉是拿攝做單位講的，所以四聲等子併宕（內）江（外），果（內）假（外），曾（內）梗（外）之後，有"內外混等"的名稱。

說到這裏，我們才能了解七音略四十三圖，何以韵鏡序引鄭樵的七音序卻說"作內外十六轉圖"，憑空添出"十六"兩字。張麟之的意思顯然是說四十三圖只有十六個轉的單位，就是十六攝。祝泌所謂"內外八轉"，四聲等子序所謂"分八轉之異"，意思是說內外轉各八攝。再看四聲等子的標目就十分清楚，同攝同轉，一攝一轉。（錯字詳上文。）所謂四十三轉就是四十三圖之意，與孫覿的[楊中脩]切韵類例序①說的"爲圖四十四"相同。（我們不知道，四十四圖的比四十三圖的多出哪一圖。）

攝的"內含的"定義不易下，我們只能說分攝的標準是韵尾輔音相同（如果有的話），主要元音相近或相同。有效的定義還是"外包的"，列舉每攝有若干韵。

轉的意義見上引切韵指掌圖"辨內外轉例"。這段話有兩點不合：一是果攝沒有二等；二是臻攝二等字並非五音具足，也只限於齒音。有效的定義是：有獨立二等韵（包括"二三等同韵"的麻韵和庚韵）各攝是外轉，沒有獨立二等韵各攝是內轉。臻櫛兩韵跟眞（包括諄）質（包括術）兩韵互補，眞（包括諄）臻兩韵加起來，聲韵配合的關係跟脂韵相同。所以同是獨立二等韵，臻韵跟山韵等是不能等量齊觀的。

我們的理論還有一個有力的論證。內轉八攝用"非二等字"標目：通止遇果宕流深曾；外轉八攝用"二等字"標目：江蟹臻山效假咸梗。沒有例外。

---

① 常州先哲遺書本鴻慶居士文集卷三十葉四至五。

附表 《切韻音系》作者自存本批注及編校說明

序	頁	章節	行	原文	改批補	批	類型	編校說明	建議	備注
1	vi	重印序	1	當時校對不夠仔細	當時校對不夠子細	改	文字規範		在編者校中說明	
2	2	緒論	25	對膂音字講	就膂音字説	改	語言規範		在編者校中說明	
3	2	緒論	29	對膂音講	就膂音説	改	語言規範		在編者校中說明	
4	5	單字音表	6	海	海一開	補	明確化	標明韻類	照改	
5	5	單字音表	7	尤	尤丑	補	明確化	標明韻類	照改	
6	5	單字音表	8	幽	幽丑	補	明確化	標明韻類	照改	
7	5	單字音表	9	標	標四	補	明確化	標明韻類	照改	
8	8	通攝附注	2	"麵,芳風反"。項跋符。項跋本,切二、切三、廣韻並無反語	龍字純校箋:"此字又見送韻,音字鳳反,風疑當是鳳字之誤,芳上舉又字。"	補	補附注		加在條末	
9	11	止攝單字音表(一)	31	嬌君爲	*嬌君爲/切三切三項跋本廣韻並作居爲	補	添附注	王三清晰,君居作上字類,兩字形近。唯"居"獨韻,"君"合口	加*號,附在止攝附注後	敷查《王三》"嬌,君爲反"清晰無誤,然用"君爲反"爲反切上字者僅此1例。"居"與諸本"居爲反(切)"爲音同,在三等韻的反切上字,"居"是最常見的反切上字,"君"是合口字。"君"反切上字裏的合口字,但第37節"反切上字裏例的"君"字未計入此例中。

続　表

序	頁	章節	行	原文	改批補	批	類型	編校說明	建議	備　注
10	12	止攝單字音表（二）	14	縋池絫	*項跋本，廣韻馳僞反（切）	補	添附注	王三"縋，池絫，清晰清晰"馳僞小韻鷙支韻僞（直垂反）下鷙又馳絫反，甄又馳絫反	加**號，附在止攝後注後	覆查《王三》"縋，池絫反"與"馳僞反"同音。《王三》正切不用"馳"和"僞"，"絫"作上字，即合口下字，不聲支韻鷙（直垂反）小韻下"鷙"，"甄"，又馳絫反。
11	19	遇攝附注	10	8. 麌小韻前有䎶小韻，沈沈本、敦煌本、切三、廣韻䎶並屬羽小韻，廣韻又"䎶沈羽切"見"䎶"下	宋跋本羽小韻"䎶，䎶陽、地名，項跋本、據敦煌本、切三、廣韻作䎶	補	補附注	羽小韻所收"䎶，䎶陽"諸本作"䎶陽"，與䎶小韻之"䎶，䎶陽"字不同。	照改	《王三》䎶小韻在麌小韻前（即在語韻韻末），僅一字。"䎶，殼都會反。設殼會反。"音切同麌韻䎶小韻（領九字而韻小缺"䎶"），應歸之。故李榮先生況羽反䎶小韻而見於羽小韻的"䎶，䎶陽、地名。"其䎶"字諸本作"䎶"，與"殼䎶"字異。
12	19	遇攝附注	12	9. 匡原作主，項跋本同，據廣韻改	9. 匡原作主，項跋本"主遇反，又匡愚反"唐韻"主"，"匡"爲匡禺之壞字。廣韻"區遇切"又匡愚切"蓋避趙匡胤諱而改。據唐韻改。	改	改		照改	
13	20	蟹攝單字音表（一）	18	西紊黐	西紊黐	改	異體字	王三作"雞"，小韻的反切下字	照改	

续　表

序	頁	章節	行	原文	改批補	批	類型	編校說明	建議	備注
14	23	蟹攝單字音表（四）			案 廣韻材夫切 下字合口	批	旁批	王三無此小韻。此條跟蟹攝附注23條相關	結合第23條寫入編者按	
15	26	蟹攝附注	9	22. 敦煌本同，項跋本、唐韻並無，廣韻注云："他怪切"。[大徐]說文五怪切。"覆元泰定本廣韻五怪切，又泄怪切	丑	批	旁批	"穎知怪"小韻附批注，可能作者疑五怪切的切上字乃丑之訛，似未定。按，《說文》"穎，頭巔穎也。"五怪切，《說文繫傳》五怪反，有疑母一讀，見下條	可不採用，記校對序言中	
16	26	蟹攝附注	11	23. 夬韻最後一個小韻："啐，倉快反。"敦煌本倉誤作食，唐韻並無	啐=嘬	批	地位	單字音表"嘬楚夬"旁注夬夬切，廣韻材夫切，下字合口"夬"字樣與此處批注"啐=嘬"有關	增補在23條末，加"編者按"	"啐，倉快反"切上字類隔與"嘬，楚夬反"。《韻鏡》啐等圖列"啐"爲合口，嘬爲開口，榮先生在單字音表"嘬楚夬"下字合口"夬"旁批以合口切，但"啐倉快"跟"嘬楚夬"都是初母夬韻的合口小韻，不是開合對立，故批注"啐"列夬韻末。按，"啐"列夬韻末，蓋後人誤增。

续　表

序	頁	章節	行	原文	改批補	批	類型	編校說明	建議	備注
17	26	蟹攝附注	頁末		巾箱本廣韻 "逝怪切,[大徐]說文五怪切。"澤存本古逸本 "他怪切"。泰定本 "五怪切。" "又迣怪切。"	批	旁批	與22條相關	據以改為22條,刪原文 "廣韻" 一句,刪批注最後一句,插入在22條 "覆" 字前	
18	28	蟹攝單字音表(二)	5	頻符鄰　負符巾	貪符鄰　頻符巾	改	地位	原列曉符鄰爲A類,貪符巾爲B類,批注互乙。按,依反切原則,《韻鏡》貪列三等,《七音略》貪也列三等(四等無字,故不當乙)	可不採用,記校對序言中	
19	29	蟹攝單字音表(三)	18	賣似刃7	賣似刃8	改	錯誤	與後附注8相應	照改	
20	29	蟹攝單字音表(三)	眉		廣韻　質韻　劃　醫聲仕叱切	批	考源	此與下條皆爲質韻,考慮櫛韻從質韻中獨立出來的痕跡	加 * 號(蘗攝單字音表(三)質母A崇母仕乙後也加 "*")補注附在後蘗攝附注後	

续表

序	頁	章節	行	原文	改批補	批	類型	編校說明	建議	備注
21	29	蕻攝單字音表（三）	眉		廣韻 櫛韻末 齟 齒聲齟 齟瑟切 齟士力切	批	考源	齟字質 櫛兩韻讀，當頭有源流關係	與上條合在一起，加"編者按"	《王三》"齟仕乙"在《廣韻》裹有質韻"齟瑟切"、櫛韻"齟士切"兩讀應有源流關係，補注旨在說明兩讀有源流關係，參見第87節相關討論。
22	29	蕻攝單字音表（三）	23	荤師出	*荤師出/敦煌本唐韻廣韻瑟項跋本 切三等 並所出	批	校字	王三清晰，"師"作上字唯此一處，故補注	加**號 蕻攝單字音表（三）質合 A生母荤 "師出"後也加"***" 附在蕻攝後注後	《王三》"荤，師出反"清晰，然，"師"作上字唯此一處，故補注。
23	29	蕻攝單字音表（三）	35	覺許覲	當據七音略	批	待查	原列覺許覲於震開B下，加 節指向震開當A，並批"當據七音略"。按七音略"覺"列三等（B類），韻鎮列四等（A類）	可不採用，記校對序言中，據七音略B類仍列在蕻攝後（或在蕻攝後加編附注後加按語）校者按語	

序	頁	章節	行	原文	改批補	批	類型	編校說明	建議	備注
24	33	山攝單字音表（一）	6	鑱妄發	*鑱妄發/切三 唐韻 敦煌本 項跋本 廣韻 並作望發	補	校字	反切上字	加*號（單字音表"妄發"後也加"*"）增補在山攝末，批注末，編者按	《王三》"妄"作反切上字2次，無"望"作上字例。
25	36	山攝單字音表（四）	8	袒大莧	項跋本同廣韻作文	補	校音、字	反切上字類隔，用廣韻校對	加*號（單字音表"大莧"後也加"*"）增補在山攝末，批注末，編者按	反切上字類隔。
26	39	山攝單字音表（七）	25	晢昌熱	晢	改	校音、字	原文字誤	照改	
27	47	果攝附注	11	念三等是摹仿外國國音，忈一等是漢化的讀音	讀三等是摹仿外國音，讀一等是漢化讀音	改	語言規範	將"忈"換成"讀"	照改	
28	55	梗攝單字音表（三）	13	掌丑迸	*掌丑迸 項跋本他孟反	補	補附注	此小韻屬諍韻，他孟反在敬（映）韻且韻目類隔	照補	"他孟反"反切類隔，且在敬（映）韻。
29	59	曾攝單字音表（一）	11	陵六應	*陵六應/切三 敦煌本 項跋本廣韻 並膺	補	補附注	反切上字"六"字僅此一例	照補	用"六"作反切上字《王三》僅此一例。
30	59	曾攝單字音表（一）	21	測惀力	*測惀力/項跋本唐韻 廣韻並初力	補	補附注	反切上字"惀"字僅此一例	照補	用"惀"作反切上字《王三》僅此一例。

續　表

序	頁	章節	行	原文	改批補	批	類型	編校說明	建議	備註
31	60	曾攝單字音表（二）	11	＊棱慮登	＊棱慮登／切三敦煌本盧韻魯登 廣韻魯登	補	補附注	查王三"棱，慮登反，方木，或作棱。五。"蓋因反切上下字的等不同而補此注。李書沒有"反切上字三等，反切下字一等，被切字一等"的類型。另，李先生未採用跋本的"棱"字，是因為"棱""楞"是"㮘"的形訛，"楞"字與"棱"字的異體（曼聲異體），故取"或作"字形	加＊附在曾攝附注末 加編者按	《王三》小韻首字是"棱"，注曰："棱，慮登反，方木、作棱。五。"或作棱。"楞"是"棱"的形訛。"楞"字與"棱"字的異體、"㮘"的形訛，"棱"易訛混（曼聲異體），故字表取切三韻一歸一等韻，但李書第44節沒有"反切上字三等，反切下字一等，被切字一等"的類型，蓋依《切三》等"盧登反"。
32	61	曾攝附注	頁末		宋跋本"膺於陵反"小韻作"膺於陵反，䳈，亦作雁四，鷹，鳥名䵃蟬"，脫一"應"字。切三、項跋本、廣韻韻"膺，於陵反（切）"小韻都是四個字，都有"應"字，注云"當"。唐韻證"鷹"，以言對，於證反、又音應	批	校對		加＊＊附在曾攝附注末（因不影響單字音表，亦不可不探用，記校對序言中）	

— 189 —

续 表

序	頁	章節	行	原文	改批補	批	類型	編校說明	建議	備 注
33	75	韻母的分類	17	王仁昫切韻中有十三韻廣韻各分成兩韻	有十一韻	改	改錯	即眞彰震質、襄旱翰末、歌哿箇中分出諄準諄術、栢緩換曷、戈果過十一韻。原文十三韻與後面二百零六韻不符,這是誤將嚴韻系的上去聲,嚴兩韻在內的緣故計算是內的緣故	照改	
34	79	韻母的分類	26	四等合口韻限於見溪疑曉影匣六母	疑	批	未定	四等合口限於見溪疑曉匣五母,沒有疑母。李先生發現此現象,但未即改,似乎還不確定	直接改原文"六母"爲"五母",是疑作者按加編者按	原文作"四等合口韻曉影匣六母"。作者旁批見溪疑曉疑疑,發現《切韻》系韻書合口四等韻中沒有疑母。
35	81	韻母的分類	12		五類增歌	補	補漏	補歌韻合口三等	照改	
36	82	韻和韻母	11	職盤	盤踏	改	乙	排版位置有錯	照改	
37	82	韻和韻母	8		"鑾"移至"蘭"下	改	乙	排版位置有錯	照改	
38	82	韻和韻母	15	韻目的數目卻是一樣的	母	改	改錯	前一個韻目改爲韻母	照改	

续表

序	頁	章節	行	原文	改批補	批	類型	編校說明	建議	備注
39	82	韻和韻母	21	虎文也，又作朧朧	俗	改	改錯	"又作朧"改成"俗作朧"	照改	
40	89	反切上字	1	旁傍	51補幫博旁反小韻，此處誤補旁字	批	改錯	"51"指第51頁，單字音表中"幫博旁"是擴廣韻補入的，參見52頁附注5可知諸本並無幫韻小韻，因補幫韻而誤將幫韻的反切下字列入此處與上字繫聯	刪除"旁"字	參§31—35小節反切上字表，可知王三三没有用"旁"作反切上字者。刪"旁"，則並母上字刪去24個反切上字。
41	90	反切上字	12		葉19注2 端丑類 貯 丁吕	補	補漏	補充"端丑類:貯"說上文"端透定……拼丑類寅類韻一共韻五個小韻，是將"貯丁吕"統計在内的	在"端寅類:眡丁私裔眡几"一行上增"端丑類:貯丁吕"一行，"丁吕"用雙行小字。另增腳注"參葉19注2"。	
42	92	反切上字	12	市市止	時	改	改錯	改"市市止"為"市時止"	改"市市止"為"市時止"	
43	92	反切上字	倒5	個兩	兩個	改	改錯		照改	
44	101	反切下字	22	芭昌海	芭昌狢	改	改錯		照改	

续 表

序	頁	章節	行	原文	改批補	批	類型	編校說明	建議	備 注
45	101	反切下字	23	哥丑開	歌丑開	改	改錯	《王三》韻目是歌，正文則以哥爲此韻首字，下注"亦作謌，通俗作歌。"原依依照修改改韻目	照改	
46	101	反切下字	24	哥丑合	歌丑合	改	改錯		照改	
47	109	[i]化問題、前顎介音、四丙等主要元音	員眉	四丙等主要元音	四等主要元音	改	改錯		照改	
48	110	[i]化問題、前顎介音、四丙等主要元音	23	介[i]音	[i]介音	改	改錯		照改	
49	111	[i]化問題、前顎介音、四丙等主要元音	員眉	四丙等主要元音	四等主要元音	改	改錯		照改	
50	113	[i]化問題、前顎介音、四丙等主要元音	員眉	四丙等主要元音	四等主要元音	改	改錯		照改	

续　表

序	頁	章節	行	原文	改批補	批	類型	編校說明	建議	備注
51	115	(j)化問題，前顎介音，四丙等主要元音	腳注	開合韻的合口韻有六個聲母：見溪疑曉匣影。	疑	批	未定	參見79頁補注：四等合口限於見溪影曉匣五母，沒有疑母。李先生發現此現象，但未即改，似乎還不確定	改爲："開合韻的合口韻有五個聲母：見溪曉匣影。"加見溪疑曉匣影。"編者按	原文作："四等合口韻限於見溪疑影曉匣六母。"作者發現合口四等有見溪影曉匣系韻母，故勞批一個"疑"字。
52	118	聲母的討論	6	透[t‘] ㄊ端[t]	透[t‘] ㄊ端[t]	改	改錯		照改	
53	119	聲母的討論	21	廣韻："迦，釋迦，出釋典，居迦切，又音伽。"	居伽切	改	改錯		照改	
54	119	聲母的討論	頁末	廣韻："迦，釋迦，出釋典，居迦切，又音伽。"	廣韻巾箱本、泰定本、黎本均作"又音加"，僅澤存本作"又音伽"	補	補注	又音伽，必非居迦切，麻韻、歌韻，而"伽"求迦切《廣韻》無麻韻古牙切音，故李先生列諸本，意在"又音加"應依他本作"又音伽"	將所爲補批注作在補注腳注3行加"迦、釋典，居迦切，又音伽。"後	
55	120	聲母的討論	15	"bha" 收用	"bha" 用收	改	互乙		照改	

续 表

序	頁	章節	行	原文	改批補	批	類型	編校說明	建議	備注
56	125	聲母的討論	頁眉		玄應 649—655 年	改		這是對下文第 8 行"玄應（649？）"的修改	第 8 行"玄應（649？）"改為"玄應（649—655 年）"	
					龍龕手鏡 57 褚俗音惹亂也 65 惹入者反惹亂也又音若蘿也蘿音於欠反（廣韻於劎切）集韻梵韻惹於蘿也蘿音集爾著切蘿也或書作褚	批		這對宋跋本、廣韻沒有"惹"字的補充。其中括號是編校時後加的	將批注加在第 13 行"惹"日母字。"之後	
57	128	聲母的討論	16	喻○	羊○	改			照改	
58	134	韻母的討論	7	對脣音聲脣母講	就脣音聲母說	改	語言規範		照改	
59	136	韻母的討論	6	對脣音字講	就脣音字說	改	語言規範		照改	
60	136	韻母的討論	12	雙脣音變脣脣音	雙脣音變脣齒音	改			照改	
61	136	韻母的討論	16	雙脣音變脣齒音	雙脣音變脣齒音	改			照改	
62	137	韻母的討論	4	對脣音字講	就脣音字說	改	語言規範		照改	
63	140	韻母的討論	11	Jespersen 的中 [A]	Jespersen 的夬 [A]	改			照改	
64	148	韻母的討論	15	魚韻是 [io]	虞韻是 [io]	改			照改	
65	158	聲調的討論	腳注	Tong-Woo	Tong woo	改			照改	

续 表

序	頁	章節	行	原文	改批補	批	類型	編校說明	建議	備注
66	172	皇極經世十聲十二音解	13	同部位[脣齒]	同部位[齒脣]	改		P.172 腳注（4）"知不足齋叢書本卷下葉7"，是指高彦休所撰《唐闕史》（二卷）中"李可教"的出處。此處補	照改	
67	172	皇極經世十聲十二音解	16	高彦休唐闕史"李可教"條云	說郛三二唐高承羣居解頤	改		《羣居解頤》所收《羣居解頤》。《羣居解頤》笑曰：《羣居解頤》三卷，或題名宋高承撰。《宋史·藝文志》小說類著錄為高承《羣居解頤》三卷。酒芬樓《說郛》卷三二收此書題"唐高承撰，李先生本此	在腳注4末增補"又見……"